8-9.21
W0283547

LE MONDE SECRET DE
OPUS DEI

DANS LA MÊME COLLECTION

L'ÉNIGME SACRÉE
par Michael Baigent, Richard Leigh, Henry Lincoln
Jésus-Christ, le Saint-Graal, les Cathares, les Templiers,
à la source d'une extraordinaire remise en cause de l'Histoire.

•

LE MESSAGE
par Michael Baigent, Richard Leigh, Henry Lincoln
Suite de la passionnante enquête de l'ÉNIGME SACRÉE.

•

LE TEMPLE RETROUVÉ
par Henry Lincoln
Rennes-le-Château, fabuleux site d'un temple retrouvé.

•

LE MYSTÈRE DE L'ARCHE PERDUE
par Graham Hancock
A la recherche de l'Arche d'Alliance.
Sa disparition, son extraordinaire odyssée.

•

NOSTRADAMUS
Première Centurie
par Michel Dufresne

LE MONDE SECRET DE OPUS DEI

Michael Walsh

traduit de l'anglais par
Philippe Perier

Pygmalion
Gérard Watelet
Paris

Titre original :
OPUS DEI,
an investigation into the Secret Society Struggling for Power within the Roman Catholic Church.

Sur simple demande adressée
aux Éditions Pygmalion/Gérard Watelet
70, avenue de Breteuil, 75007 Paris
vous recevrez gratuitement notre catalogue
qui vous tiendra au courant de nos dernières publications.

© 1989 Michael Walsh et Grafton Books en Grande-Bretagne.
© 1992 Michael Walsh et Harper/Collins aux États-Unis.
© 1994 Éditions Pygmalion / Gérard Watelet à Paris
pour l'édition en langue française.
ISBN 2-85704-421-6

La loi du 11 mars 1957 n'autorisant, aux termes des alinéas 2 et 3 de l'article 41, d'une part, que les *copies ou reproductions strictement réservées à l'usage privé du copiste et non destinées à une utilisation collective* et, d'autre part, que les analyses et les courtes citations dans un but d'exemple et d'illustration, *toute représentation ou reproduction intégrale ou partielle, faite sans le consentement de l'auteur ou de ses ayants droit ou ayants cause, est illicite* (alinéa premier de l'article 40).
Cette représentation ou reproduction, par quelque procédé que ce soit, constituerait donc une contrefaçon sanctionnée par les articles 425 et suivants du Code pénal.

Monsignor Josemaria Escrivá de Balaguer y Albas, Marqués de Peralta, fondateur de l'Opus Dei (9 janvier 1902-26 juin 1975).

Alvaro del Portillo (11 mars 1914-23 mars 1994),
qui succéda à Josemaria Escrivá de Balaguer,
lors de la cérémonie des vœux de Nouvel An présentés au Pape
au nom de l'Opus Dei le 3 janvier 1984.

Remerciements

CE livre fut conçu à Londres pendant l'automne 1983. Il m'a fallu longtemps pour mener à bien cet ouvrage, car un voyage en Amérique latine était un préalable indispensable à tout travail de rédaction, et je n'ai pu l'effectuer avant la fin de l'été 1986. Je suis particulièrement reconnaissant à tous ceux qui m'ont aidé, en particulier à Dennis Hackett et à tous ceux qui m'ont généreusement offert l'hospitalité pendant mon séjour là-bas : à la Société de Saint-Jacques-l'Apôtre du Pérou, et en particulier à John Devine qui me fit connaître les beautés extraordinaires de sa paroisse de Huancarama, avant de devenir le Supérieur général de ladite Société dans ce pays ; aux Pères colombiens du Chili et aux Jésuites de Colombie. Je remercie particulièrement Peter Hughes, de Lima, Tim Curtis SJ, qui se trouvait alors à Bogota, et surtout Liam Houlihan de la congrégation des pères de Mill Hill à Santiago, dans la misérable paroisse où je compris ce qu'était la vie sous le régime brutal du général Pinochet.

Ce livre n'aurait jamais vu le jour sans l'aide toute spéciale qui me fut prodiguée par quatre anciens membres de l'Opus Dei — le père Vladimir Felzmann, le docteur John Roche, Maria del Carmen Tapia, et le professeur Raimundo Pánnikar, que j'ai rencontré plusieurs fois à Londres, Oxford, New York, et de nouveau à Oxford. Je fis à Pittsburgh la connaissance de Susan Rinni qui m'accueillit dans sa propre maison. De toutes les personnes avec qui je me suis entretenu, c'est Mme Rinni qui avança la théorie la plus plausible sur une conspiration. Je regrette seulement de n'avoir pas voulu la croire. Mme Roz Fishman et son époux Harry — malheureusement décédé depuis — furent assez aimables pour me permettre d'utiliser leur délicieuse maison de Fairfield, Connecticut, comme base opérationnelle pendant une de mes incursions aux États-Unis.

Je dois remercier tout particulièrement Arthur Jones, du *National Catholic Reporter* à Washington, et à Madrid Pedro Lamet, qui collaborait alors à *Vida Nueva*, ainsi que John Hill de Sydney, Australie. En Angleterre, nombreux sont ceux qui furent assez bons pour me tenir régulièrement informé : John Wilkins, de *The Tablet*, Nick Stuart-Jones, de Thames Television, Robert Nowell, qui collabore à de nombreuses publications, Eduardo Crawley, de la *Latin American Newsletter*, Clifford Longley, du *Times*, et Peter Hebblethwaite qui, on peut le dire, est à l'origine de toute l'affaire pour m'avoir demandé d'écrire un article sur le sujet il y a vingt ans. L'ouvrage doit encore beaucoup à la diligence de Meryl Davies qui, pendant qu'elle était à la BBC, me remit aimablement la matière passionnante qu'elle n'avait pas été en mesure d'utiliser pour l'émission qu'elle produisait alors. Mme Elizabeth Lowe m'aida en me fournissant les rapports financiers de plusieurs sociétés.

De nombreuses personnes me fournirent également spontanément des renseignements dès qu'elles entendirent parler de mon entreprise : certaines sont désignées par leur nom dans le texte, d'autres — comme l'archevêque dont je cite les paroles, ou la directrice d'une école privée — doivent garder l'anonymat. L'Opus Dei semble avoir marqué profondément la vie d'un grand nombre de catholiques romains, pour leur bien ou pour leur mal — le plus souvent pour ce dernier. J'exprime ma gratitude à tous ceux qui m'ont parlé de leurs expériences personnelles, et je souhaite que ce livre contribue à établir la vérité historique.

1

Sur la piste de l'Opus Dei

DEUX cents kilomètres environ séparent Cuzco, la deuxième cité du Pérou et ancienne capitale des Incas, de la ville d'Abancay, et pourtant la route est si mauvaise que mon voyage dans une Toyota tout-terrain ne prit pas moins de dix heures. Abancay en soi n'est rien de plus qu'une ville frontière profondément enfoncée dans les Andes. Des soldats montent la garde aux entrées. Les habitants circulent dans des jeeps ou des camionnettes, du moins ceux qui peuvent s'offrir une voiture. Les rues goudronnées sont rares, la plupart ne sont guère que des pistes défoncées.

Le bâtiment qui attendait ma visite se trouvait précisément un peu à l'écart d'un de ces chemins. Le mur d'enceinte était interrompu par un portail imposant. Une piscine et d'élégants massifs de fleurs accueillaient dès son entrée le visiteur, qui pouvait apercevoir aussi deux fontaines, dont l'une jaillissait au milieu d'un bassin rempli de poissons rouges. Je pénétrai dans une des deux chapelles qui s'élevaient dans le jardin. Derrière l'autel, dans son cadre d'or tarabiscoté, un tableau de la sainte Famille représentait Marie et Joseph tenant l'enfant Jésus par la main pour lui apprendre à marcher. L'œuvre était peinte dans le style caractéristique de la région de Cuzco, dérivé de l'art que les conquistadores espagnols avaient introduit au Pérou durant le XVIe siècle. Le contraste entre le monde où je venais de pénétrer en franchissant le portail et celui qui s'étendait à l'extérieur, de part et d'autre du chemin défoncé, ne pouvait être plus saisissant. On croyait se trouver dans une *hacienda* de quelque riche propriétaire terrien. Il s'agissait en fait d'un séminaire, d'un centre de formation de prêtres catholiques romains.

Je visitais ce séminaire sur la suggestion de Ken Duncan, un conseiller en aide et développement du tiers-monde, qui avait entendu parler de l'intérêt que je témoignais pour l'organisation catholique Opus Dei. Bien que n'étant pas lui-même catholique, Duncan avait été déconcerté par les activités de l'Opus au Pérou. Il voulait raconter ce qu'il avait vu à une personne susceptible d'attirer l'attention sur ce qu'il considérait comme un comportement inacceptable de la part du clergé de l'organisation. Il avait été choqué en particulier par l'orphelinat péruvien qu'on l'avait invité à visiter. Les dimensions de celui-ci l'avaient surpris ; avec leurs familles des plus nombreuses, les Indiens Quechua n'avaient guère besoin des services d'un orphelinat. Il fut encore plus étonné de découvrir que certains enfants, pris en charge par l'institution, n'étaient même pas orphelins. Les autorités ecclésiastiques avaient simplement déclaré que les parents n'avaient pas été jugés dignes d'élever leur progéniture qu'on leur avait enlevée purement et simplement. « Qu'arrivera-t-il lorsque ces gamins seront grands ? » s'était enquis Duncan, notant que la plupart des enfants n'avaient guère plus de cinq ou six ans. « Nous avons des amis en Amérique et en Allemagne qui se chargeront d'eux », lui avait-on répondu. Cela ressemblait énormément, pensa-t-il, au trafic des bébés.

Lors de mon voyage au Pérou en quête de l'Opus, je fus en mesure de me rendre à Abancay, malgré l'isolement du lieu, et de visiter le séminaire dont le luxe, comparé à l'extrême pauvreté environnante, avait scandalisé Duncan. Ce collège, destiné à former des prêtres pour les diocèses de Cuzco et d'Abancay, était dirigé par une poignée d'ecclésiastiques espagnols de l'Opus aux soutanes bien coupées — la longue robe noire qui était jadis la tenue de rigueur de tous les prêtres catholiques. Tout était exactement conforme à la description de Duncan. Comme lui, je fus déconcerté de voir le contraste entre la misère et la crasse du dehors et le confort du dedans, sans parler de la présence incongrue d'une telle institution au cœur des Andes. Il s'agissait, sans doute possible, d'une entreprise de l'Opus Dei, mais je n'eus pas la possibilité d'enquêter sur la forme de son engagement dans l'orphelinat péruvien. L'organisation s'associe à toutes sortes d'œuvres à différents niveaux. On ne peut pas pour autant qualifier techniquement d'entreprises de l'Opus Dei toutes celles qui emploient ses membres ou qui sont dirigées sous une forme ou sous une autre par l'organisation. Les liens entre l'orphelinat et elle étaient assez clairement indiqués par les déclarations de Duncan ; je ne fus pas en mesure d'en vérifier personnellement la nature.

Ken Duncan avait souvent travaillé avec des organisations catholiques. Il ne tarissait pas d'éloges sur la plupart d'entre elles. Il n'en était pas moins alarmé par l'influence grandissante de l'Opus au Pérou. Il le fut plus encore lorsque je lui parlai de l'importance et de la complexité de l'organisation dans le monde, au moins trois fois la taille de la Société de Jésus (les Jésuites), considérée dans le passé comme l'ordre religieux le plus puissant de l'Église catholique romaine.

Mon intérêt personnel pour l'organisation avait été d'abord éveillé par la lecture de son panégyrique paru vers la fin du mois de mai 1971 dans le supplément en couleurs du *Sunday Times*. Le journal avait, semble-t-il, publié précédemment un article hostile qui avait exigé et obtenu droit de réponse. Mon attention fut attirée sur l'article en sa faveur ; il était de Peter Hebblethwaite, alors membre comme moi de la Société de Jésus, et rédacteur en chef de *The Month*, le journal des Jésuites édité au siège britannique de la Société, qui se trouvait à Londres dans le quartier de Mayfair. J'écrivais à l'occasion pour Hebblethwaite, qui me suggéra d'enquêter sur l'organisation.

Je ne savais pas grand-chose d'elle avant de commencer mes recherches pour mon article. Le nom n'évoquait rien de particulier. Le terme Opus Dei — l'œuvre de Dieu — avait jusqu'alors été utilisé par l'Église catholique pour désigner les prières chantées en commun soir et matin par les moines dans les couvents. Les membres de l'Opus y faisaient couramment allusion sous le nom de « l'Œuvre », ce qui donnait à ce titre une allure provisoire. On a suggéré que son fondateur, Escrivá de Balaguer, avait d'abord pensé l'appeler Sociedad de Cooperación Intelectual, ou SOCOIN, mais l'idée fut finalement abandonnée[1].

A ses débuts dans l'Espagne des années 30, il semble que l'organisation n'ait guère été plus qu'un petit groupe de séculiers, hommes et femmes, qui continuaient à exercer leurs métiers ou leurs professions, mais qui vivaient fréquemment en petites communautés, liés par une promesse solennelle, sinon par des vœux identiques à ceux prononcés par les membres des ordres religieux. Le ciment de leur fraternité chrétienne était essentiellement constitué par un ensemble de conseils spirituels prodigués par leur fondateur, Escrivá. Ces conseils se trouvent rassemblés dans un petit livre de 999 maximes appelé *El Camino* (Le Chemin). Tout cela semblait parfaitement inoffensif.

J'appris cependant bien vite que le rôle politique attribué à l'Opus dans l'Espagne franquiste, le secret qui entourait ses activités, son apparent succès, ses méthodes opérationnelles, avaient éveillé un intérêt considérable — pour ne pas dire une franche hostilité — au sein de l'Église catholique romaine, et en dehors de celle-ci. La revue anglaise *The Economist* y faisait souvent allusion dans les années 60 et 70, appelant avec insistance ses membres « Opusdeistas », comme s'ils eussent constitué un véritable parti politique, ce que les journalistes réprouvaient sévèrement. Même le *Times Literary Supplement*, pourtant peu soucieux de polémique à propos des affaires de l'Église, avait publié un article résolument hostile dans une des pages centrales de son numéro d'avril 1971 sous le titre : « La puissance du parti ou l'Opus Dei en Espagne ».

Cet article éveilla mon intérêt, en partie à cause de mon hispanophilie et parce que l'Espagne était sans conteste le pays offrant la plus forte concentration de membres de l'Opus ; en partie aussi parce que j'étais Jésuite à l'époque, et parce que cette organisation était fréquemment comparée, quand elle ne se comparait pas elle-même, à la Société de Jésus. Depuis la fondation de cette dernière au milieu du XVIe siècle par Ignace de Loyola, aucune organisation religieuse se réclamant de l'Église catholique romaine n'avait suscité de telles controverses, ou n'avait atteint si rapidement (du moins en apparence) un tel degré d'influence sur les affaires de l'Église et de l'État. Et l'Opus avait, consciemment semblait-il, copié la Société dans ce qu'elle essayait d'accomplir au sein de l'Église, notamment dans l'éducation des élites catholiques. Cette fois cependant, les élites ne se distinguaient pas par la naissance mais davantage peut-être, pour tenir compte de l'esprit du XXe siècle, en fonction de la fortune acquise dans le commerce ou l'industrie.

Lorsque mon premier article sur le sujet parut dans *The Month* en août 1971, je l'intitulai : *Being fair to Opus Dei* (« Soyons justes avec l'Opus Dei »). Je croyais faire preuve d'impartialité dans la mesure où je m'étais abstenu de citer ce que disaient ses détracteurs, m'en tenant à la lettre aux écrits produits par l'Opus elle-même, en particulier la Constitution de 1950 et les 999 maximes d'Escrivá de Balaguer contenues dans *El Camino.*

L'Opus ne fut pas du même avis, ce qui n'est peut-être pas surprenant. Quelques mois après la publication de l'article, j'organisai une entrevue à Madrid avec leur porte-parole. La réunion devait avoir lieu dans l'appartement privé de personnes amies. Il arriva tout de suite après le déjeuner. Il refusa la tasse de café qu'on lui offrait. Il refusa de s'asseoir. Il se contenta de me reprocher en termes sévères l'injustice dont je m'étais, d'après lui, rendu coupable vis-à-vis de l'Opus ; après quoi il sortit en claquant la porte.

La réaction en Angleterre fut plus mesurée. Plusieurs personnes que je ne connaissais pas sollicitèrent une entrevue. J'évitai de les rencontrer. C'est alors qu'un aimable courtier en antiquités de Norfolk réussit à trouver le chemin de mon bureau sous le prétexte qu'il était le meilleur ami d'un de mes amis. Lui aussi me morigéna, mais avec plus de tristesse que de colère. J'étais, me dit-il, passé complètement à côté de l'esprit de l'Opus. Je lui dis que je n'étais pas opposé à ce que l'on me corrigeât sur les points où j'avais pu me tromper. Il me cita un sujet purement technique qui n'était pas d'une grande importance. Je l'interrogeai sur le chapitre de la spiritualité : avais-je bien compris ? Sur sa réponse négative, je lui demandai de me citer des exemples. Là, il était perdu, et je soupçonnai que la conversation ne se déroulait pas selon le plan prévu par ceux qui l'avaient chapitré. Je tentai de lui venir en aide. Je lui fis remarquer que j'avais travaillé sur documents, et que ceux-ci pouvaient m'avoir induit en erreur ; c'était comme un programme d'examen qui effraie dès l'abord, mais qui finit le plus souvent par prendre des proportions plus raisonnables. Le programme spirituel de l'Opus paraissait un peu intimidant mais, ajoutai-je, le vivre devait être plus facile qu'il ne semblait. Il s'empressa d'approuver, mais comme je lui demandais de me citer des cas de divergences entre la théorie et la pratique, il resta de nouveau coi. J'essayai de le sortir de son silence embarrassé. « Par exemple, lui dis-je, la Constitution précise que vous devez asperger vos lits d'eau bénite tous les soirs avant d'aller vous coucher. Je suis sûr que vous n'en faites rien, ou est-ce que je me trompe ? » Nouvel embarras. « Si, nous le faisons, répliqua-t-il enfin. Après tout, c'est une vertu bien difficile que la chasteté. »

Plus de dix ans après, un ancien membre de l'organisation, le docteur John Roche, du Linacre College d'Oxford, me déclara que *Being fair to Opus Dei* était le premier document extérieur dont il eût pris connaissance sans en demander l'autorisation depuis qu'il avait rejoint l'Opus. Il fut frappé, me dit-il, de constater que mon texte était aussi proche de l'esprit de l'Opus qu'il était possible de l'être sans en avoir été membre.

Il y avait, semble-t-il, peu d'informations disponibles en anglais sur l'organisation et les buts de l'Opus Dei au début des années 70. C'est sans doute pour cette raison que mon article fut pigé par de nombreux organismes spécialisés. Dès qu'une histoire sortait sur l'Opus, les journaux, les producteurs de télévision, les reporters de la radio m'appelaient pour me demander mon avis, ce qui me permit d'être tenu au courant des événements touchant l'institution. Quand je commençai, des années plus tard, mes recherches dans le cadre de cet ouvrage, je découvris très vite que plusieurs catholiques distingués considéraient l'Opus Dei comme l'un des problèmes majeurs du temps pour l'Église catholique. José Comblin, un prêtre belge fort connu qui a passé la plus grande partie de sa carrière en Amérique latine, m'écrivit du Brésil pour me dire très exactement cela. Dans le cloître de la chapelle Saint-George du château de Windsor, par un soir pluvieux d'avril 1986, le théologien d'origine suisse Hans Küng me parla longuement du sujet et me donna une liste de gens à contacter.

Plus récemment, un ami australien me fit part des extraordinaires événements qui avaient entouré la parution de deux articles consacrés à cette institution dans le quotidien *The Australian* ; il me parla de codes d'accès d'ordinateur violés, et de l'Opus menaçant d'agir avant même la parution des articles (dont le sujet était en principe tenu secret). Plus triste encore, en novembre 1987, Pedro Miguel Lamet fut congédié de son poste de rédacteur en chef de l'hebdomadaire religieux *Vida Nueva*. Sous la responsabilité éditoriale de Pedro, un vieil ami du temps où j'étais Jésuite, cette revue était peut-être devenue la meilleure du genre en Europe, sinon dans le monde. Citant aussi l'hostilité du nonce apostolique à Madrid (ambassadeur du pape) pour *Vida Nueva*, Pedro attribua son licenciement par la société propriétaire du journal à l'inimitié de l'Opus Dei et à sa puissance temporelle[2].

Le destin de Lamet est révélateur du pouvoir de l'Opus aux échelons les plus élevés de la hiérarchie de l'Église. Le nombre des évêques appartenant à cette organisation s'accroît, encore que leur pourcentage demeure très faible sur un total de plus de deux mille prélats répartis à travers le monde. Ils sont probablement moins d'une douzaine en tout. Ce qui compte davantage, c'est leur influence au sein de la curie, les services administratifs du Pape établis à Rome. Les « vaticanologues », c'est-à-dire ce petit groupe de journalistes capables de comprendre les dessous compliqués de la curie papale, observent attentivement l'ascension et la chute — le plus souvent l'ascension — des bureaucrates ecclésiastiques aux opinions traditionnellement conservatrices qui considèrent l'Opus avec faveur. Ils constatent aussi l'influence plus directe de l'organisation grâce à ses membres consulteurs auprès des congrégations, porte-parole du Vatican auprès des conseillers des organismes administratifs papaux, comme celui des Causes Saintes (ils sont très désireux de faire canoniser le fondateur), ou la Congrégation des Evêques. Le présent pape Jean-Paul II, qui semble avoir également de la sympathie pour l'Opus, lui a accordé en 1982 un nouveau statut légal, qui en fait une organisation unique au sein de l'Église et lui accorde une autonomie de fait.

Quand je dis à des amis catholiques que je m'étais engagé dans cette étude, ils me conseillèrent en riant d'augmenter le capital de mon assurance-vie. Mais, plaisanterie mise à part, mon étonnement fut grand de constater que l'Opus avait une mémoire d'éléphant et le bras long. Plus de douze ans après la parution de *Being fair to Opus Dei*, un ami des États-Unis me ménagea une entrevue avec son oncle, membre de l'Opus. La rencontre eut lieu seulement après que l'oncle en eut demandé l'autorisation à un certain père Kennedy, prêtre appartenant à l'organisation. « Nous le connaissons, aurait dit Kennedy, il nous est hostile, mais vous feriez mieux de le voir. » Plus tard, à Washington, j'allai voir Russell Shaw, alors porte-parole des évêques américains et membre de l'Opus. Il avait lui aussi demandé au père Kennedy la permission de me rencontrer. Lorsque je finis par faire la connaissance du père Kennedy en personne, il n'eut pas l'air de s'étonner d'un tel comportement de la part d'hommes en pleine force de l'âge. Je trouvai de mon côté fort étrange qu'une organisation prétendant s'occuper exclusivement des choses de l'esprit intervînt dans la vie personnelle de ses membres au point que ceux-ci eussent à demander conseil avant de prendre contact avec moi. En fait, la chose me parut tout simplement sinistre.

Mais tout ceci fait partie du secret — l'Opus préfère parler de discrétion — dont l'organisation s'entoure. Ses membres ne se distinguent pas par le port de vêtements spéciaux, encore moins par des badges ou d'autres signes distinctifs. Il leur est demandé de ne pas se présenter en groupe, même au cours des offices religieux. Un membre admettra son appartenance, mais ne dira jamais qui d'autre se trouve dans le même cas. De la même manière, le nombre de ceux qui appartiennent à l'Opus ne doit pas être révélé, bien qu'un document préparé antérieurement au plus récent changement de statut de l'organisation au sein de l'Église (1982) ait admis pour le monde entier le chiffre total de 70 000, dont 2 % sont des prêtres. On pense qu'il s'en trouve 300 ou 400 en Grande-Bretagne, et 2 500 aux États-Unis, avec ce que Russell Shaw appelle des « corps constitués » dans une douzaine de villes[3]. Tous ne sont pas membres à part entière. Ces derniers, ou « numéraires », représentent environ 30 % du total, tandis que les « oblats », qui ont les mêmes engagements que les « numéraires », mais qui vivent en dehors des résidences de l'Opus, sont à peu près 20 %. La moitié restante est constituée par les « surnuméraires », dont les liens avec l'organisation sont un peu plus lâches, mais qui sont tout de même régis par la Constitution de l'Opus.

L'obligation du secret s'étend à la Constitution elle-même : les membres, dans les circonstances normales, n'y ont pas accès. Maria del Carmen Tapia, qui fut pendant dix ans responsable de la section féminine au Venezuela, n'en possédait pas d'exemplaire personnel[4]. Ayant eu plus d'une fois besoin de consulter la Constitution, on ne la lui prêta que contre la promesse formelle de la restituer au plus tôt. A Washington, je profitai de l'occasion pour demander à Russell Shaw s'il avait vu la Constitution. Sa réponse fut négative. Je lui demandai alors si, en bon Américain loyal à son pays, il avait l'habitude d'adhérer à des organisations dont il ignorait les règles. Ma question parut le déconcerter, et il m'avoua que, dans ce cas précis, il avait agi contrairement à ses principes.

A cette époque, la Constitution ne se trouvait pas sur les rayonnages des bibliothèques de chaque centre de l'Opus. Elle n'était pas même — comme le sont par exemple les constitutions des Jésuites — un sujet d'étude pour les membres de l'organisation, ce qui eût paru normal à tout un chacun. La nouvelle Constitution de 1982 fut toutefois mise à la disposition de tous les évêques dans le diocèse desquels l'Opus avait un centre opérationnel. La remise du document par le directeur local de l'Opus à l'évêque intéressé se fit même parfois de manière officielle.

Sachant cela, je demandai à un certain nombre d'évêques amis la permission de voir le document. La première chose que je découvris, c'est que la Constitution avait été remise à l'évêque du diocèse, et à lui seul. Les évêques auxiliaires, ou coadjuteurs, qui pouvaient être responsables d'une partie du diocèse où l'Opus avait établi des centres, n'avaient pas reçu de copie. Je découvris ensuite que l'exemplaire de la Constitution que j'espérais tant voir était porté manquant. Je dois reconnaître qu'il ne s'agit pas d'un écrit très volumineux.

J'avais beau savoir qu'il avait été publié dans une revue espagnole vers le milieu de l'année 1986, je commençais à perdre espoir de mettre facilement la main sur le document que je cherchais lorsque celui-ci se matérialisa dans des circonstances quelque peu troublantes. Je travaille dans un des collèges de l'université de Londres. J'entrai un matin dans mon bureau, et il trônait là — soixante-quinze photocopies représentant cent cinquante pages — bien en évidence sur une étagère. Aucune note ne l'accompagnait. Que mon bienfaiteur inconnu trouve ici l'expression de ma reconnaissance.

Après étude approfondie de ses deux principales Constitutions, bien d'autres choses ayant trait à l'Opus me troublèrent : elles font l'objet de la suite de ce livre. Mais une part de mon hostilité envers l'organisation provient peut-être d'un sentiment de désappointement.

Au moins depuis la fin du IIIe siècle, il s'est toujours trouvé une forme ou une autre de « vie religieuse » au sein de l'Église catholique. C'est-à-dire que des hommes ou des femmes ont — d'ordinaire — choisi volontairement de vivre plus près de la lettre de l'Évangile qu'on ne le fait généralement. Ils menèrent d'abord l'existence solitaire des ermites dans le désert. Puis ils se réunirent pour former des groupes, ou communautés, sous la direction d'un prieur ou d'une abbesse. A l'origine, ces communautés étaient installées dans des lieux éloignés, et il en existe aujourd'hui encore de semblables, mais les maisons religieuses quittèrent peu à peu les campagnes pour les villes, et les moines eurent des contacts avec les laïcs, tout en restant pour la plupart attachés au même endroit. Puis apparurent les frères qui, à l'instar des moines, récitaient les prières communes et se rencontraient aux offices quotidiens, mais qui se mêlaient plus librement au peuple et se déplaçaient fréquemment. Après eux vinrent les « clercs réguliers », comme par exemple les Jésuites. Ils ne priaient pas en commun, et en général n'entendaient pas la messe en groupe. Au contraire des moines ou des frères, ils ne portaient pas de vêtements caractéristiques de leur ordre, en dehors de la tenue habituelle au clergé. Ils pouvaient, de ce fait, fréquenter beaucoup plus facilement le public. Ils n'en étaient pas moins prêtres, et liés par les vœux de pauvreté, de chasteté et d'obéissance à leurs supérieurs qui définissent traditionnellement le respect de l'Évangile au sens le plus strict.

L'Opus, à ce qu'il semblait au premier abord, était différente. La vie religieuse, quel que soit le sens qu'on accorde à ce terme, n'était jusqu'alors accessible qu'aux gens désireux de prononcer des vœux définitifs : des individus non mariés prêts à opter pour le célibat leur vie durant. Même si, comme nous l'avons vu, le nombre de ces derniers s'était étendu depuis le temps des ermites jusqu'à comprendre ceux qui résidaient dans les villes et se mêlaient étroitement à la vie des gens ordinaires, les membres de tels groupes ou ordres religieux n'étaient pas eux-mêmes des personnes ordinaires. J'imaginais que la marque spéciale, ou le « charisme », de l'Opus était qu'elle offrait une forme de vie religieuse au sens large du terme à un bien plus grand nombre de personnes, mariées ou célibataires. En d'autres termes, je la tenais pour l'extension naturelle du développement de la vie religieuse au sein de l'Église. Je perdis vite mes illusions. Au contraire de la plupart des grands ordres religieux relevant de l'Église catholique romaine, elle s'est vu progressivement dominée par les prêtres, affichant des idées étroites et des tendances ultra-conservatrices.

Vladimir Felzmann, un Anglais d'origine tchèque, rejoignit les rangs de l'Opus en 1959, et fut ordonné prêtre dix ans plus tard. Il quitta l'organisation au début de l'année 1982, et il exerce aujourd'hui son sacerdoce dans le diocèse de Westminster, qui comprend la partie de Londres située au nord de la Tamise. Comme beaucoup de ceux qui abandonnent des mouvements religieux autoritaires ou des sectes, comme l'Église de l'Unification (la secte Moon), la Connaissance Krishna ou la Divine Light Mission[5], Felzmann conserve un attachement profond au fondateur de l'Opus Dei, José Maria Escrivá de Balaguer. Il l'a bien connu, car il fut son collaborateur au quartier général de l'Opus à Rome, ce qui ne l'empêche pas de rejeter l'organisation que celui-ci avait fondée : « le fondateur avait les qualités exceptionnelles d'un chef. Il inspirait les âmes. Comme tous les grands meneurs d'hommes, il savait être dur ou tendre. Il possédait au plus haut point ce que les psychologues appelleraient le masculin et le féminin, l'*animus* et l'*anima*. Il était merveilleusement humain. Il attirait autant par sa force et son sens du commandement — sa foi —, que par sa chaleur humaine et sa vulnérabilité. Il pouvait être dur comme l'acier et aussi tendre qu'une mère. Impétueux, émotif, passionné, il contrebalançait ces qualités naturelles par la force abstraite des idéaux, de la discipline, de la volonté, de l'ordre, du dogme et des ambitions réalisatrices. Il eut la sagesse de choisir ses plus proches collaborateurs à Rome parmi ceux qui possédaient ces dernières vertus. Plus il prenait de l'âge, plus leur influence grandissait. A sa mort, ils tentèrent de préserver le souffle qui venait de s'éteindre. " L'esprit " du fondateur s'est refroidi, s'est en quelque sorte fossilisé[6]. »

Pour les membres de l'Opus, Escrivá était un prophète directement inspiré par Dieu jusqu'au jour de sa mort, ou comme l'Opus Dei préfère appeler celle-ci, « le passage de notre père dans les Cieux » en 1975... Parce qu'il est saint, enseigne-t-on aux membres de l'organisation, la voie qu'il a montrée est la bonne et ses disciples sont assurés de gagner le paradis dans la mesure où ils s'identifient à lui[7].

La canonisation est d'ordinaire un processus très long à l'issue duquel un homme ou une femme sont officiellement déclarés saints par l'Église catholique romaine. Thomas More, Lord Chancelier d'Angleterre, qui mourut pour sa foi sous le règne d'Henry VIII, dut attendre quatre siècles pour que sa sainteté soit formellement attestée par l'Église. Ceux qui défendent la « cause » de l'éventuel canonisé doivent apporter la preuve que les fidèles l'invoquent dans leurs prières, qu'il est effectivement tenu pour un saint, qu'on invoque son intercession pour obtenir la guérison des malades ou la résolution des difficultés de tous ordres, et que l'on peut sans doute possible lui attribuer des miracles.

Pour ceux qui ont plus particulièrement marqué l'Église par leurs enseignements ou leurs écrits, l'enquête menée d'abord au niveau local et relayée ensuite par les autorités centrales de l'Église de Rome (le département compétent s'appelle la Congrégation pour les causes des Saints) est encore plus rigoureuse. Tous les livres et tous les documents doivent être examinés et les rapports subséquents étudiés avec le plus grand soin. La plus petite trace d'un enseignement ou d'une croyance qui ne recoupe pas parfaitement la doctrine de l'Église catholique romaine suffit à barrer le nom du candidat à la canonisation. Bien qu'il y ait eu des cas où la sainteté d'une personne était si manifeste aux yeux de tous qu'il a été possible de court-circuiter le système, le processus de canonisation n'aboutit en général qu'au bout d'un temps très long. L'Opus n'a pas l'intention de laisser traîner la cause de son fondateur, et l'on comprend le souci de ses dirigeants.

L'Opus n'est pas simplement une nouvelle communauté religieuse, elle représente également une nouvelle forme d'institution au sein de l'Église catholique romaine, ainsi que le démontre bien la longueur de l'étude faite avant de lui attribuer un statut juridique approprié. Afin de faire reconnaître sa légitimité en tant qu'institution avec l'approbation pleine et entière du Saint-Siège et de l'Église dans son ensemble, elle n'a pas seulement besoin d'établir officiellement sa position légale au sein de l'Église, il lui faut aussi faire reconnaître que son fondateur était un saint homme, sur un pied d'égalité avec les autres grands saints, comme François, Dominique ou Ignace de Loyola, le fondateur de la Société de Jésus.

Tout cela est sans doute très louable, mais les complications surgissent lorsqu'il s'agit de présenter un compte rendu objectif de la vie d'Escrivá. C'est l'Opus qui contrôle toutes les informations le concernant. Les livres dont elle autorise la publication sont tout naturellement hagiographiques dans leurs intentions. Les deux principaux sont l'ouvrage de Salvador Bernal, *Monseigneur José Maria Escrivá de Balaguer, profil du fondateur de l'Opus Dei*, publié à Londres et à New York par Scepter en 1977 (un an tout juste après sa première publication en espagnol), et plus récemment une biographie écrite par un ancien attaché de presse espagnol de l'Opus à Londres, Andrés Vázquez de Prada, sous le titre *El Fundador del Opus Dei*. Ce livre fut édité à Madrid en 1983 par Ediciones Rialp. L'éditeur le décrit comme « la première biographie d'envergure publiée en espagnol ». Rialp et Scepter sont, bien entendu, des maisons d'éditions appartenant à l'Opus Dei. Les auteurs sont l'un et l'autre membres de l'organisation, encore que ce détail important ne soit pas mentionné dans les curriculums qui figurent en tête des ouvrages. Même s'il existe à ma connaissance au moins une petite étude[8] hostile — et satirique —, il semble en fait qu'aucun auteur n'ait porté une appréciation objective sur Escrivá de Balaguer. Il n'est pas difficile de deviner pourquoi.

L'Opus a décidé que, dans la mesure du possible, chaque portrait du Fondateur le présentera comme le parfait candidat aux honneurs de la canonisation officielle. Il doit être perçu comme celui qui fut spécialement choisi par Dieu pour la mission suprême de fonder l'Opus. On doit le considérer non seulement comme un héros et un saint aux vertus exceptionnelles, mais aussi comme un sage doublé d'un érudit.

Prenons un exemple dans le livre de Vázquez de Prada. Au début de l'ouvrage, il rappelle sa conversation avec Escrivá de Balaguer durant une visite à Londres de ce dernier. Vázquez de Prada se disposait à écrire une biographie de l'homme d'État anglais Thomas More, qui venait d'être canonisé. Il demanda l'avis d'Escrivá. « Vous devez entrer dans sa personnalité », lui fut-il répondu, ou plus exactement sinon plus librement exprimé : « Vous devez vous mettre dans sa peau. » On ne peut pas dire que cette recommandation, excellente au demeurant, soit très originale. Ma critique ne vise pas toutefois la banalité du conseil, mais l'usage qu'en fait Vázquez. Il le cite comme s'il s'agissait d'une révélation remarquable.

Vázquez poursuit avec un premier chapitre dont il est manifestement fier. Il en a donné la primeur, se souvient Vladimir Felzmann, à un groupe attentif de membres de l'Opus Dei réunis à Londres. L'auteur consacre ce chapitre à méditer sur la date de naissance de l'Opus, c'est-à-dire le 2 octobre 1928. C'était précisément, nous révèle-t-il, le jour où Louis von Pastor, le grand historien de la papauté moderne, mourut à Paris. C'était encore le quatre-vingt-unième anniversaire du maréchal von Hindenburg, président de la République d'Allemagne, et aussi le jour où la loi martiale fut proclamée en Albanie. Il est un peu difficile de prendre en compte cet exploit extraordinaire, tout laborieusement extirpé qu'il est des chroniques du temps (Vázquez a même découvert les films qu'on projetait ce jour-là dans les cinémas de Madrid), à moins de vouloir à tout prix situer l'événement à quelque tournant providentiel de l'histoire du monde.

L'Opus a fait ses débuts en un lieu précis et à un moment déterminé. C'est arrivé d'un coup, « comme une graine divine tombant des Cieux », dit Vázquez. Le fondateur dirait plus tard que c'était entièrement le fait de Dieu, qu'il n'avait été qu'un obstacle sur le chemin. Signe de son humilité, insiste Vázquez. Peut-être, mais cela isole aussi Escrivá de Balaguer du reste des hommes pour en faire le véhicule choisi par Dieu à des fins divines bien précises. Même le refus d'Escrivá de parler de tout cela, tel que nous le rapporte Vázquez, le place, ainsi que la fondation de l'Opus Dei, hors de la vie normale. Ses biographes nous le présentent sous un jour qui n'est pas celui d'un simple mortel.

Bernal nous fournit d'autres exemples du même style. Encore une fois, au tout début de son ouvrage, il nous livre l'histoire d'un prêtre qui rencontra Escrivá de Balaguer en novembre 1972, en lui prêtant ce commentaire : « Je devais faire en permanence un acte de foi pour me souvenir que j'étais en présence du fondateur de l'Opus Dei. » Bernal insiste sur l'apparence ordinaire de l'homme, mais le propos de l'anecdote est de nous montrer que ses interlocuteurs *s'attendaient* à le trouver différent. On nous fabrique l'image d'un homme d'une autre espèce — d'un saint. Voilà le cadre qu'on propose aux lecteurs de l'histoire de sa vie. Aussi, lorsque Vázquez insiste sur le fait que sa tâche consiste à « découvrir le lien entre son comportement (celui d'Escrivá) en public et ses attitudes les plus profondes », il s'agit précisément d'une tâche que l'approche hagiographique de la vie du Fondateur rend pratiquement impossible.

Assez étrangement toutefois, la première question qui se pose au biographe est de décider du nom par lequel appeler l'intéressé. Je l'ai cité jusqu'ici sous le patronyme d'Escrivá de Balaguer. Selon le registre de l'église où il reçut le sacrement du baptême, son nom s'épelait Escribá. Pourtant, dès qu'il fut en âge d'aller à l'école, José Maria choisit d'adopter la version plus distinguée qui s'écrit avec un « v » plutôt qu'un « b », l'un et l'autre ayant d'ailleurs la même consonance en espagnol.

En juin 1940, la famille, qui était alors connue sous le nom d'Escrivá y Albas, prétextant que ce nom était trop commun pour l'identifier avec précision, présenta une requête pour être désignée désormais sous le patronyme d'Escrivá de Balaguer y Albas — encore que pendant les vingt-huit années qui suivirent, le « y Albas » ait été la plupart du temps ignoré.

Jusqu'alors, José Maria était simplement José Maria. A partir de 1960, il se mit à signer Josemaria. Là-dessus, en 1968, il sollicita et obtint l'autorisation de compléter son état civil par le titre de marquis de Peralta. C'était une démarche pour le moins curieuse ; ses biographes prétendent qu'il ne l'entreprit qu'après avoir consulté deux cardinaux de la curie romaine, le cardinal dell'Acqua, ami proche et vicaire du pape à Rome, et le cardinal espagnol Larraona. Il s'entretint également de la question avec plusieurs grands dignitaires ecclésiastiques, dont le secrétaire d'État du pape.

Certains membres de l'organisation feignent de croire que la requête avait été formulée par Escrivá pour le compte de son frère Santiago. L'excuse invoquée par le fondateur, telle qu'elle est exprimée dans une lettre au conseiller de l'Opus Dei à Madrid, était que sa famille avait consenti de lourds sacrifices pour le préparer à son ministère, et que ce titre représentait en quelque sorte une récompense. Quelle que soit l'explication, le fait de solliciter la reprise ou l'obtention d'un titre nobiliaire ne ressemble guère à quelqu'un dont l'humilité foncière figure au nombre des vertus que ses partisans lui prêtent dans le cadre d'un procès en canonisation. C'est particulièrement vrai si l'on se réfère à la maxime 677 de son traité spirituel *El Camino* : « Honneurs, titres, distinctions, bouffées d'orgueil, mensonges, néant ».

Il est aussi quelque peu étrange, toujours à la lumière de cette maxime, qu'il ait de la même manière collectionné quantité de décorations espagnoles, telles que la grand-croix de Saint Raymond de Peñafort, la grand-croix d'Alphonse X le Sage, la grand-croix d'Isabelle la Catholique et d'autres, sans oublier diverses médailles d'or[9]. Je suppose qu'il s'agit en l'espèce d'un comportement inconnu chez tout autre saint ou sainte, du moins après conversion. C'est visiblement une cause d'embarras pour ses biographes, peut-être même pour le principal intéressé. Comme il le précisait dans sa lettre au conseiller, il n'avait agi qu'après mûre délibération devant Dieu, et après avoir pris conseil. La démarche en vue de l'obtention du titre était déplaisante *(antipática)*, encore qu'un autre en eût certainement profité sans scrupules[10].

Le marquisat de Peralta, prétendait-il, lui appartenait de droit pour avoir été conféré en 1718 à son ancêtre Tomás de Peralta, alors secrétaire d'État chargé de la guerre et de la justice dans le royaume de Naples. L'existence du titre, et certainement toute prétention à celui-ci, paraissent cependant avoir été totalement ignorées de ses ascendants directs. Il venait d'une solide et pieuse famille de classe moyenne originaire de Barbastro dans le nord-est de l'Espagne, non loin de la frontière française. Son père était associé dans une affaire textile de la ville, « Juncosa et Escrivá ». Il avait épousé Maria de los Dolores Albas y Blanc, qui lui avait donné six enfants. L'aînée, Carmen, était suivie de José Maria, né le 9 janvier 1902. Trois autres sœurs, toutes prénommées Maria, venaient ensuite avant Santiago, le petit dernier.

José n'était pas un enfant vigoureux. Il tomba gravement malade à l'âge de deux ans. Devant son état désespéré, sa mère Dolores le conduisit au petit sanctuaire marial de Torreciudad, un lieu de pèlerinage local qui abritait une statue de la Vierge Marie datant peut-être du XIe siècle. Les prières de la mère furent entendues, et José recouvra la santé. Torreciudad est devenue depuis un autre monument à la gloire du fondateur.

Malgré la guérison miraculeuse du fils, et malheureusement pour la famille, les trois filles prénommées Maria moururent en l'espace de trois ans, de 1910 à 1913. José paraît avoir cru qu'il était lui aussi condamné. Il se retrancha de la compagnie de ses amis pour entrer dans une période de profonde dépression d'où il émergea lentement, en partie, semble-t-il, grâce à la conviction grandissante que Dieu l'avait pris sous Sa protection spéciale : c'est à cette époque que Dolores lui fit le récit de sa guérison miraculeuse à Torreciudad.

Il se peut que les malheurs qui accablaient la famille aient été liés au déclin progressif et à l'effondrement final de l'entreprise de Don José à Barbastro : on mit le désastre sur le compte de sa nature trop confiante, ce qu'on pourrait aussi interpréter comme un manque de clairvoyance en affaires. Quoi qu'il en soit, la famille se vit obligée de congédier les domestiques, chose infiniment rare dans la classe moyenne espagnole, et même d'aller s'installer dans une autre ville. Ils partirent tous en 1915 pour Logroño, toujours dans la même région, mais cette fois plus près de la côte Atlantique. Une fois là, Don José prit une participation dans un magasin de vêtements pompeusement baptisé « La gran Ciudad de Londres » (« A la grande ville de Londres »). La famille vécut dans un étroit appartement où Doña Dolores dut se charger elle-même de toutes les corvées ménagères — une bonne chose en définitive, si l'on songe au rôle qui serait un jour le sien dans l'Opus.

Durant ses années vécues à Barbastro, l'instruction de José Maria avait été confiée aux membres d'un ordre religieux, les Piaristes ; il se réclamerait plus tard d'une lointaine parenté avec le fondateur de cet ordre, saint Joseph Calasanctius. A Logroño toutefois, il fréquentait un *instituto* d'Etat le matin, et se rendait l'après-midi à une sorte de cours préparatoire tenu par des laïcs, l'institution Saint-Antoine. Ainsi que ses biographes le rappellent avec force détails, ses notes étaient bonnes et sa conduite irréprochable. Bien qu'elle ait causé quelque surprise à l'époque, sa décision de devenir prêtre semble après coup inéluctable.

Il commença donc ses études ecclésiastiques en 1918 au séminaire de Logroño. Il n'était pas étudiant à plein temps car sa santé était trop délicate : il assistait aux cours, puis vivait à la maison où il recevait aussi des leçons particulières. Il fit une première année de théologie exemplaire, mais partit alors pour Saragosse comme interne à temps complet au séminaire de cette ville.

La décision d'aller poursuivre ses études à Saragosse n'a jamais reçu d'explication parfaitement satisfaisante. Il avait des parents là-bas, dont un chanoine de la cathédrale, mais il ne semble pas l'avoir beaucoup fréquenté. Ou si tel avait été le cas auparavant, il espaça bientôt ses contacts ; le chanoine n'assista même pas à son ordination, ni à sa première messe, qui sont pourtant par tradition des événements familiaux majeurs au sein de la communauté catholique. Il se peut que l'existence à Saragosse d'une université où il pourrait étudier le droit en même temps que la théologie ait eu plus d'importance à ses yeux. Il était de cette manière en mesure d'acquérir un bagage professionnel qui pourrait lui permettre plus tard de venir en aide à sa famille, considération qui aurait pesé encore plus lourd dans la balance après le décès subit de son père le 27 novembre 1924.

Il accueillit cette triste nouvelle avec un calme étonnant, malgré les responsabilités accrues qu'elle plaçait sur ses épaules puisqu'il se retrouvait seul soutien de famille. « Mon père était ruiné, devait-il déclarer plus tard, et lorsque Notre Seigneur a voulu que je commence à travailler à l'Opus Dei, j'étais totalement dépourvu de ressources, je n'avais pas un sou vaillant[11]... » Son père avait en tout et pour tout légué à l'aîné de ses fils (Santiago n'avait alors que cinq ans) un physique agréable et une apparence particulièrement soignée, pour ne pas dire élégante, malgré sa détresse financière. Au séminaire de Saragosse, sa manière de s'habiller le distinguait immédiatement des autres. Les séminaristes en général, remarque Vázquez, étaient assez frustes et souvent incultes. Escrivá de Balaguer faisait exception. Ses vêtements étaient toujours propres et ses souliers impeccablement cirés. Le fait qu'il se lavait chaque jour de la tête aux pieds faisait apparemment l'objet de nombreux commentaires.

Quelques mois après la mort de son père, il fut ordonné prêtre le 28 mars 1925. Deux jours plus tard, il était nommé vicaire d'une paroisse de campagne. Bien qu'elle puisse paraître soudaine, cette nomination fut précipitée par la maladie du curé et les nécessités de la liturgie de Pâques, car la Semaine sainte venait de commencer. Son séjour ne fut pourtant pas de longue durée. Au milieu du mois de mai, il était de retour à Saragosse pour terminer ses études de droit.

Ce fut chose faite en 1927. Il obtint sa licence en mars de cette année-là, et sollicita aussitôt de son évêque la permission d'aller à Madrid pour commencer son doctorat. L'autorisation fut accordée. En juin 1923, le cardinal Soldevila, archevêque de Saragosse, était assassiné. Escrivá de Balaguer avait attiré son attention par ses excellentes notes au séminaire, où son attitude plutôt solitaire le distinguait des autres étudiants. Peut-être avait-il été aussi frappé par le poème composé par Escrivá pour le directeur du séminaire, et intitulé *Obedientia tutior*. Le jeune séminariste y faisait l'éloge de la sécurité engendrée par l'obéissance à son supérieur.

Quelle qu'en fût la raison, Soldevila avait distingué l'étudiant de Logroño et décidé de lui accorder un traitement spécial. Il lui avait personnellement conféré la « tonsure », cérémonie qui fait d'un laïc un clerc. Il l'avait ensuite chargé de veiller sur les étudiants afin de s'assurer du respect du règlement — faisant de lui une sorte de préfet de discipline. Si Soldevila avait vécu, pense Vázquez de Prada, il serait sans doute devenu le protecteur d'Escrivá, lui procurant un poste en rapport avec ses connaissances et ses goûts — et bien rémunéré. La famille du jeune homme se trouvait alors à Saragosse et comptait bien sur lui.

En l'absence de Soldevila, Escrivá de Balaguer dut trouver tout seul une occupation. Avant même d'obtenir sa licence, il se mit à enseigner le latin et le droit canon dans un collège privé qui préparait les étudiants aux grandes écoles, notamment l'académie militaire de Saragosse. Avant d'être ordonnés prêtres, les séminaristes doivent prouver qu'ils disposent de moyens d'existence suffisants. A une certaine époque, un aspirant au sacerdoce pouvait devenir prêtre « sur son propre patrimoine » — en d'autres termes, il était capable de démontrer son indépendance financière — et de ce fait ne dépendait pas d'un évêque en particulier. Mais la plupart du temps les prêtres étaient, et sont encore « incardinés » dans un diocèse, et promettent allégeance à l'évêque de ce diocèse, qui en contrepartie les prend matériellement en charge. Au plan administratif, Escrivá était incardiné dans le diocèse de Saragosse, bien qu'il n'y eût travaillé que fort peu de temps. C'est dans le diocèse de Madrid qu'il œuvra la plupart du temps de 1927 à 1942. Il ne fut pourtant incardiné dans ce dernier diocèse qu'en 1942, lorsqu'il devint automatiquement membre du clergé diocésain en prenant un bénéfice (dignité ou charge ecclésiastique assortie d'un revenu) : on ne peut s'empêcher de penser qu'il s'était soustrait aux obligations exigées de la plupart des membres du clergé. Bien qu'incontestablement engagé à Saragosse dans un certain travail pastoral et membre de ce diocèse, il s'était en pratique coupé de la carrière normale d'un prêtre, soit à cause de la situation financière de sa famille, soit en raison de ses préférences personnelles.

Quels qu'aient été les motifs de sa demande d'être relevé de ses fonctions diocésaines pour aller étudier à Madrid, l'autorisation lui en fut accordée pour une durée de deux ans. En fait, il ne réussit pas à terminer son doctorat dans le délai imparti. L'objet de ses recherches était l'accès au sacerdoce des métis et des quarterons aux XVIe et XVIIe siècles. Ce travail ne fut jamais achevé. Quand il soutint finalement et avec succès sa thèse, cela se passait en décembre 1939. Il y traitait de l'histoire, et plus spécialement du statut juridique du monastère de Las Huelgas. Connaissant l'apparente répugnance d'Escrivá pour le rattachement à un diocèse déterminé, le choix d'un tel sujet peut prendre une signification particulière. Les Abbesses successives de Las Huelgas étaient des personnages puissants qui régnaient sans partage sur leur territoire, et n'avaient de comptes à rendre qu'au pape.

Le besoin de gagner de l'argent pour venir en aide à sa famille peut une fois de plus avoir été la cause du piétinement de ses premières recherches. Il logeait à Madrid dans une résidence réservée aux prêtres, et il retrouva un poste de professeur de droit romain et de droit canon dans un collège préparatoire, l'académie Cicuéndez.

Durant les années 20, il exerçait aussi les fonctions de chapelain de l'ordre des Dames Apostoliques, propriétaires de la maison où il avait pris pension. Les Dames Apostoliques du Sacré-Cœur-de-Jésus, pour citer leur nom en entier, venaient juste de recevoir du Vatican l'approbation en bonne et due forme de leur mode de vie, mais elles déployaient déjà depuis un certain temps nombre d'activités charitables au service des pauvres, et surtout des malades de l'agglomération de Madrid. Elles soignaient les malheureux dans leurs propres maisons, leur fournissant à la fois nourriture, médicaments et secours spirituels.

C'est là qu'intervenait Escrivá de Balaguer. Il assistait les malades, leur apportait les sacrements, et les aidait à résoudre leurs problèmes personnels. Cette tâche l'éloignait souvent du centre de la capitale espagnole pour le conduire jusque dans les banlieues les plus éloignées. Tous les dimanches, il disait la messe dans l'église attenant à la résidence principale de l'ordre.

Ce travail pour les Dames Apostoliques dura jusqu'en juillet 1931. C'est pendant cette période passée auprès d'elles qu'il prit la décision de fonder l'Opus Dei. A partir de cette date sa propre vie allait se confondre entièrement avec celle de l'organisation qu'il avait créée.

2

Les origines de l'Opus

S'il est un fait qui ne laisse pas de surprendre à propos de l'Opus Dei, c'est bien l'absence d'historiens de l'organisation. Elle fonctionne depuis soixante ans : on pourrait normalement espérer qu'il se soit trouvé quelque part dans le monde au moins une personne désireuse de faire le récit de son développement ; d'expliquer comment elle a grandi, où et quand elle a recruté ses adeptes, quels étaient les problèmes et comment ils furent résolus, quelles tensions ont pu naître et pourquoi, comment les différentes œuvres apostoliques furent entreprises, qui décidait de la politique, et ainsi de suite. L'ouvrage publié en 1982[1] par l'université de Navarre pour commémorer, bien que tardivement, le jubilé de la fondation de l'Opus en 1928 aurait dû logiquement faire cet historique. On y trouve en effet sous le titre alléchant de « Opus Dei, cinquante années d'existence » une section qui comprend en tout et pour tout un texte inédit d'Escrivá et un entretien sans grand intérêt — du moins sur ce plan — avec le nouveau responsable de l'Opus, Mgr Alvaro del Portillo. Ce n'est pas qu'une partie de son histoire ne puisse être dégagée des nombreux panégyriques de l'Opus publiés au fil des années par ses partisans, mais c'est un fait qu'aucune étude spécifiquement historique n'est mentionnée dans l'essai bibliographique écrit par Lucas F. Mateo-Seco pour le livre du jubilé[2]. Ce qu'il y a de plus remarquable dans cette bibliographie, c'est l'indigence de la production d'ouvrages sérieux sur quelque aspect que ce soit de l'organisation, excepté sur le statut juridique de prélature personnelle qui lui fut accordé récemment.

Il est néanmoins un événement dont il est abondamment rendu compte : la date et les circonstances de la décision d'Escrivá de fonder ce qui devint l'Opus Dei. C'est arrivé, dit Vázquez avec une grandiloquence compréhensible chez un admirateur aussi fervent, « comme une graine divine tombant des Cieux »[3]. L'idée naquit dans l'esprit d'Escrivá tandis qu'il faisait retraite dans une maison de la banlieue de Madrid appartenant à l'ordre catholique des Lazaristes. Escrivá était en prières et, prétend Bernal, il eut la « vision » de l'Opus Dei. Au même instant il entendit sonner les cloches de l'église voisine de Notre-Dame-des-Anges pour célébrer les fêtes patronales ; le 2 octobre est le jour où les catholiques commémorent la fête des Saints Anges Gardiens[4].

Ce qui se produisit exactement, en revanche, n'est pas parfaitement clair. Certains membres de l'Opus semblent croire qu'Escrivá de Balaguer eut une vision de Dieu, mais lui-même n'est pas aussi affirmatif. En fait, il s'avance fort peu à ce propos. Il est assez évident que ce jeune prêtre ambitieux dans un pays où le clergé était déjà trop nombreux aspirait à jouer un rôle particulier dans la vie. Il n'y a là nul mal. Il semble, d'après les différentes relations qui nous sont faites de la fondation de l'œuvre, que c'est au cours de ses méditations qu'il pressentit ce que pourrait être sa mission. C'est plus tard — légèrement plus tard, en fait — que la notion se précisa, et qu'il put commencer à mettre les choses sur pied. Il ne s'est rien passé d'autre. Mais comme l'Opus est portée à faire les choses en grand, on a scellé une plaque gravée dans le nouveau clocher de l'église Notre-Dame-des-Anges, dont une des vieilles cloches a été transportée à Torreciudad en souvenir du fondateur. L'inscription en latin dit à peu près ceci : « Le 2 octobre 1928, alors que les cloches de l'église Notre-Dame-des-Anges de Madrid sonnaient à toute volée pour chanter les louanges du Seigneur, Josemaria Escrivá de Balaguer reçut dans son esprit et dans son cœur les graines de l'Opus Dei. » Il eût été plus adéquat d'apposer une plaque sur l'immeuble où le fondateur eut sa première inspiration, mais il n'existe plus.

Qu'avait exactement voulu fonder Escrivá ? Il ne subsiste guère de doutes sur ce que l'Opus *est devenue*. Sa forme juridique est précise, ses objectifs clairement définis, et les moyens de les atteindre sans équivoque. Mais on voit mal comment le fondateur d'une organisation religieuse fonctionnant au sein de l'Église catholique romaine aurait pu prévoir par sa seule volonté et dans les moindres détails ce que sa fondation allait devenir. Les Franciscains, par exemple, ont connu des décennies, voire des siècles de crises internes avant de se mettre d'accord sur leur structure définitive, et seulement au prix d'une scission. Il est donc normal de chercher à savoir si la vision originale d'Escrivá s'est accomplie dans la forme que revêt aujourd'hui l'organisation qu'il a fondée.

Le problème ne se pose d'ailleurs pas en termes aussi simples. Escrivá vit l'Opus se développer comme elle l'a fait, et l'encouragea dans cette voie. Le tournant se situe peut-être en 1946 au moment de l'incident évoqué plus loin, lorsqu'il revint de Rome, son innocence ou sa naïveté brisées par l'expérience qu'il venait de faire des méthodes de la curie papale. Il se peut fort bien que les premières notions de ce qu'il voulait accomplir aient visé une réalité tout à fait différente.

Bernal, par exemple, décrit l'Opus Dei comme une « *organisation inorganisée*, vivante et pleine de spontanéité responsable »[5]. Nous sommes à cent lieues de ce que les membres ont vécu récemment. Une fois le fondateur disparu, constate Vladimir Felzmann :

> Les règles, les normes et les restrictions surgirent de partout. La vie devint encore encore plus restrictive... Afin de protéger et de préserver son esprit — dans le désir d'éviter ce qui était arrivé aux Franciscains — le fondateur avait ordonné la codification complète et méticuleuse de l'œuvre de l'Opus Dei, et de l'existence de ses membres. Mais, comme Notre Seigneur en a Lui-même fait l'expérience, un esprit enfermé dans un code tend à dépérir, devient asservissant, pharisaïque[6].

Mais cette « organisation inorganisée » dont parle Bernal est proche de ce qui se passait au début dans le souvenir de Raimundo Pánnikar. Ce dernier fut peut-être le plus distingué des théologiens académiques de l'Opus. Né à Barcelone d'un père indien et d'une mère catalane, il avait un passeport anglais, et à ce titre fut évacué de Barcelone par un navire de guerre britannique au cours de la guerre civile espagnole (1936-1939). Il partit faire des études en Allemagne, mais regagna Barcelone en 1940, et rejoignit le petit groupe des partisans d'Escrivá qui s'activaient alors dans la cité comtale. Il faisait partie du second groupe de membres de l'Opus qui furent ordonnés prêtres en 1946. Il quitta l'Opus en 1965. Ses souvenirs des premiers jours confortent la description de Bernal.

Pánnikar dit qu'à son arrivée à l'Opus, celle-ci était presque un mouvement de « contre-culture »[7]. Des gens comme lui rejoignirent l'organisation parce qu'elle paraissait offrir un moyen de dépasser la « routine » du catholicisme traditionnel. Ils voulaient simplement prendre leur religion au sérieux, satisfaire toutes les exigences que l'Évangile impose à ceux qui veulent être de vrais disciples du Christ. Un vieille tradition ascétique de l'Église compare les chrétiens fervents à la *militia Christi*, les soldats du Christ, et c'est l'expression qu'utilise Pánnikar pour désigner les premiers membres de l'Opus. Il ne s'agissait, Escrivá lui-même mis à part, que d'un petit groupe de laïcs essayant de mettre en œuvre les préceptes de l'Évangile. Pas question d'adopter un mode de vie particulier, pas plus que de fuir le monde. Rien ne les distinguait de l'homme de la rue, si ce n'est peut-être que, pour se fortifier mutuellement dans leurs résolutions, ils vivaient ensemble. Tel était alors l'idéal qu'Escrivá de Balaguer proposait à ceux qui subissaient son influence.

Et son influence s'étendit vite à beaucoup de gens. Il n'avait pas plus tôt reçu le message divin[8] qu'il se mit en devoir de recruter pour sa cause. Il faisait part de ses idées aux amis de ses années d'études à Logroño et à Saragosse. Il cherchait du soutien parmi les prêtres qui partageaient son logement de Madrid. Il écrivait des lettres à des personnes qui vivaient loin de la capitale espagnole. Il demandait à ses relations, et à ceux pour qui il exerçait ses fonctions de chapelain, de lui signaler d'éventuels candidats jeunes et du sexe masculin, de préférence des étudiants. Il dit un jour au père Sanchez Ruiz, le Jésuite qui lui servait de directeur spirituel, qu'il percevait de plus en plus clairement la volonté du Seigneur de le voir « se cacher et disparaître ». Mais il ne suivit pas le conseil du Seigneur. Il se faisait au contraire des amis influents chez les clercs comme chez les laïcs, il faisait par ses lettres la propagande de l'Opus, il soignait l'aristocratie, et son prosélytisme lui valut bientôt ses premiers disciples.

Certains le rejoignirent, mais pour le quitter. D'autres, comme Isidoro Zorzano Ledesma, qui avait étudié avec lui à Logroño, et qu'il avait revu par hasard à Madrid, moururent à la fleur de l'âge. Escrivá fut présenté à Juan Jiménez Vargas, un étudiant en médecine, par des amis de la faculté de médecine de Madrid. Il en connut d'autres dans le secret du confessionnal, ou par l'entremise des Dames Apostoliques dont il était le chapelain. A un moment crucial de l'histoire d'Espagne, ces hommes avaient conscience avec Escrivá de se joindre à un authentique « mouvement de contre-culture », pour reprendre l'expression de Pánnikar. Depuis 1881, les professeurs des universités espagnoles possédaient le droit d'avoir et de professer des croyances distinctes, voire ennemies de la foi catholique[9]. Les effets de cette liberté d'expression furent longs à se faire sentir, mais dans les années 20 nombreux étaient ceux, y compris ceux qui avaient le plus d'influence sur les étudiants, qui proposaient une doctrine éloignée de l'enseignement catholique. Dans un pays comme l'Espagne, où l'Église avait longtemps été si proche de l'État, et où les modes de vie traditionnels étaient encore si imprégnés de catholicisme, cette évolution de la pensée universitaire pouvait être considérée comme une menace, non seulement pour l'orthodoxie religieuse, mais aussi pour les fondements mêmes de la *Hispanidad**. Tout comme il était prêtre catholique, Escrivá de Balaguer était patriote. La maxime 525 d'*El Camino* commence par ces mots : « Être catholique signifie d'abord aimer son pays, et ne le céder à personne dans ce domaine. »

L'enseignement dans les universités, surtout à Madrid, n'était pas seul à se séculariser progressivement, d'autres institutions encourageaient aussi cette tendance. L'Institución Libre de Enseñanza (premier institut d'enseignement libre) fut fondée en 1876 par un homme qui avait quitté l'Église à cause de sa condamnation du libéralisme dans le *Syllabus Errorum*, ou Syllabus of Errors (« Sommaire des erreurs »), un document énumérant les principales aberrations du temps — aux yeux du pape — écrit par Pie IX en 1864. Bien qu'elle ne fût pas anti-catholique d'intentions, l'Institución Libre de Enseñanza était perçue comme telle par de nombreux Espagnols. Un prêtre qui écrivait dans le plus prestigieux journal des Jésuites de l'époque, *Razón y Fe*, la décrivait en 1906 comme « l'ennemi mortel de l'enseignement catholique ». Elle n'était pas placée sous contrôle de l'État, ce qui ne l'empêcha pas d'avoir une grande influence sur le système éducatif espagnol. Elle créa des maisons d'étudiants à

* En espagnol dans le texte original *(N.d.T.)*.

l'intérieur des universités, un peu dans le genre des collèges d'Oxford ou Cambridge, et les places dans ces résidences étaient extrêmement recherchées. Plus importante peut-être était son influence sur la Junta para Ampliación de Estudios e Investigaciones Cientificas, fondée en 1907 dans le but de créer des instituts de recherche dans toute l'Espagne, afin d'élever par ce moyen le niveau général d'éducation dans le pays.

La liberté d'expression dont jouissaient les professeurs et les nouveaux instituts favorisait le courant d'agnosticisme qui se répandait parmi les jeunes intellectuels. Escrivá réalisait parfaitement les dangers, aussi bien que les possibilités, inhérents à l'éducation. « Les livres, écrit-il dans la maxime 339, ne les achetez pas sans prendre conseil d'un catholique avisé ou prudent. Il est facile d'acquérir un ouvrage inutile ou dangereux. C'est si souvent qu'un homme croit avoir un livre sous le bras alors qu'il transporte en fait un tas d'ordures ! »

La contestation du courant agnostique avait commencé bien avant l'arrivée d'Escrivá de Balaguer à Madrid. Dès 1909, un prêtre jésuite avait fondé l'Asociación Católica Nacional de Propagandistas, sorte de prolongement dans la vie professionnelle et dans le monde des affaires des sociétés dévotes connues sous le nom de congrégations marianistes. Ces congrégations étaient — et sont encore, même si elles ont changé de nom en plusieurs endroits — des groupes de personnes agissant sous la direction religieuse de la Société de Jésus et qui associaient une forme modérée d'ascétisme à l'accomplissement d'œuvres charitables. Ces confréries fonctionnaient le plus souvent dans les écoles des Jésuites, mais aussi dans les paroisses administrées par eux, quand elles n'étaient pas rattachées à d'autres résidences appartenant à la Société de Jésus. Elles étaient le résultat d'une démarche entreprise pour adapter aux laïcs le mode de vie et la spiritualité jésuites. Sous la direction de la Société de Jésus, l'Asociación Católica poursuivait un objectif à deux vitesses. Elle voulait améliorer la condition sociale des pauvres en Espagne, mais sans bouleverser pour autant les valeurs traditionnelles, ni modifier le mode de vie du peuple. C'était une organisation élitiste, qui recrutait de préférence des hommes instruits et d'un bon niveau social. Comme la cellule communiste des générations suivantes, elle appliquait la méthode du travail par petits groupes, et dans la plus grande discrétion. Escrivá ne pouvait pas ne pas connaître une telle association. En 1911, l'Asociación acheta bel et bien *El Debate*, un journal qui allait devenir l'un des plus influents du pays. En 1923, *El Debate* accueillit avec faveur l'arrivée au pouvoir du dictateur Primo de Rivera, dans l'espoir qu'il serait capable de maintenir un ordre social chancelant. Six années plus tard, ce même journal soutenait une proposition du ministre de l'Éducation de Primo de Rivera ; celui-ci voulait donner à deux collèges privés administrés, l'un par les Jésuites, l'autre par les Augustins, le droit de délivrer des diplômes reconnus par certaines facultés. Cette tentative d'ingérence dans le monopole de l'État en matière d'éducation provoqua un tel tollé que la proposition dut être abandonnée[10].

Escrivá connaissait certainement l'Asociación. De fait, après la guerre civile, il fut un temps professeur à l'école de journalisme rattachée à *El Debate*, même s'il consacrait ses cours à l'éthique du journaliste ou à d'autres considérations métaphysiques, plutôt qu'aux techniques du métier. Mais il n'aurait pas eu besoin de relations aussi proches, pas plus que du contact avec les Jésuites qui étaient ses directeurs spirituels, pour connaître l'œuvre de la Société de Jésus en Espagne. « La dette de l'Opus à l'égard de la Société de Jésus est immense, dit Carandell. On peut même soutenir que si la Société n'avait pas existé, la naissance de l'Opus n'aurait pas eu lieu[11]. »

L'idée qu'Escrivá se faisait de l'Opus puisse devoir quelque chose à quelqu'un n'est pas envisagée par les biographes officiels du fondateur. Le livre de Vázquez, par exemple, fait par trois fois allusion à un certain Don Pedro Poveda[12]. La première signale simplement qu'Escrivá eut un entretien avec Don Pedro le 4 février 1931 — la date était manifestement assez importante pour être précisée —, dans l'espoir d'obtenir quelque bénéfice ecclésiastique ; Escrivá refusa l'offre qu'on lui faisait, toujours d'après Vázquez, parce qu'elle n'était pas assortie d'une incardination dans un diocèse. « L'étonnement de Don Pedro [devant le refus d'Escrivá] fut extrême », remarque Vázquez. La deuxième citation fait état des relations amicales qui existaient entre les deux hommes. La troisième indique simplement que Poveda fut assassiné en juillet 1936 à Madrid, au cours du soulèvement qui marqua le début de la guerre civile.

C'est le second passage qui est étonnant. Les deux hommes se rencontrent : Poveda propose une promotion qu'Escrivá refuse, et là-dessus, du moins d'après le biographe, ils se séparent. Or il est clair que ce ne fut pas le cas. Ils étaient apparemment en excellents termes, même si Vázquez ne s'y attarde pas. Quant à Bernal, il n'en parle pas du tout. Il se pourrait que Poveda ait joué dans la vie d'Escrivá un rôle bien plus grand que celui qu'on lui assigne. Il était le fondateur de la congrégation des Thérésiens. La structure de cet ordre séculier bien connu est semblable à celle de l'Opus. Dans la mesure où la mythologie de l'organisation continue à nous enseigner que l'idée en fut directement inspirée à Escrivá de Balaguer par le Très-Haut en ce jour d'octobre 1928, il n'est plus possible de suggérer que le concept de l'Opus ait pu venir d'ailleurs, de la Société de Jésus peut-être, ou de Don Pedro Poveda. Il existait à l'époque nombre d'institutions similaires qui, sans avoir obtenu l'approbation papale, avaient certainement précédé la fondation d'Escrivá[13].

Escrivá choisit d'officialiser sa nouvelle structure alors même que la dictature de Primo de Rivera prenait fin. Le 12 avril 1931, des élections générales eurent lieu en Espagne. Deux jours plus tard, le roi Alphonse XIII s'exilait après son abdication, et la République était proclamée. Le socialisme agnostique avait triomphé de l'alliance entre l'Église et la Couronne. Un mois plus tard, on commençait à brûler les églises et les monastères. Moins d'un an après ces exactions, la Société de Jésus était expulsée d'Espagne. L'éducation était entièrement sécularisée, et les croix devaient disparaître des écoles. Les biens ecclésiastiques devenaient propriété de l'État, le divorce était autorisé, et le Concordat qui régissait les relations du Vatican avec le gouvernement espagnol était purement et simplement abrogé. Alors qu'il enseignait à l'Instituto Amado de Saragosse, Escrivá de Balaguer avait manifesté un intérêt particulier pour les rapports de l'Église et de l'État, ainsi que pour les problèmes soulevés par la propriété ecclésiastique[14].

Il est clair que c'est bien après la naissance de ces querelles entre le gouvernement espagnol et l'Église que le mouvement Opus Dei se mit à progresser en tant que tel ; on peut donc le considérer comme une forme de réponse à la « privatisation » du catholicisme imposée par le nouveau régime anticlérical.

Lorsqu'il démissionna de son poste auprès des Dames Apostoliques en 1931, Escrivá se retrouva sans mission apostolique fixe, situation inhabituelle pour un jeune prêtre sans aucun doute profondément religieux. Cependant, deux mois à peine après avoir renoncé à une charge de chapelain, il en reprit une autre, cette fois dans un couvent de religieuses augustines cloîtrées. Santa Isabel (Sainte Élisabeth) jouissait d'un patronage royal, mais il semble que le travail d'Escrivá de Balaguer n'ait pas été rémunéré, du moins au début. Il dut finalement attendre l'année 1934 pour être nommé recteur du patronage. Pour exercer ces nouvelles fonctions, il dut demander l'autorisation à son évêque de Saragosse, qui la lui accorda. On ne nous dit pas si celui-ci chercha ou non à savoir ce qu'il était advenu de la thèse pour l'achèvement de laquelle il avait permis à Escrivá de passer deux ans hors de son diocèse.

A cette époque sa famille, désespérant sans doute de le voir un jour revenir de Madrid, avait elle-même décidé de venir s'installer dans la capitale espagnole. A partir de la fin de l'année 1932, Escrivá de Balaguer vécut en compagnie de sa mère (qui semble avoir cherché plus activement que son fils à trouver pour ce dernier un bénéfice convenable), de son frère et de la seule survivante de ses sœurs, dans un appartement situé au 4 de la rue Martinez-Campos. Un an plus tard, sa situation financière s'étant sans doute quelque peu améliorée, il loua un appartement dans la rue Luchana, au numéro 33, pour servir de lieu de réunion à ceux qui commençaient à se rassembler autour de lui.

La nouvelle croisade personnelle d'Escrivá s'adressa d'abord aux membres du clergé de Madrid. Chaque lundi soir, il leur donnait des conseils spirituels, leur enseignant, dit Vázquez, « la grandeur de la dignité sacerdotale, et pourquoi l'honneur d'un prêtre est d'un maniement beaucoup plus délicat* que celui d'une femme »[15]. Il travaillait également avec un groupe de jeunes gens et de petits garçons qui commencèrent à se réunir pour bavarder autour d'une tasse de thé dans l'appartement de sa mère. Ils causaient tandis que Doña Dolores, Carmen, et (de mauvaise grâce, semble-t-il) le frère d'Escrivá, Santiago, leur apportaient de la nourriture et des boissons, se mettant en général à la disposition de l'assemblée pour tous leurs besoins matériels.

Le nombre des assistants et la fréquence des réunions augmentèrent. Escrivá décida de leur donner un cadre plus formel. Dans une salle du centre d'éducation surveillée prêtée par les religieuses qui s'occupaient des délinquants, il commença son activité de directeur spirituel, d'abord au seul bénéfice de trois étudiants en médecine, puis à des groupes de plus en plus nombreux.

C'est alors qu'Escrivá conçut le projet de former une académie. Il imagina le slogan de « Dieu et Courage » *(Dios y Audacia)*,

* Le mot *delicado* veut dire aussi exquis, raffiné.

dont il fit l'Academia DYA, dénomination que l'on traduisit à son tour par Academia de Derecho y Arquitectura (École de droit et d'architecture). L'école occupait dans la rue Luchana des locaux de dimensions modestes qui se révélèrent vite trop exigus. Une simple académie comme celle-là nécessitait les soins de sa mère et de sa sœur. Escrivá convainquit donc Doña Dolores d'engloutir l'héritage qu'elle avait reçu d'un de ses parents dans l'achat d'un immeuble sis à Madrid, dans la Calle de Ferraz. L'endroit était assez spacieux pour abriter à la fois une résidence et les installations nécessaires à l'enseignement du droit et de l'architecture.

Ce fut la première des nombreuses résidences ouvertes par l'organisation fondée par Escrivá. Elle servit de modèle aux autres, tant en matière de logement des pensionnaires qu'en ce qui concerne la formation religieuse dispensée sur place. On y aménagea un oratoire et un réfectoire. Une pièce était spécialement réservée aux résidents pour leur permettre d'échanger leurs idées. Il y avait naturellement aussi une salle de bains. En dépit des fréquentes lessives, les murs en étaient constamment tachés de sang par suite des flagellations qu'Escrivá s'infligeait quotidiennement. Il utilisait une « discipline », sorte de chat à neuf queues agrémenté de pièces métalliques et de fragments de lames de rasoir. On ne nous dit pas si les autres résidents imitaient son exemple, encore que cette pratique soit devenue plus tard d'usage courant parmi les membres de l'Opus. Escrivá de Balaguer gardait sa discipline ainsi que la chaîne hérissée de pointes qu'il fixait à son bras dans la « Chambre du père ». C'est là, sous une représentation évangélique de la pêche miraculeuse, qu'il provoquait les entretiens confidentiels et qu'il prodiguait ses conseils religieux.

Escrivá tenta de reconstituer au sein de la résidence l'intimité de la vie familiale. Il présidait en qualité de père, Doña Dolores fut bientôt appelée Grand-Mère, et Carmen devint la Tante. D'autres visiteurs furent bientôt conquis par le style de vie qu'ils découvraient à la DYA. Alvaro del Portillo, qui devint le Supérieur, ou « Prélat » de l'Opus, était un de ceux-là.

C'est vers cette cette époque qu'Escrivá de Balaguer écrivit ce qu'il appela d'abord ses *Consideraciones espirituales*, un recueil de maximes qui deviendraient plus tard *El Camino*, c'est-à-dire Le Chemin, ou mieux encore La Route (un humoriste catalan écrivit au début des années 70 un pastiche intitulé *La Autopista*, c'est-à-dire L'Autoroute !). Le petit livre d'Escrivá est admiré par ses disciples qui le tiennent pour « un classique de littérature religieuse »[16], encore qu'ils ne visent par là que les versions récentes. Escrivá de Balaguer n'était pas satisfait de la première, publiée à Cuenca en 1934. C'est à Burgos en 1939 qu'il rassembla ses notes en vue d'une réédition. Le nouveau livre fut publié sous son titre définitif à Valence parce que, d'après Vázquez, c'était le seul endroit où il pût se procurer du papier. Mais n'anticipons pas : entre la première et la seconde édition de son livre, l'existence d'Escrivá changea du tout au tout.

En mai 1935 Escrivá conduisit ses disciples en pèlerinage au sanctuaire de la Vierge Marie d'Avila. C'est au mois de mai que les catholiques célèbrent particulièrement le culte de Marie, et les pèlerinages dans les cités mariales à cette période de l'année sont restés caractéristiques de la vie de l'Opus, par une répétition consciente du premier voyage organisé par Escrivá dans la campagne castillane en compagnie de ses disciples.

Malgré les difficultés rencontrées par l'Église au début des années 30, l'entreprise d'Escrivá semble avoir rencontré un franc succès. Le nombre croissant des pensionnaires de la résidence contraignit l'Académie à chercher de nouveaux locaux dans le voisinage. On parlait d'acheter d'autres immeubles à Madrid, et deux disciples du père furent dépêchés à Valence avec mission d'ouvrir une résidence dans cette ville. Cela se passait en 1936, l'année qui vit éclater la guerre civile. Tout ce qui venait d'être péniblement édifié ne fut pas entièrement détruit, et quelques-uns des premiers adeptes demeurèrent fidèles au fondateur pendant tout le conflit. En dépit des problèmes soulevés par cette terrible bataille pour l'âme de l'Espagne, une maison s'ouvrit à Valence, même si le projet de création d'une autre à Paris dut être différé. Il fallut attendre la fin de la guerre pour assister à la phase principale du développement de l'Opus.

Qu'existait-il à ce moment-là ? Il y avait l'académie DYA, bien qu'Escrivá semble avoir marqué de moins en moins d'intérêt pour cet établissement d'enseignement. Il y avait aussi la résidence annexe, à laquelle il portait beaucoup plus d'attention. Il y avait encore un ensemble d'admirateurs, et le petit groupe de ceux qu'on aurait pu qualifier de « membres » si une forme quelconque d'association avait existé, mais ce n'était pas le cas en 1935. Le nom avait été trouvé, bien que l'Opus Dei, « l'Œuvre de Dieu » (en espagnol, *« La Obra de Dios »*, ou plus simplement *« La Obra »*), ait pu n'être à l'origine qu'un nom de travail provisoire jusqu'à la création d'une organisation plus spécifique.

(Il convient de noter cependant que certains ordres religieux, comme celui des Frères Mineurs, ou des Prêcheurs, ont acquis leur renommée sous le nom plus familier de leurs fondateurs — respectivement Franciscains et Dominicains — alors que personne ne semble avoir eu l'idée d'appeler les membres de l'Opus Dei « Escrivistes » ou « Balaguériens ».) Et bien que n'ayant pas d'autre direction spirituelle particulière que celle dispensée par le « père », à partir de 1934 les membres de l'Opus avaient à leur disposition les pensées du fondateur sous la forme des *Consideraciones Espirituales*, publiées à Cuenca cette année-là. Ils disposaient aussi, comme nous venons de le voir, d'un modèle de vie basé sur le *hogar*, le foyer familial créé par Escrivá de Balaguer avec l'aide de sa mère et de sa sœur dans la résidence de la Calle de Ferraz — encore que le rôle de ses proches semble avoir été quelque peu exagéré par l'Opus dans la mythologie des années héroïques[17].

Ceci n'est qu'un des aspects de l'Opus — celui de la section masculine. En 1936 la section féminine existait aussi. Il n'est pas surprenant, vu le tempérament *macho* des Espagnols, que l'inspiration initiale d'Escrivá l'ait poussé à créer une organisation consacrée d'abord aux jeunes hommes. Ceux-ci furent le premier objet de son zèle et, nous le verrons plus loin, demeurèrent une cible privilégiée pour ses disciples. En dépit du soutien dévoué de sa mère et de sa sœur, les femmes ne furent pas, au début, considérées comme aptes à faire partie de la nouvelle organisation, et de fait Doña Dolores n'appartint jamais officiellement à la fondation d'Escrivá pas plus que la señorita Carmen.

Tout changea cependant en 1930, à la date symbolique du 14 février, jour de la Saint-Valentin. Escrivá de Balaguer disait la messe dans l'oratoire privé de la marquise d'Onteiro, noble dame octogénaire dont la propre fille avait fondé l'ordre des Dames Apostoliques. Après la communion, « Dieu lui fit apercevoir » la nécessité d'une section féminine au sein de l'Opus Dei. Que les femmes aient jamais atteint dans l'Opus un statut comparable à celui de leurs homologues mâles reste très douteux. C'est d'ailleurs un sujet que nous examinerons plus loin. Mais il est certain qu'outre les proches parentes d'Escrivá, qui lui fournirent des fonds, du mobilier et leur aide ménagère pour la résidence qu'il ouvrait à Madrid, les femmes ont toujours servi l'organisation loyalement et sans se plaindre.

A cette époque qui précède la guerre civile, à quoi au juste se rattachaient ces hommes et ces femmes ? L'Opus ne possédait pas de structure légale, pas de « personnalité juridique ». Pour autant qu'on le sache, aucun mode de vie spécifique n'était défini, et il est certain qu'au tout début les membres ne disposaient pas d'un ensemble de conseils spirituels comme *El Camino* pour leur servir de guide. Il s'agissait, comme on dit souvent, d'un phénomène sortant de l'ordinaire, d'une formation « laïque » par opposition à une organisation « cléricale ». En droit catholique, l'Église ne fait de distinction qu'entre les « laïcs » et les « clercs ». Vous ne pouvez être que l'un ou l'autre, et entrant dans la catégorie des clercs il n'y a que les prêtres, ou des hommes très avancés dans leur préparation à la prêtrise. La plupart de ceux qui appartiennent à des ordres religieux dans le monde sont en fait des religieuses, c'est-à-dire des femmes. La plupart des membres des ordres religieux sont par conséquent des laïcs. Même les ordres masculins comptent dans leurs rangs un grand nombre de laïcs.

Mais il est parfaitement clair que ces hommes et ces femmes qui appartiennent aux ordres religieux ne sont pas des « laïcs » dans le vrai sens du terme parce qu'ils ont, sous une forme ou sous une autre, promis plus ou moins solennellement d'observer les vœux traditionnels de pauvreté, de chasteté et d'obéissance à leurs supérieurs pendant le reste de leur existence. Certaines conséquences légales, dans le contexte du droit canonique, proviennent directement du degré de solennité revêtu par la prise de vœux, la différence principale venant du fait que la cérémonie se déroule en public ou en privé. Les membres des ordres religieux prononcent des vœux publics, ou solennels ; les membres des congrégations religieuses ne prononcent pas de vœux solennels. La distinction est purement technique, et de peu d'importance dans la plupart des cas. Peu de gens la connaissent, même au sein de l'Église catholique.

Prétendre que l'Opus Dei fit partie de l'une ou l'autre catégorie, ordre ou congrégation, serait pécher gravement contre son image personnelle. Il existe toutefois une preuve, fournie par l'Opus elle-même dans le cas d'Isidoro Zorzano Ledesma, que l'organisation s'orientait pour le moins vers un statut de congrégation (statut sensiblement moins rigoureux que celui d'un ordre religieux), et ce depuis les premières années de son existence.

On cherche visiblement, dans la mythologie de l'Opus, à considérer le cas de Zorzano comme étant une exception. Il avait fait ses premières études à Logroño en même temps qu'Escrivá, puis il était parti à l'autre bout du pays pour devenir ingénieur des chemins de fer à Malaga. Les deux hommes se revirent pourtant lors d'une rencontre fortuite dans une rue de Madrid qu'Escrivá — Vázquez prend bien soin de nous le rappeler — n'avait pas l'habitude d'emprunter. Même la date de la rencontre a été soigneusement enregistrée, pour l'importance capitale qu'elle revêtit à l'époque : le 24 août 1930. Assez curieusement, Bernal et Vázquez relatent l'événement à peu près dans les mêmes termes, comme s'ils se conformaient à une sorte de « tradition orale ». Le texte de Bernal est le plus ancien, mais les exégètes n'auraient pas de mal à prouver que Vázquez ne doit rien à son prédécesseur. Zorzano était en vérité très proche d'Escrivá — ils étaient contemporains — et il prit une part active dans la toute première réalisation de l'Opus à Madrid, l'académie DYA. Il mourut en juillet 1943, avant la reconnaissance officielle de l'Opus par le Saint-Siège.

A une certaine époque, il fut sérieusement question de promouvoir la canonisation de Zorzano, bien que sa cause ait été discrètement écartée depuis au profit de la candidature d'Escrivá : tout ceci se passait longtemps avant la mort de ce dernier, et vraisemblablement à son initiative. En 1964, une biographie de *l'ingénieur de Dieu* (tel était le titre d'un autre récit de sa vie) fut préparée à l'intention de la Sacrée Congrégation des Rites de Rome, comme on appelait alors l'organisme officiellement chargé par la curie papale de proclamer les nouveaux saints. Cette biographie romaine précise que Zorzano se vouait tout entier à l'accomplissement des préceptes évangéliques : pauvreté, chasteté, obéissance[18].

Lorsqu'ils prennent la forme de vœux solennels, ces préceptes constituent bien entendu la base de toute vie au sein d'un ordre religieux ou d'une congrégation. A l'époque, Escrivá de Balaguer n'avait probablement pas une idée bien claire de la structure qu'il entendait donner à son entreprise. Il avait, comme nous l'avons vu, connaissance de plusieurs modèles. Mais il paraît avoir clairement présumé que cette organisation se fonderait sur les trois vœux traditionnels. Dans l'acception habituelle de ce terme, ce choix l'aurait rayée du cadre des confréries laïques.

Quels qu'aient été les espoirs et les attentes d'Escrivá concernant sa future institution, il avait à peine entrepris de consolider ses premières tentatives que la guerre civile espagnole parut sonner le glas de ses efforts. En dehors de Madrid, il n'avait que Valence — peut-être pas un authentique rejeton de l'Opus, mais plus simplement la résidence de Pedro Casciaro, membre plein de dévouement et l'un des premiers partisans d'Escrivá. Il est certain que Valence fut après la guerre la première ville en dehors de Madrid que choisit Escrivá pour y fonder une maison. Ensuite ce fut Valladolid.

Le 19 juillet 1936, les milices républicaines attaquèrent et prirent la caserne de la Montaña de Madrid. Le lendemain matin, Escrivá, qui avait passé la nuit dans une résidence de l'Opus Dei, dut abandonner ses vêtements ecclésiastiques et revêtir une combinaison de chauffeur pour gagner l'appartement de sa mère — qui n'habitait plus dans Martinez Campos, mais dans une rue du nom de Rey Francisco. Une fois dans la place, il n'eut pas d'autre choix que de se cacher : il était dangereux d'appartenir au clergé dans une Espagne républicaine où l'on a calculé que plus de 4 000 prêtres diocésains et près de 2 400 membres des différents ordres religieux périrent de mort violente[19].

Escrivá n'était pas dans sa cachette depuis plus d'une quinzaine qu'il entendit parler d'une éventuelle fouille de l'immeuble. Il courut se réfugier chez un ami, juste à temps d'après Vázquez : il franchissait à peine la porte de service que la milice pénétrait dans le bâtiment. Il dissimula sa tonsure, cet emplacement circulaire bien rasé sur le sommet du crâne qui était alors obligatoire pour les prêtres, et qu'Escrivá portait plus grande que de coutume chez la plupart des clercs. Afin de camoufler encore mieux son état et les signes visibles de son sacerdoce, il mit une alliance à l'annulaire de sa main gauche, se fit couper les cheveux en brosse et laissa pousser sa moustache.

Il fut recueilli tout le mois de septembre par une famille d'Argentins qui jouissait à ce titre d'une relative immunité. Il passa ainsi quelque temps à Madrid dans la clandestinité. On lui offrit d'occuper un appartement qui se trouvait vide de tout occupant, à l'exception d'une domestique chargée de garder les lieux. Il s'enquit de son âge, et déclina la proposition lorsqu'il apprit qu'elle avait vingt-trois ans. Il se réfugia dans un hôpital psychiatrique en prétextant une maladie mentale. Du mois de mars au mois d'août 1937, il trouva un asile sûr dans la maison du consul du Honduras. Il obtint des papiers certifiant qu'il était employé par la légation, et fut alors un peu plus libre de ses mouvements. Il parvint même à louer un appartement, d'où il prit le risque de sortir pour se procurer une statue de la Vierge Marie. Celle qu'il acheta ce jour-là bénéficia plus tard de son affection particulière parce qu'elle lui rappelait sa mère.

Mais la situation en ville ne s'améliorait guère, de sorte qu'à l'instar des autres prêtres il se trouvait en danger permanent d'être arrêté. Il décida de quitter Madrid et sa famille pour se diriger vers Valence qu'il atteignit en octobre 1937. Il prit ensuite un train de nuit pour Barcelone, où il resta quelque temps à ronger son frein avant de pouvoir prendre l'autocar en direction de la frontière du nord. Quand l'autocar dut renoncer à aller plus loin, Escrivá et ses compagnons poursuivirent leur route à pied, se cachant des patrouilles républicaines et des gardes frontières. Ils étaient partis de Barcelone le 19 novembre. Quand le groupe atteignit en pleine nuit la principauté d'Andorre, on était déjà le 2 décembre.

Il n'était pas tout à fait au bout de ses peines. Après quelques jours en Andorre, il prit en camion le chemin de la France, mais comme la route avait été coupée par les tempêtes d'hiver, il dut parcourir à pied les derniers kilomètres. Le voyage avait été dur, extrêmement dangereux et particulièrement inconfortable. Pour le délicat Escrivá de Balaguer, ses péripéties représentaient peut-être des souffrances aussi vives que celles qu'il eût endurées en continuant à vivre clandestinement dans l'Espagne républicaine. L'odyssée du fondateur fait aujourd'hui partie de la légende de l'Opus Dei.

Bien entendu, Escrivá n'avait pris la fuite que pour échapper aux milices socialistes et communistes du gouvernement républicain. Il n'avait pas choisi de s'exiler d'Espagne. A peine arrivé en France, il prépara son retour au pays, mais cette fois du côté des nationalistes. Il fit un pèlerinage à la Vierge de Lourdes avant de traverser de nouveau la frontière à Irun pour rejoindre *via* Pampelune le quartier général de Franco qui se trouvait alors à Burgos. En 1939, il était avec la colonne de troupes nationalistes qui fut la première à rentrer dans Madrid. L'immeuble qu'il avait acheté pour l'Opus était en ruine. Bien que certains de ses partisans d'avant la guerre civile lui fussent restés fidèles, ainsi que nous le verrons plus loin, il dut tout recommencer à partir de zéro.

Cette fois la réussite fut plus grande que durant les années 1928 à 1936. L'expansion rapide de l'Opus après la guerre s'explique aisément. Étant à Burgos au début de 1938, il avait partagé une chambre de l'hôtel Sabadell avec Pedro Casciaro, José Maria Albareda Herrera et Francisco Botella. Il est certain qu'à cette époque, Escrivá de Balaguer avait déjà décidé que l'implantation de l'Opus Dei serait l'œuvre de sa vie. Il profita de son séjour à Burgos pour rendre visite aux évêques de la zone tenue par les nationalistes afin de les entretenir de son organisation. Celle-ci se faisait connaître et, plus important encore, devenait influente. Elle possédait en effet trois avantages particulièrement significatifs : d'abord l'idéologie baptisée « National--Catholicisme », en second lieu les besoins du nouveau gouvernement en matière d'enseignement, et enfin l'amitié qui unissait José Maria Albareda Herrera à José Ibanez Martin, qui fut ministre de l'Éducation de Franco pendant douze ans, de 1939 à 1951.

Bien que l'on situe plus particulièrement l'apogée du National-Catholicisme pendant les années qui suivirent la guerre civile, il ne fait pas de doute que l'essentiel de la doctrine plongeait ses racines bien loin dans l'histoire[20]. Sa thèse fondamentale consistait à identifier tout Espagnol à un bon catholique. L'amour de la patrie passait par le rejet de toute hétérodoxie, qu'elle fût protestante ou juive, socialiste ou libérale. La foi religieuse et l'identité politique étaient une seule et même chose : elles étaient inséparables, intégrales (d'où le nom générique de cette attitude politico-religieuse qu'on appelle l'intégrisme, qui ne se limitait d'ailleurs pas à l'Espagne, et dont les tenants étaient des « intégristes »). Le pape Pie XII adressa un télégramme à Franco pour le féliciter de sa victoire « catholique ». Le National-Catholicisme était une doctrine essentiellement antilibérale, extrêmement répandue de surcroît chez les catholiques espagnols après ces années de gouvernement séculier marqué par les persécutions religieuses.

Au milieu de l'enthousiasme général suscité par cette idéologie catholique conservatrice, Escrivá de Balaguer ne faisait pas exception. La lecture d'*El Camino* suffit à nous convaincre qu'il l'embrassait au contraire avec une grande sincérité. La maxime 905 recommande la ferveur patriotique, qu'elle compare aussitôt à la ferveur chrétienne. L'introduction à la première édition paraît en fait présenter l'ouvrage comme le moyen de sauver l'âme, non des pieux croyants, mais de l'Espagne tout entière : « Si ces maximes transforment ta propre vie, tu seras un parfait imitateur de Jésus-Christ, un chevalier sans tache. Et c'est avec des Christ comme toi que l'Espagne retrouvera l'ancienne grandeur de ses saints, de ses sages et de ses héros. »

Le général Franco victorieux avait conduit sa rébellion (qu'il appelait une *cruzada*, une croisade, un mot qui fut employé par Escrivá dans *El Camino*) dans le but de restaurer les valeurs dites chrétiennes adoptées par les tenants du National-Catholicisme. Il lui fallait rétablir la culture traditionnelle du peuple par une réforme du système éducatif. L'enseignement de la religion devint obligatoire, y compris pour tous les étudiants des universités. On établit des résidences universitaires où régnait une stricte discipline sous le contrôle de membres des ordres religieux. Le Consejo Superior de Investigaciones Cientificas (Conseil supérieur d'études scientifiques), ou CSIC, fut formé dans le but d'améliorer le niveau d'éducation dans toute l'Espagne, non seulement par la création de centres de recherches, mais aussi grâce à des subventions destinées à financer les frais d'internat, les bourses d'études à l'étranger, etc.

Cette fois-ci cependant, la promotion de la recherche scientifique n'était pas autorisée à contester le fameux idéal de la *Hispanidad*, cette fierté d'appartenir à la nation et à la culture espagnoles. Le préambule du décret établissant le CSIC parlait de « restaurer l'unité classique et chrétienne des sciences détruite au cours du XVIIIe siècle ». Le CSIC relevait du ministre de l'Éducation, c'est-à-dire de José Ibanez Martin pour la période qui va de 1939 à 1951.

Ibanez Martin n'appartenait pas lui-même à l'Opus Dei, mais durant la guerre civile l'ambassade du Chili à Madrid l'avait accueilli quelque temps en qualité de réfugié politique. C'est là qu'il avait fait la connaissance de José Maria Albareda Herrera. Les deux hommes devinrent bons amis et Albareda, qui était membre de l'Opus, fut nommé vice-président du CSIC, chargé de coordonner les activités de cet organisme. Il devait occuper cette fonction jusqu'en 1966, et s'en servir pour procurer de l'avancement à d'autres membres de l'Opus certainement très capables. Raimundo Pánnikar, par exemple, devint rédacteur en chef de la revue-phare du CSIC, *Arbor*.

Du fait de la guerre civile, un grand nombre de chaires des universités espagnoles étaient devenues vacantes, et le gouvernement désirait combler les vides avec des candidats idéologiquement sûrs. En Espagne, les professeurs d'université sont nommés à l'issue d'un véritable examen appelé *oposición**, devant un tribunal formé de divers membres du corps enseignant. Ibanez Martin, qui avait tout pouvoir sur les *oposiciones*, s'assurait que les candidats choisis offraient toutes les garanties voulues de loyauté envers l'Église et l'État — les deux noms étaient en tout

* En espagnol dans le texte original *(N.d.T.)*.

état de cause pratiquement synonymes. La titularisation de membres de l'Opus Dei en nombre croissant n'était donc pas surprenante. C'étaient des hommes fidèles et sûrs, connus comme tels du ministère de l'Éducation. Il faut une nouvelle fois souligner que le niveau intellectuel exigé par l'Opus de ses membres les plus dévoués est particulièrement élevé, ce qui en faisait de parfaits candidats pour ces postes universitaires.

En 1939 toutefois, l'infiltration régulière du système universitaire espagnol par l'Opus était encore dans les limbes. Après avoir réussi à publier *El Camino*, Escrivá se préoccupait avant tout de recruter de nouveaux membres et d'établir de nouveaux centres.

La résidence qui abritait initialement l'académie DYA dans la Calle de Ferraz à Madrid avait été détruite. On loua plusieurs appartements dans la Calle Jenner, deux au quatrième étage et un au second pour les parties communes, dont la salle à manger. Vers la fin de 1940, Escrivá fit l'acquisition dans la Calle Diego de Leon d'un petit hôtel qu'il mit un an à transformer en résidence à l'usage d'une douzaine d'étudiants, peut-être davantage. Lui-même s'y installa.

D'autres centres de l'Opus furent également ouverts en 1939 à Valence, à Valladolid, et aussi à Barcelone dans un petit appartement de la Calle Balmes. Barcelone était bien entendu restée farouchement opposée à Franco tout le temps de la guerre civile. Les autorités locales avaient encore l'impression de vivre sur le fil du rasoir ; le groupe de l'Opus éveilla rapidement les soupçons, dénoncé peut-être par des membres de la congrégation marianiste dirigée par les Jésuites. Selon Vázquez, c'est à Barcelone que l'ouvrage du fondateur *El Camino* fut « voué aux flammes de l'enfer », que l'on prêcha contre les hérétiques, et que les nonnes d'un couvent prièrent pour la conversion d'Escrivá[21]. La petite cohorte à peine forte d'une douzaine de personnes n'était appuyée que par l'adjoint de l'abbé de Montserrat — le grand monastère bénédictin, sanctuaire de la Vierge, qui était et reste le centre du nationalisme catalan dans la foi catholique.

L'opposition se manifestait aussi à Madrid. Dans la description qu'en fait Vázquez, cette opposition était « dirigée et organisée », bien qu'il omette de préciser par qui. Rocca fait pourtant une suggestion : les ennemis de l'Opus étaient une fois de plus les congrégations marianistes, ces organisations laïques activistes dirigées par les Jésuites, qui ont pu en effet s'alarmer des progrès d'une nouvelle puissance sur leur terrain de chasse traditionnel, mais qui se sont peut-être aussi méfiées du « secret » ou de la « réserve » dont l'Opus Dei avait déjà fait sa devise. Il est certain qu'à cette époque Escrivá semblait avoir perdu tout contact avec son confesseur, le Jésuite Sánchez Ruiz.

L'accusation portée contre l'Opus était très précise : on prétendait qu'il s'agissait d'une secte juive étroitement liée à la franc-maçonnerie. Dans la période d'après-guerre, c'était une charge sérieuse. Il existait à Madrid un tribunal spécial dont la tâche était d'anéantir la franc-maçonnerie (« afin de préserver la sécurité de l'État », dit Vázquez)[22]. L'Opus fut citée devant ce tribunal. Les membres de l'organisation dirent au juge — un général — qu'ils menaient des vies respectables, actives et chastes. Pratiquent-ils vraiment la chasteté ? demanda le général, et devant l'assurance que c'était bien le cas, il prononça un jugement de non-lieu. « Je n'ai jamais rencontré un franc-maçon vivant dans la chasteté », déclara-t-il pour justifier ses conclusions.

L'évêque de Madrid (plus exactement de Madrid-Alcalá) donna quelques-unes des raisons de l'hostilité envers l'Opus dans une lettre adressée le 24 mai 1941 à l'adjoint de l'abbé de Montserrat, en réponse à une demande écrite de ce dernier. Il est frappant de constater à quel point les accusations portées contre l'Opus ont peu varié avec le temps. Le docteur Escribá, disait l'évêque — désignant le fondateur à la fois par l'orthographe plébéienne de son nom et par le titre universitaire qu'il avait acquis récemment — n'a d'autre intention ou désir que de préparer nombre de gens intelligents lancés dans la vie active à se rendre utiles à la mère patrie et à défendre l'Église. Les détracteurs de l'Opus, admettait l'évêque, la décrivaient comme une « association secrète », mais elle avait depuis toujours la bénédiction des autorités diocésaines, et ne faisait rien sans solliciter l'approbation de celles-ci.

L'évêque poursuivait en parlant plus précisément de la « réserve » — il récusait le mot de « secret » — observée par les membres de l'Opus. Escrivá, disait-il, l'enseignait à ses disciples pour combattre l'orgueil, comme une défense par l'humilité collective, et aussi l'instrument d'une plus grande efficacité dans leur apostolat du bon exemple et dans les services qu'il leur arrivait de rendre à l'Église. Il terminait en précisant à l'abbé qu'il avait reçu la veille une lettre d'un Supérieur des Jésuites disant que ce serait diffamer la Société de Jésus que d'affirmer que celle-ci persécutait l'Opus ou cherchait à la détruire.

L'évêque, Mgr Leopoldo Eijo y Garay, était évidemment beaucoup mieux informé que le cardinal Pedro Segura, archevêque de Séville, ou que Mgr Gaetano Cicognani, alors nonce du pape à Madrid, et plus tard cardinal. Six mois après la lettre de l'évêque de Madrid, Gaetano écrivait à Segura pour lui demander des renseignements sur « l'existence et le fonctionnement d'une institution portant le nom d'Opus Dei », car on lui avait adressé des rapports très divergents à ce sujet.

Dans sa réponse de fin juillet 1941, Segura s'avoua lui-même déconcerté. Les premières nouvelles de l'Opus — qui provenaient des pères de la Société de Jésus — étaient à le lire confuses et alarmantes. Il devait absolument en apprendre davantage sur le sujet, car Séville était une ville universitaire et les étudiants constituaient « l'objectif préféré » de l'Opus. Ses investigations du côté de Saragosse n'avaient pas non plus donné de grands résultats, si ce n'est la preuve du caractère rigoureusement secret de l'organisation. Il avait eu du mal à mettre la main sur *El Camino*, le livre dont il avait entendu dire qu'il constituait la règle de l'Opus. Il avait fini par s'en procurer un exemplaire, qu'il n'avait malheureusement pas encore eu le temps de lire. Il ne savait donc pas si elle œuvrait dans les domaines politique, social ou apostolique. Ceux qu'il avait consultés ne savaient rien en dehors des généralités. Il n'avait guère confiance en elle pour la bonne raison que ses façons de procéder étaient contraires à la tradition de l'Église.

Il est étrange que l'opposition à l'Opus se soit manifestée si tôt, comme il est étrange de voir que les griefs de l'époque se répètent aujourd'hui. L'Opus est mystérieuse. Il est difficile, pour ne pas dire impossible de se procurer sa règle. On la soupçonne d'activisme politique. Elle opère en secret dans les milieux estudiantins. Ses méthodes ne cadraient pas avec les schémas habituels de l'Église. Elle était critiquée principalement par la Société de Jésus.

Peut-être à cause de cette hostilité grandissante, Escrivá décida qu'il était temps pour l'Opus Dei de revendiquer un statut modeste, mais incontestable, au sein de l'Église catholique. Il lui fallait se faire connaître du public. Elle devint, avec la bénédiction de l'évêque Eijo y Garay, une « union pieuse ».

Selon le code de droit canon de l'époque (les « unions pieuses » n'ont pas droit à une mention spéciale dans la nouvelle version du Code), ce terme désignait les « associations de fidèles formées dans le but de mener à bien une œuvre quelconque de piété ou de charité » (article 707, paragraphe 1, du code de droit canon). Il s'agissait de la forme la plus simple d'institution ecclésiastique, qui ne demandait pas autre chose que l'approbation de l'évêque local — approbation que Mgr Eijo y Garay accorda volontiers à la demande d'Escrivá. Sa lettre du 19 mars 1941 stipulait qu'après lecture d'une série de documents communiqués par l'Opus Dei, il établissait cette dernière comme union pieuse au sens de l'article 708 du code de droit canon — qui donnait aux évêques le droit de reconnaître des organisations « capables de recevoir des grâces spirituelles et spécialement des indulgences, même si elles n'ont pas de personnalité juridique ». Afin d'apaiser l'inquiétude obsessionnelle d'Escrivá touchant le secret de son entreprise, Eijo y Garay fit placer les documents communiqués par l'Opus Dei dans les archives du diocèse.

Pour une institution qui comptait en tout à l'époque une cinquantaine de membres, hommes et femmes, et quelques résidences en Espagne, la quantité de documents qui furent produits par Escrivá, consultés par l'évêque et placés dans les archives, était considérable. Elle comprenait, en les désignant par leur titre espagnol, le *Reglamento*, le *Régimen*, l'*Orden*, les *Costumbres*, et enfin l'*Espiritu y Ceremonial*.

Le groupe de personnes ainsi gouvernées par ces règles était, du moins techniquement, composé de laïcs, bien que leur chef fût un prêtre. Le fait que les membres de l'Opus Dei menaient une vie en commun assez semblable à celle d'un ordre religieux n'altère en rien leur position juridique vis-à-vis de l'Église. A partir du mois de mars 1941, ils formaient un groupe reconnaissable, bien que peu connu, de laïcs bénéficiant d'un statut canonique.

Escrivá n'était pourtant pas loin de franchir le nouveau pas qui a toujours depuis mis l'Opus dans une situation anormale. Il s'agissait de l'élévation au sacerdoce de certains de ses membres.

3

Les années d'expansion

L'EMPLOI du temps quotidien d'Escrivá de Balaguer l'obligeait à se réunir tous les soirs avec les membres de son union pieuse dans un salon de l'appartement de la Calle Diego de Leon pour y développer les conseils spirituels résumés dans *El Camino*. Mais au début des années 40 il y avait déjà plusieurs résidences de l'Opus éparpillées dans toute l'Espagne. Il ne disposait évidemment d'aucun moyen de se trouver simultanément dans chacun de ces endroits afin d'y instruire ses néophytes de la manière qu'il jugeait convenable. Il existait certes à l'époque un petit nombre de prêtres proches de l'Opus, auxquels il devait bien faire confiance pour la formation des membres qu'il ne pouvait rencontrer régulièrement, mais quelques-uns de ceux-là, remarque Vázquez, lui faisaient porter une « couronne d'épines »[1]. Leur inaptitude à comprendre l'esprit qu'il voulait inculquer à ses ouailles lui causait plus de soucis que leur bonne volonté ne réglait de problèmes. Il en conclut que la seule solution satisfaisante pour l'Opus était d'avoir des prêtres à soi.

Tandis que cette idée représente à première vue la solution raisonnable, elle révèle une attitude traditionnelle fondamentale des clercs à propos de la distribution des rôles dans l'Église — attitude évidemment partagée par Escrivá comme par la grande majorité des catholiques de son époque. Il était lui-même prêtre ; la direction spirituelle et le commandement devaient rester l'affaire des prêtres au sein de l'entreprise qu'il avait fondée. Il y avait en théorie toutes sortes de raisons pour que la pieuse union laïque demeurât une organisation dirigée par des laïcs, sous l'autorité morale de laïcs. De telles organisations commençaient à émerger au sein de l'Église catholique, mais pour Escrivá c'était confier trop de responsabilités à des gens qui n'avaient pas toute sa confiance : « Quand un séculier prétend à la maîtrise dans les questions morales, il commet souvent des fautes ; les séculiers ne peuvent être que des disciples » (*El Camino*, maxime 61). Il décida de préparer au sacerdoce plusieurs membres de l'Opus, encore qu'il semble avoir d'abord nourri de sérieux doutes à ce sujet. « J'aime tant la condition laïque de notre Œuvre* que cela me faisait vraiment mal d'en faire des clercs ; et pourtant nous avions tant besoin de prêtres que c'était sans doute la volonté de Notre-Seigneur de voir mes fils accéder à la prêtrise »[2]. Pour mémoire, les trois premiers furent Alvaro del Portillo, José Maria Hernández y Garnica et José Luis Muzquiz. Tous trois étaient ingénieurs des travaux publics.

Ils commencèrent leurs études à Madrid avec un groupe de maîtres spécialement choisis par Escrivá, l'évêque de Madrid ayant au préalable approuvé le choix du fondateur. « Ils eurent les meilleurs professeurs que je pus trouver, dit Escrivá plus tard, parce que j'ai toujours été fier de la préparation scientifique donnée à mes enfants comme base de leur travail apostolique... Je vous remercie de m'avoir donné la sainte fierté — qui n'offense le Seigneur en aucune façon — de pouvoir dire que vous avez reçu la plus merveilleuse des formations ecclésiastiques »[3]. Escrivá prononça ces paroles à l'occasion du vingt-cinquième anniversaire des premières ordinations. L'intuition de la volonté divine dont se réclame le fondateur dans cette phrase comme dans la précédente est tout à fait typique. Son attitude possessive à l'égard des membres de l'Opus n'est pas moins remarquable.

Il fallait cependant régler un problème avant de passer aux ordinations. L'Église exige des aspirants au sacerdoce qu'ils reçoivent un « titre » avant de recevoir les ordres : en d'autres

* Opus est le mot latin pour « œuvre », et ce mot est le plus souvent utilisé par les gens du monde extérieur pour désigner l'organisation ; les membres eux-mêmes préfèrent se référer à « l'Œuvre », ou en espagnol *« la Obra » (Note de l'auteur).*

termes, quelque personne physique ou morale doit être à même de leur garantir des moyens d'existence. Il faut normalement qu'il fassent partie d'un diocèse ou d'une congrégation religieuse pour que les autorités ecclésiastiques puissent officialiser l'administration du sacrement (l'ordre est l'un des sept sacrements reconnus par l'Église catholique). L'union pieuse ne pouvait faire l'affaire : elle ne faisait pas partie des institutions constituées selon la forme adéquate.

La solution apparut le 14 février 1943. Escrivá célébrait ce matin-là dans une maison de la section féminine une messe commémorant la fondation de ladite section, treize ans auparavant, précisément le jour de la Saint-Valentin. L'idée lui vint alors de créer au sein même de l'Opus une nouvelle entité à l'usage des prêtres, afin de pouvoir leur conférer le « titre » leur permettant de recevoir les ordres. C'est ainsi que naquit la Société Sacerdotale de la Sainte Croix.

Le jour suivant, Escrivá de Balaguer alla voir Alvaro del Portillo qui préparait ses examens à l'Escurial. Il lui fit part de sa décision et de son désir d'étendre les activités de l'Opus au Portugal et à l'Italie — ce qui nécessitait une organisation plus puissante et plus charpentée que celle d'une union pieuse. Mais pour la création d'un groupement ecclésiastique, il fallait l'accord du Vatican. Docilement, Alvaro del Portillo fit le voyage de Rome pour solliciter l'autorisation papale. Ceci se passait bien sûr au beau milieu de la Deuxième Guerre mondiale : pendant que l'avion qui l'emmenait à Rome survolait la Méditerranée, Alvaro del Portillo fut témoin du bombardement d'un navire. En dehors de cet épisode, la guerre semble avoir eu peu d'influence sur les destinées de l'Opus, si l'on excepte le débarquement allié en Sicile qui, selon le commentaire de Vázquez, « se mit en travers des négociations entreprises dans le courant de l'année 1943 par le Président Général de l'Opus »[4].

Au grand étonnement des Italiens, Alvaro del Portillo se présenta devant le pape Pie XII en grand uniforme d'ingénieur des ponts et chaussées espagnols[5]. L'audience achevée, il repartit aussitôt pour Madrid. La Société Sacerdotale de la Sainte Croix se vit notifier son approbation officielle le 11 octobre 1943, mais la nouvelle n'atteignit la capitale espagnole qu'une semaine plus tard. Elle fut accueillie par des transports de joie. Le 8 décembre, l'évêque de Madrid recevait officiellement la Société Sacerdotale dans son diocèse.

Il y avait désormais deux organisations distinctes sous l'autorité d'Escrivá. L'Opus Dei, « l'union pieuse », existait toujours, mais une « association ecclésiastique » appelée la Société Sacerdotale de la Sainte Croix fonctionnait en parallèle. Les problèmes juridiques qui ont assailli l'Opus à partir de ce moment viennent de la difficulté d'administrer conjointement deux institutions très différentes.

Le préambule de la Constitution de la Société Sacerdotale datée de 1943 illustre clairement le cas : « La Société Sacerdotale de la Sainte Croix est une association, de préférence *(praeferenter)* ecclésiastique, de personnes vivant en commun sans avoir prononcé de vœux. » Indépendamment de toute autre considération sur le recrutement des membres de ce groupe, il est évident que les femmes en sont exclues, comme le souligne encore plus clairement l'article 8 de la Constitution. Celui-ci précisait que la Société comprenait deux sections, l'une composée de prêtres (il n'y en avait bien entendu qu'un seul au moment de sa création, Escrivá de Balaguer lui-même), et l'autre formée de laïcs aspirant au sacerdoce et se préparant à recevoir les ordres. La loi de l'Église dispose qu'une association ecclésiastique doit être dirigée par des clercs. Par contre, elle n'exige nullement qu'une telle association soit uniquement composée de clercs.

C'était la tâche spécifique de la Société Sacerdotale que de s'occuper de l'Opus Dei — voir paragraphe 20[6]. L'Opus avait son propre statut, annexé à celui de la Société Sacerdotale. On remarquait pourtant bien des similitudes : les deux possédaient des numéraires et des surnuméraires, comme on appelait les deux grades, *grosso modo* l'équivalent de membres à part entière et à temps partiel. Là où la Société reconnaissait à ses *electi* (les élus) une certaine part dans le gouvernement de l'institut, l'Opus possédait ses « inscrits » dont les obligations spirituelles tendaient à dépasser celles des membres subalternes. La Société Sacerdotale disposait de plusieurs maisons pour ceux de ses membres qui vivaient en communauté. L'Opus ne devait avoir qu'une seule résidence nationale (article 11). Une clause plutôt curieuse interdisait à ceux qui avaient reçu le sacrement du baptême à l'âge adulte de faire partie de la Société Sacerdotale. N'y avaient pas accès non plus les gens incapables de prouver que leurs ancêtres paternels ou maternels étaient catholiques depuis au moins trois générations. Si l'on excepte cette dernière disposition, les grandes lignes du projet de l'Opus et de la Société Sacerdotale, tels qu'elles furent présentées à la Sacrée Congrégation des Religieux qui s'occupait de ces questions au Vatican, ressemblaient beaucoup à une esquisse de la Constitution en vigueur (voir chapitre 5), sans offrir de différences notables, du moins pour un observateur extérieur.

Assez curieusement, les statuts qui régissaient la Société Sacerdotale ne mentionnaient aucune obligation de secret. Par contre, l'article 12 des statuts de l'Opus était parfaitement explicite sur ce point : « Afin de ne pas nuire à l'humilité, 1) aucun livre ou revue ne doit être publié sous le nom de l'Opus ; 2) les membres ne doivent porter aucun signe distinctif d'appartenance ; 3) les membres devront s'abstenir de parler de l'Opus aux personnes étrangères à l'organisation. »

La fondation d'Escrivá était jusqu'alors une organisation de type diocésain. La Société Sacerdotale comptait en 1946 vingt prêtres, quelque deux cent cinquante numéraires, et au moins quatre cents « oblats », qui menaient une existence comparable à celle des numéraires, mais ne résidaient pas dans les maisons de l'Opus. L'Opus Dei subordonnée à la Société comptait environ trois cent cinquante membres. Sa spiritualité simple, pratique, plutôt masculine, exerçait visiblement un attrait sur l'Espagne dévote de Franco dans sa détermination à ranimer la ferveur religieuse dans le pays. On trouvait des maisons d'une espèce ou de l'autre à Madrid, Valence, Barcelone, Saragosse, Valladolid, Séville, Bilbao, Grenade et Saint-Jacques-de-Compostelle. L'année précédente, Escrivá s'était rendu trois fois au Portugal dans l'espoir d'étendre son œuvre à cette partie de la péninsule ibérique. L'organisation comptait quelques membres dans d'autres pays, dont l'Italie[7]. Il était temps, pensait le fondateur, d'élever l'Opus un peu plus haut dans la hiérarchie de l'Église, de la sortir de son obédience diocésaine pour lui donner un statut dans l'Église catholique universelle.

Le fidèle Alvaro del Portillo fut à nouveau dépêché à Rome pour tenter obtenir l'accord pontifical sur les bases d'un nouveau statut pour l'Opus Dei. Mais la curie romaine n'était pas disposée à faire de telles concessions, trois ans à peine après la reconnaissance de l'Opus comme institution diocésaine. Aux prises avec des difficultés inattendues, Alvaro demanda l'appui d'Escrivá. Le fondateur quitta Madrid en voiture le 23 juin 1945 en compagnie de José Orlandis, un membre de l'organisation qui parlait couramment l'italien. Il prit la direction de Barcelone, s'arrêtant en route pour visiter différents sanctuaires consacrés à la Vierge. De Barcelone, il s'embarqua pour Gênes, puis reprit une voiture pour effectuer le reste du trajet jusqu'à Rome.

Raimundo Pánnikar se souvient des premiers mots d'Escrivá lors de son retour. « Mes enfants, leur dit-il, j'ai perdu mon innocence .» Selon Pánnikar? il était allé à Rome comme le simple prêtre qu'il était, direct et sans détour — naïf en d'autres termes. Ce fut pour découvrir le fonctionnement de l'Église, les intrigues et les flatteries de la cour papale. Si les cardinaux et les *monsignori* se conduisaient de cette façon, raisonna-t-il, ce devait être la manière appropriée, et pourquoi n'en ferait-il pas autant — pour parfaire le royaume de Dieu, bien entendu ? Au nom de cet intérêt divin, il devenait légitime de court-circuiter les règles de la morale ordinaire, sinon de les bafouer. Rome avait certainement exercé sur Escrivá de Balaguer un fascinant attrait. Il était rentré à Madrid vers la fin du mois d'août. Deux mois plus tard il était à nouveau dans la capitale italienne, et jusqu'à sa mort c'est à Rome qu'il passera la plus grande partie de son existence.

Entre-temps, la mission vaticane n'avait pas eu beaucoup de succès. Alvaro del Portillo dut se satisfaire de l'octroi par la curie d'un certain nombre de privilèges d'ordre spirituel. Ils comptèrent plus aux yeux de l'Opus Dei qu'on ne pourrait le croire à première vue. Toute institution religieuse se distinguait par le nombre et l'importance des privilèges que ses membres ordinaires étaient appelés à recevoir — ou ceux qui étaient prêtres à dispenser — sous forme d'indulgences ou de bénédictions. C'était une question d'amour-propre. Les listes de ces privilèges étaient communiquées aux membres de telles institutions, et à ceux qui bénéficiaient de leurs conseils spirituels. Elles ont joué un grand rôle dans la piété catholique durant les années 50 et 60, ce qui n'est plus guère le cas aujourd'hui. Le fait d'obtenir ses propres privilèges était pour l'Opus Dei le signe incontestable de sa réussite.

Alvaro parvint à en obtenir une quantité considérable. La lecture en est intéressante car elle donne une indication du genre de piété que les membres de l'Opus étaient priés d'observer[8]. Le jour de l'arrivée d'un néophyte était marqué par l'octroi d'une indulgence « plénière » représentant la promesse d'une rémission de toutes les années de purgatoire restant à purger après le pardon d'un péché, et ceci se renouvelait chaque fois qu'un membre s'élevait d'un degré dans la hiérarchie. Une autre indulgence plénière était accordée à ceux qui baisaient le bois d'un crucifix dans une chapelle de l'Opus le jour de l'Invention (la découverte) de la Sainte Croix, c'est-à-dire le 3 mai, assortie d'une rémission partielle du châtiment divin quand cet acte était accompli dans d'autres circonstances. On ne peut douter que l'Opus ait fait, et fasse encore, grand cas de cette pratique mystérieuse de la tradition catholique.

L'Opus dut provisoirement se contenter de ces concessions. Mais il y avait de grandes choses en perspective. Le 2 février 1947, une « Constitution Apostolique » publiée par la curie romaine, et connue, comme c'est l'usage, par ses premiers mots sous le nom de *Provida Mater Ecclesia*, établissait une nouvelle structure juridique au sein de l'Église catholique, appelée institut séculier.

Les caractères distinctifs d'un institut séculier convenaient très bien à la forme d'existence que l'Opus exhortait ses membres à mener. Personne ne portait de vêtements d'un type particulier. Aucun ne prononçait de vœux publics, même si certains le faisaient en privé. Ceux qui rejoignaient les instituts séculiers ne changeaient pas pour autant de profession ou de métier, pas plus que de statut au regard de l'Église : les laïcs restaient laïcs, les clercs ne cessaient pas de l'être.

Cette nouvelle forme d'organisation fut accueillie avec enthousiasme par l'Opus, qui crut y voir la solution qu'elle recherchait depuis longtemps. Avec tant d'enthousiasme en fait que la Sacrée Congrégation des Religieux se hâta de rédiger un décret qui en faisait le premier institut séculier : c'étaient en vérité les trois premiers mots du décret qui, comme à l'accoutumée, lui donnèrent son nom : *Primum Institutum Seculare*. Il porte la date du 24 février 1947, juste trois semaines après la parution du *Provida Mater Ecclesia*. Il n'était pas surprenant que ce dernier décret parût si bien correspondre aux objectifs de l'Opus. Par ses contacts de plus en plus étroits avec la curie papale, Alvaro avait participé à la gestation de la nouvelle structure. La Constitution fut adoptée de grand cœur par les membres de l'Opus, qui donnèrent l'impression de la prendre à leur compte, un peu comme ils ont tenté plus tard, avec un succès incontestable, de monopoliser leur dernier statut — ils sont toujours l'unique exemplaire de ce qu'on connaît sous le nom de « prélature personnelle ». En 1948, Escrivá donna une conférence à la louange des instituts séculiers. A cette époque, le fondateur et ses compagnons étaient fort désireux d'obtenir la reconnaissance de l'Opus, non seulement comme institut séculier, mais encore, et de droit, comme le premier d'entre eux — le terme « de droit » est important, car il existait bien entendu des institutions plus anciennes : celles-ci n'adoptèrent jamais le nouveau statut, ou le reçurent plus tard.

Assez curieusement, dans un article bibliographique paru en 1981, Mateo-Seco, le compilateur, omit de mentionner le texte de la conférence d'Escrivá, qui avait pourtant été publié[9]. Quatre ans plus tard, cependant, dans sa contribution à l'ouvrage *Mons. Josemaria Escrivá de Balaguer y el Opus Dei* (éd. Pedro Rodriguez et al.), il a réparé cet oubli — sous forme d'une note en bas de page qu'il admet avoir placée là hors de propos. Le passage du discours d'Escrivá qu'il cite ne mentionne pas *Provida Mater Ecclesia*, qui était pourtant le sujet sur lequel il écrivait. Il choisit au contraire de citer un paragraphe relatif à ces éléments de la vie de l'Opus dont Escrivá décida finalement qu'ils n'entraient pas dans le cadre d'un institut séculier.

La citation de Mateo-Seco est par conséquent tendancieuse. Mais elle attire l'attention sur les problèmes qu'allait rencontrer l'Opus, jusqu'au jour où celle-ci cessa d'assister aux réunions de délégués des instituts séculiers pour rejeter finalement le statut dans son entier. Il semble que ce ne soit pas sans raisons, car *Provida Mater Ecclesia* plaçait les instituts séculiers sous l'autorité de la Sacrée Congrégation des Religieux, qui avait une certaine tendance à les transformer peu à peu en ordres religieux. Escrivá de Balaguer s'opposait à une telle assimilation.

Deux mois après la reconnaissance de l'Opus comme institut séculier, Escrivá fut élevé au rang de « Prélat domestique » auprès du Pape, ce qui lui donnait le droit d'être appelé Monseigneur et de porter la pourpre.

> Il essayait toujours d'adopter une tenue appropriée aux circonstances [écrit Bernal]. Il lui arrivait de coiffer son crâne d'une calotte pour dissimuler son air de jeunesse... Plus tard, afin de souligner la sécularité de l'Opus, il endossait parfois la soutane noire bordée de rouge et arborait les autres signes distinctifs de son état de prélat domestique. Des années plus tard, il confessa que cela lui était plus pénible que de porter un cilice*[10].

* Un cilice est ce bracelet hérissé de pointes que les membres de l'Opus portent parfois au bras ou à la jambe à titre de pénitence.

Alvaro del Portillo, le successeur d'Escrivá, a droit lui aussi au titre de Monseigneur, mais en sa qualité de chef de la prélature personnelle nouvellement instituée, il porte l'anneau et la croix pectorale à la manière d'un évêque — ce qu'il n'est pas. Détail plutôt curieux pour une Constitution officielle, le document approuvé en 1950 mentionnait tout spécialement que « les titres honorifiques tels qu'ils sont décernés d'ordinaire par les autorités civiles ou ecclésiastiques aux clercs ou aux laïcs ne sont pas interdits aux membres de l'Opus Dei » — bien qu'il ne fût pas permis d'intriguer pour les obtenir (paragraphe 14.5). Les prêtres de l'Opus devenus Supérieurs étaient également autorisés à porter quelque marque distinctive de leur rang (paragraphe 14.6) — une concession dont le nouveau prélat fait manifestement grand cas.

Le nouveau statut de l'Opus prévoyait l'établissement de son quartier général à Rome, mais au début de 1947 l'organisation ne disposait pas d'une résidence officielle dans la cité. Le problème vint aux oreilles d'une duchesse italienne, Virginia Sforza Cesarini. Celle-ci connaissait un immeuble de la Viale Bruno Buozzi qui avait jadis abrité l'ambassade de Hongrie auprès du Saint-Siège, et dont le propriétaire désirait se défaire. Le bâtiment fut acheté en juillet et baptisé Villa Tevere (du Tibre) par Escrivá. D'importants aménagements furent entrepris pour en faire une maison de proportions imposantes dont l'élégance contraste avec l'aspect des autres instituts religieux de Rome. Les travaux ne furent achevés qu'au début des années 60.

La présence de l'Opus en Italie était alors effective. En dehors de ce pays, et bien entendu de l'Espagne, elle possédait des centres au Portugal depuis 1945 et en Angleterre depuis 1946. L'année même de sa reconnaissance comme institut séculier, elle en ouvrit d'autres en France et en Irlande. Deux ans plus tard, elle était aussi présente au Mexique et aux États-Unis. Ses activités chiliennes commencèrent en 1950.

Elle avait également imaginé d'autres moyens d'expansion. Dès l'approbation de l'Opus comme institut séculier, Escrivá décida de recruter des gens mariés. Vázquez de Prada nous cite de nombreux écrits du fondateur à la gloire du mariage[11], mais nous découvrons une attitude bien différente dans *El Camino*. Même la traduction anglaise *approuvée* de la maxime 28 ne laisse pas de place au doute :

Le mariage est à l'usage des soldats, et non de l'état-major général (c'est-à-dire les officiers) de l'armée du Christ. Car, tandis que se nourrir est une nécessité pour chacun, la procréation est seulement nécessaire pour l'espèce, et non pour l'individu.

Le désir d'avoir des enfants ? Des enfants, beaucoup d'enfants, et nous laisserons derrière nous un sillage de lumière ineffaçable si nous sacrifions l'égoïsme *[egoismo]* de la chair.

Il faut se rappeler que pour les catholiques pétris comme Escrivá dans le moule de la tradition, la procréation représentait la première finalité du mariage. C'était le fait d'engendrer des enfants qui rendait impossible tout appel à servir dans le corps des officiers (encore que le célibat préservât aussi du « fardeau domestique » — maxime 26). Le mépris du mariage mis à part, on peut reprocher au commentaire d'Escrivá d'introduire une évidente distinction de « classe ». Il se peut, bien sûr, que l'idée de la supériorité du célibat ait été largement répandue chez les membres du clergé, voire prônée ouvertement par certains d'entre eux. Il est seulement étrange de la retrouver chez un prêtre dont le charisme, du moins nous presse-t-on de le croire, reposait sur la valorisation du statut des laïcs, ou séculiers, au sein de l'Église.

Quoi qu'il en soit, 1947 vit des gens mariés venir grossir les rangs de l'Opus. A partir de cette date les personnes ayant reçu le sacrement de mariage eurent la possibilité — et elles ne se privent pas de le faire — de devenir membres surnuméraires, sans espoir (ni désir sans doute) d'accéder aux échelons supérieurs.

En 1950 la section masculine de l'Opus comptait environ 2 400 membres, dont une douzaine de prêtres[12]. Les deux tiers se trouvaient en Espagne. Les Portugais formaient le deuxième groupe par ordre d'importance avec à peu près 260 personnes. Le Mexique et l'Italie (Escrivá s'était activement employé à recruter des néophytes dans ce dernier pays) en comptaient chacun une centaine. Les États mentionnés plus haut étaient ceux où l'Opus avait rencontré le plus grand succès. A ces chiffres il convenait d'ajouter les quelque 550 membres de la section féminine.

1950 est une date importante car c'est cette année-là que le pape Pie XII récompensa l'Opus Dei de ses efforts par une reconnaissance formelle de son statut d'institut séculier. Le document de 1946 était un *« decretum laudis »*, simple déclaration d'approbation générale. C'est le 16 juin 1950 que parut le document officiel approuvant la nouvelle Constitution. Bien qu'une autre Constitution ait été publiée en 1982, ce texte fascinant n'a jamais été déclaré caduc. La section 2 des « dispositions finales » de la version de 1982 précise que la règle initiale reste en vigueur, sauf abrogation spécifique. Il garde en particulier tout son intérêt dans la mesure où, contrairement à la dernière mouture, il a beaucoup à dire sur la spiritualité de l'institution et ses méthodes de fonctionnement. De fait, il a tant à nous apprendre que même d'anciens membres de l'Opus aussi haut placés que Maria del Carmen Tapia ont pu croire que la version imprimée à la fin de *La prodigiosa aventura del Opus Dei* de Jesús Ynfante (1970) n'était pas la Constitution, mais *Praxis*, un manuel de poche publié pour l'édification des membres et régulièrement mis à jour. Les dirigeants de l'Opus n'ont pourtant pas nié qu'il pût s'agir de la Constitution de l'institut, même s'ils ont fait des commentaires défavorables sur la traduction aussi bien que sur l'édition proprement dite.

Le plus grand changement dans la version de 1950 de la règle de l'Opus par rapport à ses versions antérieures se trouve être la permission accordée aux prêtres diocésains de devenir membres de l'institution. Ils avaient la possibilité, selon le paragraphe 72, de devenir oblats, ou surnuméraires. Ils ne pouvaient pas toutefois devenir membres numéraires car ce changement d'état les eût soustraits à l'obédience de l'évêque de leur diocèse. Ainsi se trouvait résolu le problème qui préoccupait Escrivá : il avait songé, nous rapporte Vázquez, à quitter l'Opus pour se consacrer au développement spirituel du clergé diocésain : il pouvait désormais le faire au sein même de l'œuvre qu'il avait fondée.

Une autre innovation de la Constitution de 1950 (paragraphe 29) est la création du grade de « cooperadores », ou coopérants, c'est-à-dire ceux qui apportent leur contribution sous forme de prières ou d'aumônes, et qui prennent une part active aux projets qui leur sont confiés par les dirigeants de l'institut. Ils profitent en retour des bénéfices spirituels de l'Opus. Les coopérants peuvent même être recrutés parmi ceux « qui ne professent pas la foi catholique » : ils risquent cependant d'être victimes d'un prosélytisme gênant. Lorsqu'un distingué journaliste anglais catholique apprit qu'en raison de services rendus à l'Opus au moment de son implantation à Londres, il était considéré comme un coopérant, il se fâcha tout rouge.

Il existe un certain nombre de particularités dans la Constitution de 1950 telle qu'elle fut approuvée par la Sacrée Congrégation des Religieux[13]. La Congrégation n'hésita pas à enfreindre des règles établies depuis longtemps par elle-même ou par d'autres départements de la curie papale pour le meilleur gouvernement des institutions religieuses. Par exemple, le code de droit canonique de 1917 avait stipulé que sans une autorisation spéciale de Rome, qu'en la circonstance Escrivá n'avait pas sollicitée, les communautés religieuses féminines ne devaient pas dépendre de leurs équivalents masculins en termes d'autorité : elles devaient donc obéissance uniquement à leurs supérieures, et ce à l'échelon le plus élevé. La section féminine de l'Opus dépendait d'autre part entièrement d'Escrivá, qui était l'échelon suprême, et localement du conseiller régional*.

Les autorités romaines étaient également tombées d'accord sur le fait que, bien que la « manifestation de conscience » pût constituer une exercice salutaire sur le plan spirituel, elle était sujette à de tels abus qu'elle ne devait pas s'imposer obligatoirement aux membres des institutions religieuses. Cette pratique, qui consistait à ne rien cacher à son supérieur de ses difficultés et de ses imperfections, n'en devint pas moins obligatoire pour tous les membres de l'Opus.

Finalement, la Sacrée Congrégation des Religieux avait voulu s'assurer que les divisions à l'intérieur d'un même institut seraient aussi peu nombreuses que possible. Au sein de l'Opus Dei toutefois, on ne rencontrait pas seulement des coopérants, des surnuméraires et des numéraires ou des oblats : il y avait des grades distincts, même à l'intérieur de la catégorie des numéraires.

Cependant, ce qui importe ici dans l'ensemble, c'est bien le type d'organisation qui sortit du décret de la Sacrée Congrégation des Religieux du 16 juin 1950, ce qu'un commentateur appelle la « physionomie » de l'Opus[14]. A en croire cette dernière, elle est et a toujours été une organisation résolument laïque (laïque s'entend ici par opposition à « cléricale », c'est-à-dire qu'elle n'est pas dirigée par des « clercs » ou prêtres). La

* Cette fausse séparation s'est maintenue. Interrogée sur ce qui serait advenu après la mort du fondateur si la section féminine avait choisi pour lui succéder quelqu'un d'autre que le prêtre élu d'abord par les hommes, une femme appartenant à l'Opus se montra déconcertée par la question. Cette éventualité n'avait apparemment même pas effleuré son esprit.

Constitution de 1950 est pourtant, comme tout le monde peut le constater, de type nettement clérical.

Ceci peut s'apprécier à deux niveaux. Le premier, le plus évident, c'est que la direction de l'Opus était aux mains des prêtres. Ces derniers étaient peu nombreux en 1950, une douzaine environ, sur un total de 3 000 membres. Sur ce nombre, 550 étaient des femmes, donc non qualifiées pour la prêtrise. Restaient 2 450 hommes divisés en numéraires et surnuméraires. Ceux qui pouvaient recevoir les ordres (les numéraires) étaient environ un millier.

Les deux premières sections du premier chapitre de la Constitution de 1950 précisent que le nom correct et complet de l'organisation est « Société Ecclésiastique de la Sainte Croix et de l'Opus Dei », et qu'il s'agit dans l'ensemble d'un institut clérical. Néanmoins, un certain nombre de membres jugés dignes par le père d'accéder à la prêtrise, bien qu'ils ne soient pas des clercs au sens technique du terme, appartiennent également à la Société Sacerdotale.

C'est le premier point : l'Opus Dei est cléricale dans sa structure de commandement, et dans la mesure où la qualité de membre à part entière semble exclusivement réservée aux prêtres et à ceux qui *pourraient le devenir*.

En deuxième lieu, l'Opus est cléricale dans le sens où ce mot est utilisé par les catholiques pour désigner l'ensemble du clergé, c'est-à-dire les moines et les religieuses aussi bien que les prêtres. Le mot « laïc », en anglais du moins, tend à prendre aussi le sens de « non-professionnel ». Mais il est évident que les moines, les nonnes et les prêtres, de même que les nombreux membres non ordonnés des ordres religieux, gagnent leur subsistance en échange de leur activité « professionnelle » de membres de l'Église à temps plein. Leur dénominateur commun, c'est qu'ils vivent en communautés. En d'autres termes, ils mènent une « existence commune ». La vie de famille traditionnelle est remplacée par une forme de vie familiale calquée sur celle de la congrégation religieuse à laquelle ils se sont voués.

Nous avons déjà vu que le désir profond d'Escrivá de Balaguer était de faire en sorte que la vie au sein de l'Opus Dei fût autant que possible une vie « familiale ». Il se donna beaucoup de mal pour y parvenir, tant dans le style de vie que dans le langage dont il encourageait la pratique pour lui-même et ses proches parents. Mais les numéraires, seuls véritables membres de la Société Sacerdotale, étaient tenus de suivre les préceptes évangéliques de perfection, ainsi que les membres des ordres religieux sont astreints à le faire selon la tradition de l'Église catholique. On leur demandait aussi de vivre « en communauté » dans les résidences spéciales de l'Opus.

En dépit de leur élévation en 1950 au rang d'institut « séculier » — et ils n'étaient pas peu fiers d'être les premiers dans ce cas —, cette sécularité n'avait rien de laïque au sens ordinaire du terme. De cœur et d'intentions, les membres à part entière de l'Opus, c'est-à-dire les numéraires, étaient des moines et des nonnes.

Cette impression se renforce lorsque la Constitution de 1950 en vient à définir le processus d'adhésion à l'Opus Dei. Cela commence par une période de « probation », suivie d'une « oblation » d'une durée de cinq ans, et enfin de l'engagement à vie, ou « fidélité ». Pour les candidats numéraires, la fidélité s'accompagnait obligatoirement des vœux monastiques traditionnels de pauvreté, de chasteté et d'obéissance. Incidemment, on leur demandait aussi de prononcer pour la sauvegarde de l'institution des vœux supplémentaires, qui insistaient sur la nécessité de consulter ses supérieurs, renforçant ainsi le contrôle que ceux-ci pouvaient exercer sur les membres.

Comme s'il se fût encore une fois agi de moines et de nonnes tenus à la règle stricte de leur ordre, la vie spirituelle des membres était rigoureusement contrôlée par la Constitution de 1950. Partout où ils vivaient ensemble « en famille », il leur fallait porter une croix noire dépourvue de l'effigie du Christ. Chaque soir ils devaient réciter en commun — ou individuellement si ce n'était pas possible — le rosaire, cette prière à la Vierge Marie qui comporte quinze dizaines d'Ave Maria, suivie d'une réflexion sur l'Évangile du jour. Toutes les pièces de la maison commune devaient contenir une image de la Vierge qu'il fallait saluer dévotement en entrant et en sortant.

Venaient ensuite les obligations qui s'imposaient chaque jour à chacun des membres : l'assistance quotidienne à la messe était naturellement obligatoire, de même qu'une demi-heure de prière mentale le matin et autant le soir, sans oublier les lectures spirituelles. Un jour entier de chaque mois était réservé aux choses de l'esprit, et il fallait consacrer chaque année plusieurs jours à l'accomplissement « d'exercices spirituels » ou à une retraite dans un couvent.

Rien de tout cela ne serait le moins du monde étonnant au sein de n'importe quel ordre religieux, à l'exception peut-être du port de la croix dépourvue de l'effigie du Crucifié*.

Plus étonnante était l'insistance avec laquelle Escrivá soutenait que l'Opus Dei n'était nullement un ordre religieux mais une institution laïque. A ce niveau cela n'avait pas de sens. De même que cela n'avait pas de sens si l'on compare les sections masculine et féminine. Escrivá était incapable de prendre les femmes au sérieux au point de les mettre sur un pied d'égalité avec les représentants mâles de son institut. Cela n'avait peut-être rien d'extraordinaire pour l'époque (l'Opus soutient pourtant, ne l'oublions pas, qu'Escrivá était en avance sur son temps dans l'organisation de son œuvre), mais il était exprimé en termes remarquablement méprisants.

Prenons par exemple les instructions d'Escrivá concernant la prière qui devait clôturer toutes les réunions formelles de la section masculine de l'Opus. C'était une invocation à la Vierge Marie : « Sainte Marie, Notre Espérance, Trône de Sagesse, priez pour nous. » L'oraison prescrite pour les femmes dans des occasions similaires était légèrement différente, mais la différence était significative : « Sainte Marie, Notre Espérance, Servante du Seigneur, priez pour nous. » On avait beau exiger des numéraires de la section féminine qu'elles fussent, à l'égal de leurs homologues masculins, capables d'obtenir leur doctorat d'études supérieures, elles n'étaient apparemment pas censées invoquer Marie en tant que Trône de Sagesse. La sagesse n'était pas leur lot. Cette invocation-là était remplacée par une autre qui rappelait à la fin de chaque réunion de la branche féminine de l'Opus que leur modèle était celui d'une servante, donc placée dans une position subalterne.

Mais une structure fortement hiérarchisée fait partie de la mentalité de l'Opus. La Constitution de 1950 paraît n'avoir pas établi moins de quatre catégories distinctes parmi ses membres. Il y avait d'abord les numéraires, puis les numéraires qui avaient prononcé des vœux additionnels (ou « fidélités ») ; il y avait aussi les numéraires connus sous l'appellation de membres « inscrits » qui avaient la responsabilité générale des activités de l'Opus, direction des résidences, etc., et qui disposaient d'une

* « Quand tu vois une pauvre Croix de bois, seule, abandonnée, sans valeur... et sans son Crucifié, n'oublie pas que cette Croix est ta Croix : la Croix de tous les jours, la Croix cachée dépourvue de splendeur ou de consolation... la Croix dans l'attente du Crucifié qui lui manque ; et ce Crucifié, ce doit être toi. » *El Camino*, maxime 178.

voix en cas de vote sur les affaires de l'institut ; venaient enfin les numéraires dits « élus », qui étaient en fait *éligibles*. Les promotions dans cette hiérarchie dépendaient entièrement des caprices d'Escrivá et de ses conseillers.

Au moment même où l'Opus légiférait à propos de ces catégories distinctes, d'autres corps constitués de l'Église catholique étaient en train de faire exactement le contraire, essayant de réduire les différences rigides qui avaient existé jusqu'alors, par exemple entre les sœurs « converses » et les nonnes « de chœur » — les premières se chargeant de toutes les basses besognes et les secondes (que l'on honorait du titre de « mère ») jouant les premiers rôles. Dès 1950, de telles distinctions étaient considérées comme néfastes à l'harmonie de la vie communautaire, et pourtant Escrivá de Balaguer s'y montrait fortement attaché. Loin de se situer à l'avant-garde du développement de la vie religieuse, l'Opus Dei ressassait les vieux modèles abandonnés par les autres au moment même où Escrivá les imposait.

Voilà donc la Constitution sous laquelle l'Opus continua de fonctionner pendant plus de trente ans, en dépit de la conviction croissante de ses chefs que ce statut ne correspondait pas à ce que le fondateur avait en tête lors de sa création. C'est du moins ainsi que l'histoire de son évolution juridique nous est présentée par l'Opus elle-même.

Tout cela rend pour le moins étonnant le fait que l'Opus ait été la première organisation à recevoir le statut d'institut séculier. On aurait pu s'attendre à ce que la première Constitution approuvée par Rome soit un modèle pour les suivantes, au lieu d'un texte qui transgressait les propres normes de la Sacrée Congrégation par le retour à de vieilles pratiques dont celle-ci prétendait se débarrasser. Pourtant Salvador Canals, dans son ouvrage *Secular Institutes and the State of Perfection* (Les Instituts séculiers et l'état de perfection) daté de Rome le 26 octobre 1952, recommande la structure de l'Opus Dei telle qu'elle fut approuvée en 1950 comme la « solution idéale » au problème de droit canonique qu'il a lui-même mis en scène[15]. Son livre consacre tout un chapitre à quelques « notes juridiques » sur le premier des instituts séculiers, la *« Société Sacerdotale de la Sainte Croix et de l'Opus Dei »*[16]. Ceci n'est pas surprenant car, bien entendu, Salvador Canals est un prêtre de l'Opus. Il était également membre de la Sacrée Congrégation des Religieux, responsable du bureau spécialement créé pour traiter le problème des instituts séculiers. Les dispositions pour le moins curieuses introduites et maintenues dans la Constitution de l'Opus en contradiction avec les pratiques habituelles de la Congrégation doivent peut-être beaucoup à l'influence de l'Opus Dei au sein même de cette instance.

Des circonstances annexes un peu bizarres entourent la concession à la Constitution de l'Opus du statut d'institut séculier. Au plus fort de l'été 1947, à une époque de l'année où les observateurs professionnels du Vatican avaient, soit fui la chaleur de Rome, soit perdu beaucoup de leur ardeur à l'ouvrage, Alvaro del Portillo posa au nom de l'Opus Dei la question suivante : les évêques et les autres autorités religieuses ayant à connaître des détails relatifs à certains instituts séculiers, mais considérés par ceux-ci comme devant rester secrets, étaient-ils tenus de les garder pour eux dans leurs tractations avec d'autres institutions du même genre ? La Sacrée Congrégation décida qu'il devait en être ainsi.

Deux ans plus tard, presque jour pour jour, Alvaro del Portillo posa une nouvelle fois la question du secret à la Sacrée Congrégation. Était-il nécessaire, ou même opportun, de communiquer à l'évêque local — celui dans le diocèse duquel l'Opus envisageait d'ouvrir un centre, ou de s'engager dans des activités apostoliques organisées — le texte complet de la Constitution de l'institut ? Si la Congrégation décidait que cela n'était pas nécessaire, alors quelles informations fallait-il fournir exactement à l'évêque, l'Opus désirait le savoir. La Congrégation décida qu'il n'était ni nécessaire ni même opportun de lui remettre la Constitution en entier. Les documents que l'Opus ou tout autre institut similaire se bornerait à dévoiler étaient le décret d'approbation, un résumé de la Constitution et une liste de ceux des privilèges octroyés à l'institut qui pouvaient concerner directement l'évêque local.

Presque exactement au moment où la deuxième requête parvenait à la Congrégation, Alvaro voulut aussi savoir si l'évêque local *avait absolument besoin* de connaître l'existence de toutes les résidences de l'Opus — ou seulement les plus connues du public. Il obtint une fois de plus la réponse qu'il souhaitait certainement : seule l'existence des centres les plus notoires (et des travaux apostoliques organisés sur une grande échelle) devait être révélée à l'évêque dans la juridiction duquel ils se trouvaient ou étaient engagés.

Ces trois remarquables documents émis par la Sacrée Congrégation des Religieux furent initialement publiés, accompagnés d'un commentaire très favorable, dans une revue technique de droit canonique, le *Commentarium pro Religiosis* de cette même année 1949 (vol. 28, pages 303-4)[17]. Ils reparurent dans le même organe près d'un quart de siècle plus tard à l'occasion de la concession à l'Opus de son nouveau statut de prélature personnelle (vol. 64, pages 341-3). Le commentaire élogieux était toujours là. Le commentateur faisait ressortir qu'Alvaro ne demandait pas ces dispositions au seul profit de l'Opus Dei, mais pour le plus grand bien de tous les nouveaux instituts séculiers.

Ces exercices complémentaires dans le domaine du secret, ou plutôt ces manœuvres en sous-main, se déroulaient bien entendu entre la concession à l'Opus du statut d'institut séculier et l'approbation définitive de sa nouvelle Constitution. La nature exacte des craintes de l'Opus dans le cas où ses Constitutions tomberaient aux mains d'un évêque — et pas n'importe quel évêque, mais bien un prélat suffisamment acquis à la cause de l'institut pour l'avoir autorisé à venir travailler dans son diocèse — est loin d'être clairement établie. La Constitution de 1950 proclamait que l'organisation était fière de la marque distinctive que constituait son « adhésion totale, absolue, et sa soumission à la hiérarchie et à l'autorité au sein de l'Église » (paragraphe 208). Cela ne veut apparemment pas dire qu'elle était prête à confier des exemplaires de la Constitution aux membres de ladite hiérarchie.

Il est difficile de concilier ces textes si activement recherchés entre 1947 et 1949 avec les propres déclarations d'Escrivá :

> Il est facile de connaître l'Opus Dei. Elle travaille au grand jour dans tous les pays, avec la pleine reconnaissance juridique des autorités civiles et religieuses. Les noms de ses responsables et de ses travaux apostoliques sont bien connus. Toute personne en quête de renseignements peut les obtenir sans difficultés[18].

Le reproche fait à l'Opus de s'entourer de mystère n'est pas près de disparaître, en dépit des dénégations répétées d'Escrivá et d'autres membres d'un rang moins élevé. Nous y faisons allusion simplement pour évoquer à nouveau le problème de la reconstitution de son histoire. Les rapports officiels ou semi-officiels dont nous disposons s'en tiennent à l'expansion apparemment miraculeuse de l'organisation. Nous avons vu plus haut où elle en était en 1950. L'année suivante, selon Vázquez de Prada, elle était implantée en Colombie et au Venezuela. Au cours des deux décennies suivantes, elle s'établit successivement en Allemagne, au Pérou et au Guatemala (1953), en Équateur (1954), en Uruguay (1954), au Brésil et en Autriche (1957). Vers la fin des années 60, des centres s'étaient ouverts au Japon (à partir de 1959), aux Philippines (à compter de 1964) et ailleurs[19].

L'Opus alla aussi s'établir en Afrique, et plus spécialement au Kenya, encore qu'elle ait poussé peu après une pointe au Nigeria en 1958. Trois ans plus tard, deux établissements d'enseignement, Strathmore College et Kianda School, fonctionnaient à Nairobi. L'Opus a quelques raisons de prétendre qu'il s'agissait des premières écoles interraciales du continent africain.

En 1957, quatre ans après son arrivée au Pérou, et sur la demande directe du Saint-Siège, des membres de l'Opus furent envoyés en mission apostolique dans la prélature de Yauyos. Ce type d'activité, correspondant à la prise en charge par l'organisation d'un vaste territoire où l'Église était incapable d'envoyer des prêtres, fut l'occasion pour l'institut d'un nouveau départ, mais qui aurait des conséquences majeures, particulièrement au Pérou (voir chapitre 6).

Le rôle de l'Opus en Australie a fait l'objet de vives controverses. L'organisation s'implanta là-bas en 1963, pour ouvrir en 1971, à la requête du cardinal Gilroy, archevêque de Sydney, un collège au sein de l'université de Nouvelle-Galles du Sud. Il s'appelle Warrane College et, comme il arrive souvent dans ces cas-là, n'arbore pas le moindre signe extérieur de son appartenance confessionnelle. C'est le seul collège catholique de l'université, et il semble attirer particulièrement des étudiants venus de régions du pays où l'on ne sait pas grand-chose de l'Opus. Trois ans à peine après son ouverture, et en raison d'une certaine agitation sur le campus, l'université décida d'ouvrir une enquête sur les agissements de la direction de Warrane. Bien que le rapport de la commission ait globalement disculpé l'Opus, il n'en exprimait pas moins sa surprise devant les pressions exercées sur les étudiants pour les enrôler dans l'organisation, et devant certains articles du règlement intérieur — les pensionnaires se sont plaints par exemple de la censure qui frappait à la fois les journaux et la télévision. Beaucoup d'entre eux — ils sont bien plus nombreux que dans les autres collèges résidentiels — vont se loger ailleurs dès qu'ils le peuvent. En 1985, les conseillers ecclésiastiques de l'archevêque de Melbourne lui ont recommandé de refuser à l'Opus la permission d'ouvrir une maison dans son diocèse[20].

Celui qui est peut-être le plus important, en tout cas le plus prestigieux, des établissements d'enseignement appartenant à l'Opus naquit en 1952. Cette année-là, l'université de Navarre s'installait à Pampelune sous la direction de l'un des membres les plus distingués de l'organisation, Sanchez Bella, que l'on avait rapatrié tout spécialement d'Argentine dans ce but. En 1960, alors qu'elle comptait environ 1 500 étudiants, elle fut formellement reconnue comme université pontificale par le Saint-Siège et Escrivá de Balaguer en fut nommé Grand Chancelier. En apparence, il n'y avait rien d'extraordinaire à cela : l'Espagne possédait déjà des universités pontificales, et le Concordat intervenu entre l'Espagne et le Saint-Siège autorisait la création de telles institutions. Mais ce que l'Opus réussit à faire à Pampelune, avec l'appui du nonce apostolique à Madrid, Mgr Antoniutti, fidèle ami de l'Opus, et du cardinal Ottaviani, l'un des prélats les plus conservateurs de Rome, sortait complètement de l'ordinaire. Des cinq facultés officiellement constituées, une seule était directement liée à l'Église, la faculté de Droit canonique ; les autres étaient séculières. En d'autres termes, l'Opus avait fourni une alternative aux institutions de l'État, et elle veilla tout particulièrement à ce que certaines de ses facultés et de ses écoles fussent parmi les meilleures d'Espagne.

Mais l'affaire était loin d'être aussi simple qu'il y paraît au premier abord. Les Jésuites dirigeaient deux vénérables universités dans le nord de l'Espagne, celle de Comillas, alors près de Santander, aujourd'hui installée à Madrid, et celle de Deusto, dans la province de Bilbao. Ils cherchaient à obtenir un statut similaire pour l'une ou l'autre de ces institutions, de préférence Deusto, qui avait alors soixante-quinze ans d'existence. Le choix de Rome en faveur de la toute jeune université de Navarre anéantit les espoirs des Jésuites, et porta un coup sévère à leur prestige. Cette décision ne fit rien non plus pour améliorer les rapports entre l'Opus et la Société de Jésus.

Il y avait un autre problème. Navarre était une université privée financée en principe par des fonds privés. Quand Vázquez énumère ses sources de revenus, il cite des entreprises et des commerçants locaux, des instituts culturels, des fondations et des œuvres de bienfaisance, espagnoles pour la plupart, mais aussi étrangères[21]. Il ne nous dit pas tout. Le gouvernement provincial de Navarre a fourni des sommes considérables, et le fait qu'en régime socialiste il se dispose à retirer ses aides cause à l'université de gros soucis financiers. De même le gouvernement central a donné des subventions en « quantités importantes »[22]. Les faits étant ce qu'ils sont, Escrivá nous paraît avoir fait preuve d'une certaine injustice, pour ne pas dire d'ingratitude, lorsqu'il déclarait à Peter Forbarth :

> Il est très peu d'endroits au monde où l'appui nous ait été aussi mesuré qu'en Espagne... La situation dans ce pays en ce qui concerne nos corps constitués apostoliques n'a pas été non plus très favorable. Les gouvernements de pays où les catholiques sont en minorité ont soutenu les activités éducatives et sociales développées par les membres de l'Opus bien plus généreusement que le gouvernement espagnol[23].

D'autres universités de l'Opus Dei devaient s'ouvrir plus tard dans le monde, mais l'université de Navarre demeure la vitrine de l'organisation, plus particulièrement réputée pour ses écoles de journalisme et d'administration des affaires, deux spécialités caractéristiques des entreprises de l'Opus. Elle a récemment ouvert une filiale à Rome, dans le but de créer sa propre école de théologie au cœur de la citadelle du Catholicisme romain. L'Opus entend sans aucun doute imiter les Jésuites avec leur prestigieuse Université grégorienne, ou les Dominicains avec l'Angelicum, ou d'autres ordres religieux qui possèdent leurs propres instituts, attirant des étudiants — en majorité des ecclésiastiques et des réguliers, mais aussi des laïcs — venus des quatre coins de l'univers.

La tentative de pénétration de l'Opus dans ce domaine a reçu un accueil décidément glacial de la part des institutions établies à Rome. Leur hostilité s'explique en partie par la doctrine conservatrice de l'organisation, et en partie aussi par l'aversion que de nombreux clercs catholiques nourrissent à l'encontre de l'Opus en général. Mais c'est aussi une simple question de survie, surtout pour les collèges à l'esprit plus traditionnel comme celui du Latran ou comme l'Angelicum qui craignent de perdre leur clientèle au profit de l'Opus. Ainsi que l'a fait remarquer le recteur d'une des plus anciennes universités pontificales, il devient de plus en plus difficile d'attirer à Rome des étudiants venus du monde entier — la plupart des religieux ou des aspirants à la prêtrise préfèrent étudier sur leur futur lieu de travail. Une nouvelle faculté ecclésiastique est bien la dernière chose dont Rome a besoin.

En dépit de l'opposition générale, cette faculté a tout de même fini par s'installer dans une maison située à proximité de l'église Saint-Jérôme. C'est là qu'à la fin du XVIe siècle saint Philippe Néri avait vécu ses derniers jours. Néri était le fondateur d'une société de prêtres séculiers, la Congrégation de l'Oratoire, et les Oratoriens regardaient l'immeuble comme leur maison mère. Ils n'en étaient pas les propriétaires, mais les gardiens, et aussi les desservants de l'église voisine. Déjà sous le pontificat de Paul VI, il y avait eu des démarches pour les expulser afin de remettre les bâtiments entre les mains de l'Opus — encore que dans son récit des événements le journal des Oratoriens ne nomme pas cette dernière, se contentant de la décrire comme « une autre entité très puissante, qui opérait par des voies douteuses, mais efficaces ». Les Oratoriens firent un procès, qu'ils perdirent lorsque l'affaire vint devant un juge qui appartenait précisément à cette « entité puissante ». Seule l'intervention personnelle de Paul VI leur évita d'être expulsés.

Après la mort de Paul VI en août 1978, le Vicariat de Rome (le collège qui gouverne le diocèse de Rome au nom du pape, celui-ci étant, bien sûr, l'évêque de Rome) nomma curé de Saint-Jérôme un prêtre de l'Opus. Une procédure fut entamée contre les Oratoriens qui durent évacuer la maison voisine pour laisser la place à l'Opus Dei, au grand désespoir des disciples de saint Philippe. L'immeuble fut entièrement restauré pour héberger le centre d'études de l'organisation.

Cependant, les universités étaient et demeurent très marginales dans l'œuvre apostolique poursuivie par l'Opus. Beaucoup plus caractéristique est la création de résidences universitaires à l'usage des hommes ou des femmes. Netherhall House à Hampstead, district de Londres, est l'une d'elles, réservée aux représentants du sexe dit fort. Elle est située dans l'un des quartiers les plus agréables, et les plus chers, de la capitale britannique.

Les membres de l'Opus vinrent pour le première fois en Angleterre en 1946 dans le but de compléter leurs études. En 1948, ils étaient installés dans un appartement de Rutland Court dans Knightsbridge, autre quartier à la mode de la ville, où ils entraient en contact avec les étudiants qui préparaient une licence afin de leur donner des conseils d'ordre spirituel. Ils n'eurent guère de succès au début, du moins selon les normes de l'Opus : Vázquez de Prada constate qu'en 1950 un seul Anglais du nom de Michael Richards avait sollicité son adhésion. Une telle absence de candidats était visiblement inattendue[24]. La situation était tout autre en Irlande, et l'organisation se servit des recrues irlandaises pour étoffer le mince contingent local. Les membres anglais n'étaient toujours pas plus d'une demi-douzaine quand Escrivá prit la décision d'ouvrir une résidence universitaire à Londres.

Le cardinal-archevêque de Westminster avait déjà donné l'autorisation d'ouvrir un centre. On découvrit bientôt un hôtel particulier de Netherhall Gardens qui fut acheté sur-le-champ. Il entra en activité vers le milieu de l'année 1952, avec l'assistance de membres de la section féminine appelés en renfort pour s'occuper des tâches domestiques. Deux ans plus tard on constituait un *trust* en bonne et due forme dont Michael Richards et Juan Antonio Galarraga étaient nommés administrateurs. L'objet déclaré du trust était le progrès de la foi catholique.

D'autres résidences furent fondées par la suite, à Londres et ailleurs, dont Greygarth à Manchester, et Grandpont à Oxford, en 1958. Vázquez nous fait un récit prudent de ce dernier événement. Il prend également soin de faire ressortir le rôle des autorités ecclésiastiques dans cette affaire, en les personnes d'un évêque auxiliaire attaché au diocèse de Westminster, l'évêque Craven, et de l'administrateur de la cathédrale de Westminster, Mgr Gordon Wheeler, devenu plus tard évêque de Leeds[25].

Il était assez naturel pour l'Opus, fortement concentrée sur l'apostolat universitaire, de souhaiter établir un centre à Oxford. Elle était logiquement tentée d'y ouvrir une résidence pour étudiants, comme elle l'avait fait à Londres. Mais elle était mal conseillée, et sa connaissance du système en vigueur à Oxford était insuffisante. Les *colleges* (ou facultés) de l'université sont précisément des résidences — ou du moins ils le furent à leurs débuts. Le désir exprimé par l'Opus d'ouvrir une résidence fut assimilé à l'époque au désir d'ouvrir une faculté. Les autorités universitaires n'étaient pas disposées à le tolérer. De plus, le quartier étudiant de la ville d'Oxford se trouve administrativement rattaché au diocèse de Birmingham dont le redoutable archevêque (il se trouve qu'il était diplômé de Cambridge) n'était autre que George Patrick Dwyer, un Anglais tout d'une pièce qui avait peu de temps à consacrer aux affectations espagnoles de l'Opus. Après la confusion créée par la tentative d'ouverture d'une résidence, il lui interdit tout simplement de s'installer sur son territoire. Heureusement pour l'Opus, une maison était en vente — Grandpont — de l'autre côté de la rivière, toujours dans la ville d'Oxford, mais dans le diocèse beaucoup plus tolérant de Portsmouth. Elle fut achetée par l'organisation qui en fit une sorte de pension pour les licenciés de l'université qui poursuivaient des études supérieures. Elle est devenue un excellent outil de recrutement pour l'Opus Dei.

Bien que cela puisse paraître étonnant, Escrivá semble avoir particulièrement apprécié l'Angleterre. Vázquez a calculé que, si l'on excepte l'Italie et l'Espagne, il a passé plus de temps au Royaume-Uni que dans n'importe quel autre pays du monde[26]. Il vint à Londres pour la première fois en 1958, et ensuite chaque été jusqu'en 1962. Fuyant la chaleur de Rome ou de Madrid, il occupait une maison au nord de Hampstead Heath ou sur West Heath Road. Il venait dans le désir de promouvoir le rôle de l'Opus Dei à travers le monde « anglo-saxon », mais aussi parce qu'il voyait l'Angleterre, et tout spécialement Londres, comme un carrefour de civilisations, un lieu de transit international privilégié d'où son organisation pourrait atteindre des gens situés aux quatre coins du monde. Venus étudier en Angleterre, ceux-là pourraient saisir la chance de connaître l'Opus. A titre personnel, il semble avoir été particulièrement impressionné par les deux anciennes villes universitaires d'Oxford et de Cambridge, par les vieilles églises — où il récitait le rosaire et s'agenouillait au pied du maître-autel en prononçant des oraisons jaculatoires, complètement indifférent à la sensibilité protestante. Ce n'est après tout pas étonnant : il n'avait jamais été en contact avec une culture non catholique, en tout cas certainement pas pour une période prolongée.

4

Un changement de statut

La mythologie de l'Opus veut qu'Escrivá de Balaguer se soit approprié par avance les conclusions du second Concile du Vatican (Vatican II). Ce Concile, convoqué par le pape Jean XXIII, réunissait plus de 2 000 évêques catholiques du monde entier. Les documents rédigés et publiés par le Concile entre 1962 et 1965 consacrent une exceptionnelle libéralisation (le pape Jean XXIII préférait dire *« aggiornamento »*, mise à jour) de l'attitude de l'Église dans les domaines de la tolérance religieuse, de ses rapports avec le monde extérieur, de ses structures propres, etc. Le Concile mit en particulier l'accent sur le rôle important que devaient jouer désormais les chrétiens laïcs dans la vie religieuse, et c'est pour cette raison qu'Escrivá nous est présenté comme un précurseur de la vision de l'avenir de l'Église telle que Vatican II la concevait. La réalité demeure cependant tout autre.

Loin d'approuver le résultat du Concile, Escrivá combattit ses conséquences avec la dernière énergie. Ses biographes n'essayent pas d'occulter la détresse dans laquelle Vatican II l'avait plongé, fiers qu'ils sont des efforts déployés par le fondateur pour empêcher ses conclusions d'affecter les membres de l'Opus. Le Concile fut inspiré par Jean XXIII, mais il fut conduit à son terme et ses décisions mises en pratique par le pape Paul VI. Maria del Carmen Tapia compte dix années de service en qualité de chef de la section féminine au Venezuela, mais elle avait commencé par travailler au siège de l'Opus à Rome. Elle y était en étroit contact avec Escrivá. Elle m'a raconté qu'elle avait entendu celui-ci dire à propos de Paul VI : « Dieu dans son infinie sagesse devrait rappeler cet homme à Lui. »

Rien ne troublait davantage Escrivá que les nouvelles règles sur la façon de dire la messe — et ceci s'applique également aux prêtres d'un certain âge qui avaient du mal à se faire à l'idée de changer leurs habitudes de toute une vie.

Le but de la « misa normativa » (ou messe ordinaire), comme on l'appelait, était de rendre la célébration de l'Eucharistie dominicale plus intelligible aux fidèles assemblés sur les bancs. Jusque-là, les prêtres catholiques avaient dit la messe en tournant le dos à l'assistance. Cette posture un peu surprenante avait ses défenseurs. On prétendait qu'elle symbolisait la structure de l'Église, le prêtre à sa tête, s'adressant au Tout-Puissant au nom de la multitude. L'attitude était hiérarchique, une bonne partie de l'assemblée des fidèles ignorait ce qui se passait sur l'autel, dont la vue était barrée par la carrure du prêtre lourdement chargé de ses ornements sacerdotaux. La première chose à changer était donc la position de l'autel. Partout où c'était possible, on l'éloigna du mur du fond de l'église pour le placer plus près de l'assistance. Le célébrant devait se tenir derrière l'autel, face aux fidèles, afin de mieux les associer à la prière. Il s'agissait d'une compréhension nettement plus démocratique de la célébration des offices liturgiques.

A Netherhall House, la maison d'étudiants de l'Opus à Londres, le directeur, Vladimir Felzmann, s'enthousiasma pour la réforme liturgique et décida de déplacer l'autel afin que le célébrant pût faire face à l'assistance. Les travaux coûtèrent fort cher mais le résultat était agréable à voir et réalisé dans le meilleur goût. C'est alors qu'un message arriva de Rome : aucun autel ne devait faire face au peuple. Le travail de Felzmann fut démoli à grands frais, et l'autel remis contre le mur du fond.

Mais la place de l'autel n'était pas seule en cause. La « misa normativa » offrait un grand nombre d'options donnant au prêtre une grande liberté dans l'adaptation de la liturgie à ses ouailles. La forme prescrite dans les maisons de l'Opus Dei fut définie avec la plus grande rigueur, jusqu'au choix de l'une des quatre acclamations prévues après l'élévation des espèces sacrées. L'un des principaux changements intéressait bien entendu les langues qu'il était permis d'employer. On pouvait dire la messe dans toutes les langues vernaculaires, sauf dans les maisons de l'Opus Dei où l'emploi du latin demeura obligatoire. Escrivá de Balaguer étudia soigneusement les nouvelles règles de la messe. Il envoya des directives détaillées aux membres de l'Opus, les mettant en garde contre les dangers que représentait le démembrement de la liturgie de l'Église. Vázquez rapporte qu'Escrivá de Balaguer insistait aussi sur la nécessité de chapitrer les membres pour les aider à « découvrir la vérité ». Il dicta des instructions précises sur ce qu'il fallait leur dire à ce sujet.

Il devait par la suite consacrer une bonne partie du temps qu'il passait en Amérique latine à prévenir ses fidèles des dangers apparus dans le sillage du Concile. Il séjourna un mois au Mexique en 1970, puis il passa tout un trimestre de l'année 1974 à parcourir le Brésil, l'Argentine, le Chili, le Pérou, l'Équateur et le Venezuela ; l'année suivante, il était de retour au Venezuela, d'où il se rendit ensuite au Guatemala. C'est bien sûr en Amérique latine qu'était née la fameuse Théologie de la Libération dont le thème central était une nouvelle vision du monde et de l'Église avec les yeux des pauvres. Escrivá de Balaguer ne voulait pas entendre parler de cet abandon de la théologie traditionnelle de l'Église catholique romaine. Dans ses commentaires à propos de ces clercs des années 70 qui avaient « rempli leur cervelle de psychologie, et qui avaient été contaminés par une propagande sociale d'obédience marxiste », Vázquez note qu'ils répandaient cette idée que l'Église avait jadis été l'Église des riches. Pour contrebalancer les extrêmes, nous dit-il, nombre d'entre eux soutenaient des « mouvements suspects à l'intérieur de la communauté religieuse », ou passaient dans le camp « des pauvres ». (Le fondateur, attentif à l'appel universel du Christ, préférait parler de « l'Église des âmes » car l'appartenance au divin n'a rien à voir avec l'engagement socio-politique.) Les prêtres qui s'engageaient dans de tels « mouvements socio-politiques », ajoute Vázquez, se retrouveraient bientôt dans une impasse[1].

Entre-temps, les choses n'allaient pas très bien pour cet institut séculier qu'était l'Opus. Le 1er octobre 1958, Escrivá fit parvenir une lettre un peu solennelle aux membres de son organisation. L'existence de cette lettre ne fut révélée à personne (sauf sans doute à ceux de l'Opus qui l'avaient reçue) jusqu'au jour où elle fut publiée avec les documents repris dans les Constitutions de 1982. Il s'agit de la lettre *Non ignoratis* (« Vous ne pouvez pas ignorer »), qui contient cette affirmation remarquable :

« En fait, nous ne sommes pas un institut séculier, pas plus que nous n'avons le droit d'arborer ce titre. » C'était une déclaration extraordinaire pour l'époque, si l'on se souvient que la reconnaissance de l'Opus comme institut séculier remontait à huit ans à peine, et que l'Opus en avait adopté le concept et poussé à la roue pour obtenir le statut correspondant moins de dix ans plus tôt. Il est encore plus étonnant que, si telle était son attitude officielle, l'organisation ait continué d'assister aux réunions de délégués des instituts séculiers et que ses membres n'aient pas cessé de se présenter sous cette étiquette, au moins jusqu'en 1962. Qu'est-ce qui avait amené le fondateur à changer d'avis ?

La réponse apparaît clairement dans la lettre elle-même. Bien qu'appartenant à un institut de type séculier, alléguait Escrivá, les membres de l'Opus étaient poussés de plus en plus vers un modèle de vie qui équivalait à celui d'un ordre religieux. Le spécialiste de droit canonique de l'organisation, Julián Herranz, écrivit en 1964 que tous les autres instituts séculiers avaient dévié du modèle original qui leur avait été proposé : seule l'Opus Dei était restée fidèle à son idée première. La critique selon laquelle les instituts séculiers avaient progressivement glissé vers le modèle des ordres religieux était peut-être en partie fondée, encore que la grande influence de l'Opus sur la Sacrée Congrégation des Religieux eût normalement dû pouvoir empêcher le phénomène. Dans la conversation avec Peter Forbarth évoquée au chapitre 3, Escrivá lui-même disait :

> Une organisation puissante pour laquelle j'ai toujours eu de l'estime et que je préfère ne pas nommer a, depuis des années, dépensé beaucoup d'énergie à dénaturer les choses qu'elle ne comprenait pas. Ils persistaient à nous considérer comme des moines ou des frères, et demandaient constamment : « Pourquoi ne pensent-ils pas tous de la même manière ? Et pourquoi ne portent-ils pas l'habit religieux ou tout au moins un insigne ? »

D'après un ancien membre de l'Opus, l'organisation qui se voit ainsi reprocher de calomnier le véritable esprit de l'Opus Dei n'est autre que la Société de Jésus. J'étais moi-même membre de la Société depuis quelque sept ans à l'époque, et je ne me souviens pas d'avoir jamais vu le nom de l'Opus figurer sur l'agenda d'un Jésuite.

Quelle qu'en fût la raison, Escrivá de Balaguer fit en janvier 1962 les premières démarches vers un changement de statut par une lettre adressée au cardinal Amleto Cicognani, alors secrétaire d'État — en quelque sorte le Premier ministre du Pape. Il demandait à ce dernier d'en communiquer la teneur au pape Jean XXIII.

Dans sa lettre, Escrivá sollicitait la reconnaissance de l'Opus Dei comme « prelatura nullius ». Ce curieux anachronisme datant du Moyen Age, de l'époque où de puissants abbés avaient le droit de haute et basse justice sur les vastes domaines entourant leurs abbayes, avait prouvé son utilité peu d'années auparavant. Par essence, un abbé ou un prélat possédait une petite enclave qui lui donnait plus ou moins le statut d'un évêque. Des prêtres pouvaient se trouver rattachés à cette enclave, et gouvernés selon ses lois particulières, même s'ils opéraient ailleurs. En 1954, l'ancienne abbaye cistercienne de Pontigny devint le siège légal de la Mission de France, une organisation forte de 175 prêtres œuvrant à la reconversion de leurs compatriotes. Alors qu'il était chapelain à Madrid, Escrivá s'était trouvé associé à une prelatura nullius. Ses études doctorales sur l'abbesse de Las Huelgas l'avaient probablement familiarisé davantage avec de telles structures et les possibilités qu'elles offraient. C'était la solution qu'il avait choisie pour l'Opus. Il fut éconduit. Ses propositions présentaient, fit savoir le pape Jean XXIII, des difficultés insurmontables, d'ailleurs non précisées.

Deux ans plus tard, après la mort de Jean XXIII, Escrivá tenta de nouveau sa chance. Il échoua une fois de plus. Paul VI lui déclara que l'affaire devait se régler en accord avec les décisions du deuxième Concile du Vatican, alors à son apogée. En pratique, toutes les organisations religieuses se trouvaient en état de mort apparente. Si, pour une raison quelconque, elles devaient tenir une assemblée générale — comme le firent les Jésuites à la mort du père général —, celle-ci devait être ajournée jusqu'à l'achèvement des travaux du Concile. Lorsqu'elle se réunirait de nouveau, l'assemblée devrait aligner ses décisions concernant la structure de l'organisation sur les conclusions de Vatican II. Escrivá convoqua les membres de l'Opus en congrès général pour le mois de juin 1969. Son objet était de décider si l'émergence de nouvelles structures dans l'Église depuis Vatican II ouvrait de plus grandes possibilités que la prelatura nullius pour donner une nouvelle forme juridique à l'institut. Quatre ans plus tard, Escrivá communiquait officiellement à Paul VI l'état d'avancement des travaux du congrès, mais deux ans plus tard presque jour pour jour, le 26 juin 1975, Escrivá de Balaguer trépassait.

Il mourut subitement vers midi à la villa Tevere. Le soir du même jour, son successeur Alvaro del Portillo célébra la messe et parla de lui dans son homélie en ces termes : « Depuis l'instant de la mort du Père, j'ai dit que nous étions désormais orphelins. Mais ce n'est pas vrai. Ce n'est pas vrai ! Parce qu'en plus de Dieu notre Père qui est aux cieux, nous avons désormais notre propre Père dans le ciel, d'où il veille sur tous ses enfants. » Le jeu sur les mots de « notre père qui est aux cieux » est passé dans le langage courant chez les membres de l'Opus. La formule élevait Escrivá presque au niveau de Dieu dans la conscience de ses disciples. Il était devenu pour le moins un saint.

Saint ou non, il n'avait toujours pas remis au Saint-Siège les documents du congrès de 1969. Au début du mois de mars 1976, Alvaro del Portillo, désormais responsable de l'organisation, alla voir Paul VI. Celui-ci lui déclara que le statut juridique de l'Opus Dei demeurait en suspens, mais qu'une solution était en vue. Le nouveau président général suggéra que le moment n'était peut-être pas opportun, si peu de temps après la mort d'Escrivá. Paul VI en convint, mais il indiqua, comme il devait le faire encore en juin 1978 lors d'une deuxième visite d'Alvaro del Portillo, que l'Opus n'avait qu'à demander...

En novembre de la même année, le nouveau pape Jean-Paul II, dont on connaît les idées conservatrices, écrivit une lettre de félicitations à l'occasion du cinquantième anniversaire de la fondation de l'Opus. En remettant le message personnel du Pape à ses destinataires, le cardinal secrétaire d'État ajouta que Jean-Paul II souhaitait voir réglée la question du statut juridique de l'Opus Dei. Celle-ci rendait toujours compte de ses activités à la Sacrée Congrégation des Religieux, mais les démarches permettant d'en finir avec son statut d'institut séculier allaient être autorisées. En janvier 1979, l'Opus prenait un premier contact officiel avec la Sacrée Congrégation des Evêques. Il s'agissait d'un simple échange de vues, pas davantage, mais on y exprima tout de même l'espoir que l'Opus pourrait bientôt devenir une prélature personnelle (pour cette structure, voir plus loin) relevant de la Sacrée Congrégation des Evêques.

Un mois plus tard, Alvaro del Portillo s'en fut de nouveau

voir Jean-Paul II pour le tenir au courant de ce qui avait été fait jusqu'alors, mais comme seul le Pape pouvait lancer officiellement le processus de transformation de l'Opus en prélature personnelle, le président général demanda que ce fût fait. Le Pape ne se contenta pas de donner son accord, il agit avec promptitude. Lors de la prochaine réunion de travail de la Sacrée Congrégation des Evêques, le préfet responsable de celle-ci, le cardinal Sebastiano Baggio — un ami intime de l'Opus —, reçut du Pape la mission de procéder aux enquêtes nécessaires. Moins d'une semaine plus tard, Baggio écrivait à Alvaro del Portillo pour lui demander un dossier détaillé de l'affaire : cela se passait le 7 mars. Le 23 avril un rapport complet se trouvait sur le bureau de Baggio. Bien qu'actualisé sur les plans historique et juridique, ce rapport était essentiellement le même que celui qui avait été préparé pour Paul VI, comme le précisait la lettre d'accompagnement.

La première partie de ce document retraçait l'histoire et l'évolution du statut de l'Opus Dei, révélant au passage que l'organisation comptait présentement 72 375 membres dans 87 pays différents, dont des prêtres dans la proportion d'environ deux pour cent. Le rapport faisait ressortir le caractère unique de l'Opus, et les problèmes nés du fait que l'Église n'avait pas jusqu'alors de structure juridique appropriée à une organisation aussi spécifique ; ce fait, insistait le rapport, avait causé de grandes souffrances au fondateur, et entravé les efforts de l'organisation. Le rapporteur en venait ensuite aux différentes formes juridiques que cette dernière avait adoptées par nécessité, pour dire finalement que l'Opus Dei remplissait les conditions voulues pour une prélature personnelle. La reconnaissance de ce statut présentait des avantages pour l'Église, concluait le rapport, car elle renforcerait la qualité des services que l'Opus pouvait offrir à l'Église sur le plan local, en mettant à la disposition du Saint-Siège un « corps mobile » (formule employée d'habitude, soit dit en passant, pour parler des Jésuites) capable d'intervenir là où sa présence serait plus utile. Les membres de l'Opus se verraient ainsi libérés d'une partie des problèmes rencontrés dans leur travail, qui intéressait (nouveaux détails d'ordre statistique) 479 universités et lycées ou collèges répartis sur les cinq continents, 604 publications diverses, 52 stations de radio ou de télévision, 38 agences de presse et de publicité, 12 sociétés de production et de distribution de films. Nombreux sont les instituts religieux dotés de statuts juridiques divers qui fonctionnaient et fonctionnent toujours de façon tout à fait satisfaisante sans bénéficier des avantages d'une prélature personnelle. L'Opus trouvait apparemment cela difficile pour elle.

Au début du mois de juin, Alvaro del Portillo écrivit une nouvelle lettre à Baggio, uniquement afin de régler par avance d'éventuels malentendus. Il était prévu que le contenu de cette lettre serait porté en totalité ou en partie à la connaissance des Espagnols dans un long article publié par l'hebdomadaire catholique *Vida Nueva*, d'où j'ai en fait extrait l'essentiel de ce qui précède. Mais peu de temps avant la sortie de l'article, deux membres de l'Opus Dei se présentèrent au journal, porteurs d'une lettre des autorités de Rome qui interdisait la publication de ce texte dont le titre était « La transformation de l'Opus Dei ». Les motifs de cette démarche ne sont pas clairs : l'article était pour l'essentiel admirablement objectif, en dépit de l'hostilité que *Vida Nueva* témoignait depuis longtemps à l'égard de l'Opus. Il s'en tenait strictement aux faits et aux documents, exception faite de la dernière section du commentaire. On imagina que les réticences du temps de Paul VI à propos d'un changement de statut de l'Opus Dei venaient en particulier de rapports secrets adressés à Rome par des « personnalités de l'Église d'Espagne ». L'opposition, dit l'auteur anonyme de l'article, se manifestait même « au niveau le plus élevé ». On ne peut douter qu'il ait fait allusion au cardinal-archevêque de Madrid. Le rédacteur en chef commença par repousser la requête des membres de l'Opus, mais *Vida Nueva* est une revue contrôlée par l'Église. L'article ne parut pas.

Malgré l'opposition espagnole, une « commission technique » fut mise en place par la Sacrée Congrégation des Evêques. De février 1980 à février 1981, elle se réunit vingt-cinq fois. Une commission de cardinaux désignés par le pape lui-même supervisait les travaux. Elle remit son rapport le 26 septembre 1981. On demanda ensuite l'avis de tous les évêques des diocèses où l'Opus avait une activité — ils étaient apparemment près de 500. Ce renseignement est extrait d'une lettre du cardinal Baggio, reprise dans le propre journal du Vatican *L'Osservatore Romano* du 28 novembre 1982. Cette lettre était accompagnée d'une déclaration confirmant que l'Opus avait atteint son objectif qui était d'obtenir le statut de prélature personnelle. Le détail concernant la consultation des évêques est pour le moins curieux : ce n'est pas le fait qu'ils aient été consultés qui est étonnant, c'est le silence à propos de leur réponse. Si celle-ci eût été enthousiaste, ou même simplement favorable, Baggio n'eût pas manqué de le signaler. Le fait qu'il n'ait pas commenté les réactions épiscopales signifie seulement qu'elles étaient négatives. La réaction des Espagnols fut particulièrement hostile.

Peu de temps après le rapport de la commission cardinalice, le nouveau statut fut approuvé. Alvaro del Portillo le fit savoir à ses proches collaborateurs par une lettre enthousiaste du 8 décembre 1981 : le contenu de la lettre devait toutefois rester un secret pour le moment, pas question de dépasser le niveau des conseils généraux (masculins et féminins) de l'institut. Ceux-ci durent attendre quelque temps avant de passer l'information aux autres membres. Le pape Jean-Paul II fixa une audience au préfet de la Sacrée Congrégation des Evêques pour le 5 août 1982, au cours de laquelle il « approuva, confirma, et ordonna » la publication d'une déclaration annonçant la création de la prélature. Le bureau de presse du Vatican annonça le 23 août que le Pape avait décidé de faire de l'Opus Dei une prélature personnelle. Les documents correspondants étaient retenus pour des « motifs d'ordre technique », mais suivraient très bientôt. La presse du monde entier rendit compte de la nouvelle, excepté celle du Vatican. *L'Osservatore Romano* garda le silence.

Quand arriva la déclaration formelle, elle portait la date de l'annonce par le Vatican, soit le 23 août. Elle fut soudain disponible dans sa version italienne, et l'information relayée par les services de presse catholiques. Elle ne fut officiellement rendue publique que le 28 novembre, date de l'approbation des Constitutions. C'est aussi la date portée sur la Constitution apostolique dûment signée par le Pape, et qui créait officiellement la prélature personnelle. Ce dernier document ne fut toutefois diffusé qu'au mois de mars de l'année suivante, quand il fallut encore franchir un nouveau pas. L'église de San Eugenio se trouve être une des deux paroisses romaines contrôlées par l'Opus. C'est dans ce bâtiment que le nonce apostolique du Pape en Italie remit au président général les actes consacrant le nouveau titre de l'Opus le 19 mars 1983.

Assez curieusement, la publication de la déclaration qui établissait la prélature personnelle s'accompagnait d'un commentaire rédigé par un membre de la Sacrée Congrégation des Evêques, Mgr Marcelo Costalunga. C'est lui qui rapporte que Paul VI suggéra l'idée d'une prélature personnelle à Mgr Escrivá de Balaguer dès 1969. C'était le décret de Vatican II sur le ministère et la vie des prêtres qui avait lancé l'idée des prélatures personnelles. Se référant à la nécessité de répartir géographiquement le clergé en fonction des besoins les plus pressants, le document de Vatican II ajoute :

> Il peut donc à cette fin se révéler utile d'établir des séminaires internationaux, des diocèses spéciaux, ou des prélatures personnelles et autres agences de cette sorte. Sous une forme à définir dans chaque cas particulier, et sans porter préjudice aux droits des ordinaires locaux (les évêques diocésains), les prêtres peuvent ainsi se trouver rattachés à ou incardinés dans ces entreprises individuelles pour le bien général de l'Église tout entière (*Décret sur la vie sacerdotale et le ministère*, paragraphe 10).

Le sens à donner plus précisément à ce texte fut défini par Paul VI dans un document daté du 6 août 1966 et connu sous le nom d'*Ecclesiae Sanctae*.

Cette nouvelle structure n'était cependant pas conçue à l'origine comme un moyen de mettre en place une congrégation quasi religieuse, mais comme un moyen, non seulement « d'assurer une répartition géographique appropriée des prêtres, mais aussi d'atteindre des objectifs pastoraux au profit de groupes sociaux divers, que ces objectifs s'appliquent à une région, à un pays, ou à n'importe quel lieu de la planète ». Ces « groupes sociaux divers » correspondaient à des groupes identifiables de personnes ne pouvant s'accommoder des structures traditionnelles, soit à cause de leur mode de vie, soit en raison de leur mobilité — les tziganes par exemple, ou les soldats. En d'autres termes, les prélatures personnelles n'étaient pas conçues pour une population comme celle de l'Opus Dei.

Il n'est donc pas évident que cette nouvelle structure se révèle mieux adaptée à l'Opus que son précédent statut d'institut séculier. Il n'y aura pas de problèmes en ce qui concerne les prêtres. Ils seront incardinés dans la prélature à peu près de la même manière que d'autres membres du clergé sont incardinés dans les diocèses. Les difficultés surgissent avec les laïcs. L'*Ecclesiae Sanctae* de Paul VI prévoyait que ces derniers, qu'ils fussent célibataires ou mariés, pourraient souhaiter s'associer au travail d'une prélature. Mais il est bien clair que les laïcs sont pour la plupart considérés comme les bénéficiaires du ministère d'une prélature, et non comme un élément majeur de ce ministère — l'unique élément majeur si l'on prend le cas de l'Opus.

La déclaration de la Sacrée Congrégation des Evêques précisait que les membres laïcs de l'Opus « se vouent à l'accomplissement des objectifs apostoliques propres à la prélature par la prise d'engagements sérieux et spécifiques. Ils le font dans le cadre d'un lien contractuel et non par la vertu de vœux particuliers ». *Particular Churches and Personal Prelatures* (« Églises particulières et prélatures personnelles ») est la traduction anglaise d'un ouvrage écrit en espagnol et publié par l'université de Navarre en 1985[2]. Son auteur, Pedro Rodriguez, est évidemment membre de l'Opus, bien que ce fait ne soit pas précisé dans l'édition anglaise, et l'Opus n'y fait pas l'objet d'une étude, à peine d'une mention. Rodriguez soutient l'argument technique que le lien unissant l'Opus à ses membres laïcs tombe sous le coup de la règle ordinaire qui régit les contrats dans le nouveau Code de droit canonique. Dans la mesure où le contenu des contrats ressemble à s'y méprendre à celui des vœux prononcés par les moines et les nonnes, on ne voit pas bien la portée de ce distinguo juridique.

Quelles sont les implications futures du nouveau statut de l'Opus Dei ? Le document du pape Paul VI insistait sur l'établissement de liens très étroits entre les prélatures personnelles et les ordinaires locaux (les évêques). Aucune des dispositions énumérées dans la déclaration ne donne pourtant à un ordinaire une grande autorité sur les membres laïcs de l'Opus qui vivent dans son diocèse, alors qu'ils devraient lui être techniquement assujettis. Il pourrait refuser à l'Opus l'autorisation d'ouvrir un centre — mais une fois celui-ci ouvert, il lui serait bien difficile d'en obtenir la fermeture. Il pourrait dénier au clergé de l'Opus le droit d'exercer son ministère auprès des laïcs qui sont sous sa juridiction. Il ne pourrait lui interdire de le faire auprès des autres membres de l'Opus. En pratique, aucune raison apparente ne peut empêcher un membre de l'Opus de recevoir toute son éducation religieuse, des classes de catéchisme à la confirmation et au-delà, en passant par la première communion, dans des centres appartenant à l'Opus Dei. Une personne dans ce cas, bien que théoriquement soumise à l'autorité diocésaine, pourrait parfaitement ne jamais rencontrer de prêtre diocésain.

Le nouveau statut du clergé de l'Opus est susceptible de créer une situation encore plus anormale. Ses membres restent en théorie des « prêtres séculiers », et à ce titre disposent d'une

« voix active et passive » dans les conseils du clergé. Et pourtant, dans le cas où un centre a été normalement constitué, un évêque ne peut s'opposer à leur présence au milieu des membres de son propre clergé. Certains de ses prêtres diocésains pourraient très bien s'enrôler dans le corps auxiliaire de l'Opus, ou « Tiers Ordre ». Ils ne seraient pas obligés de révéler leur adhésion, sauf sur demande expresse. On peut dans cette hypothèse concevoir l'existence d'un sénat de prêtres dominés par une majorité de membres de l'Opus.

Les situations évoquées plus haut peuvent paraître invraisemblables, mais le sont-elles vraiment ? En janvier 1985, un curieux incident éclata dans le diocèse espagnol de la Rioja. Au cours d'une assemblée du clergé consacrée aux stratégies pastorales, le recteur du séminaire de Logroño, où Escrivá de Balaguer lui-même avait étudié de 1918 à 1920, produisit un rapport sur le climat qui régnait dans son institution. L'Opus Dei, dit en substance le recteur, était implantée dans le séminaire bien avant sa propre nomination. Entre ses membres et leurs sympathisants (dont quelques-uns, précisa-t-il, étaient âgés de moins de quinze ans) et le reste du clergé diocésain, il y avait, sinon conflit ouvert, du moins une guerre froide engendrant des divisions qui dépassaient les limites du collège pour s'étendre au diocèse tout entier.

Il accusa les membres de l'Opus de faire passer les intérêts de la prélature avant le bien du diocèse, et de détruire par les conseils spirituels qu'ils donnaient aux séminaristes l'unité d'esprit qui aurait dû prévaloir dans l'ensemble de la région. Aucune réponse satisfaisante n'avait été fournie à ses demandes d'explication répétées. « Font-ils vraiment partie du clergé diocésain », demandait le rapport, « ou appartiennent-ils à la prélature personnelle ? »

Il est dit dans la liturgie, précise le rapport, que le peuple doit montrer son unité d'intentions. Néanmoins, les membres de l'Opus s'en tiennent à la lettre de la loi, et leur participation active à l'esprit de la liturgie est inexistante. Le recteur attaquait ensuite avec virulence les méthodes d'enseignement pratiquées par les professeurs de l'Opus à l'intérieur du séminaire, les accusant de frôler l'hérésie. Le collège qu'il dirigeait n'était pas seul à en souffrir, disait-il en conclusion : il en allait de même dans d'autres séminaires en Espagne. Il voulait faire examiner la situation par la conférence des évêques chargée des séminaires et des universités, et si ces derniers ne parvenaient pas à résoudre le conflit entre la prélature personnelle et les diocèses, alors il faudrait soumettre l'affaire à Rome[3].

La situation avait empiré, dit encore le recteur, depuis la création de la prélature personnelle. Cet événement avait donné aux sympathisants de l'Opus « un certain air de triomphe, et la certitude d'avoir toujours raison ». Il ne leur avait visiblement pas inculqué la notion de coopération entre diocèses et prélature telle qu'elle avait été voulue par la législation qui instituait avec cette dernière une nouvelle forme d'autorité au sein de l'Église catholique.

L'expérience du diocèse de la Rioja n'est pas faite pour inspirer confiance. Il est difficile de ne pas imaginer l'Opus comme une église dans l'Église ; c'est exactement cela que craignaient les évêques d'Espagne lorsqu'ils tentèrent en vain d'empêcher Rome d'accorder à l'Opus un statut qu'elle goûte manifestement.

5

Les Constitutions de 1982

L'AMBITION d'Escrivá de Balaguer avait fini par se réaliser après sa mort. Alors que le pape Paul VI avait refusé sa demande de *prelatura nullius*, la plus séduisante pour l'Opus, s'entend, Jean-Paul II avait bien voulu accorder au successeur d'Escrivá le statut de *prelatura personalis*. Il ne s'agissait plus désormais d'un institut séculier. Que le résultat ait été conforme aux attentes du Vatican ou de la principale intéressée pose une autre question.

Depuis que l'Opus a obtenu son statut actuel, plusieurs occasions se sont présentées d'établir d'autres prélatures personnelles, occasions légitimes semble-t-il, du moins dans le cadre du décret qui instituait cette nouvelle structure au sein de l'Église catholique. Mais ces possibilités ne furent pas exploitées. Il se peut que la curie papale ait commencé à prendre au sérieux les inquiétudes provoquées chez les évêques par la présence d'une juridiction indépendante à l'intérieur de leurs diocèses. Il se peut aussi que Rome ait eu connaissance d'autres difficultés semblables à celles éprouvées par le séminaire diocésain de la Rioja.

Les sceptiques y ont vu par ailleurs le résultat des machinations de l'Opus Dei. Très satisfaite de devenir le premier des instituts séculiers, l'Opus le fut beaucoup moins lorsque, après avoir obtenu le même statut, d'autres organisations séculières commencèrent à l'interpréter dans ce sens. Tant que l'Opus Dei demeure unique dans son cas, elle seule peut dire, dans les limites du droit canonique bien entendu, ce qu'est une prélature personnelle. Le fait qu'à peu près tous les articles paraissant dans les journaux catholiques à ce propos soient écrits par des membres de l'Opus peut difficilement passer pour une coïncidence. Ils ne le disent d'ailleurs pas en préambule ; ils ne voient apparemment pas la nécessité de déclarer au préalable leur intérêt pour le sujet.

Du point de vue de l'Opus, le véritable problème posé par la solution de la prélature est qu'elle ne s'applique pas parfaitement aux membres laïcs de l'organisation. Le système reconnu par l'Église est que les prêtres deviennent membres d'un diocèse (ou d'un ordre religieux si ce sont des Jésuites, des Franciscains, des Passionnistes, etc.) au terme d'un processus appelé l'incardination. Bien que huit canons du nouveau Code de droit canonique de l'Église — les canons 265 à 272 — traitent de ce sujet, et le mot se rencontre également par ailleurs, le terme n'est pas réellement défini. Son sens n'en est pas moins assez clair : c'est le procédé par lequel un prêtre devient membre d'un diocèse, d'un ordre religieux ou d'une prélature personnelle (le dernier cas est expressément mentionné). L'institution se charge de subvenir à ses besoins en échange de son engagement de servir dans le diocèse l'ordre ou la prélature.

Il est évident d'après le code que ce procédé ne concerne que les membres du clergé : il apparaît dans une section intitulée « Ministres sacrés ou Clercs ». Les laïcs ne sont pas cités. Ils peuvent collaborer à la prélature, se lier à elle s'ils le souhaitent par une forme de contrat ou de convention. Mais ils ne peuvent pas, numéraires ou non, prétendre être incardinés dans la prélature, et devenir de ce fait membres à part entière de l'Opus. Ils ne le sont même pas au sens où ils l'étaient quand l'Opus était un institut séculier[1]. Pour une organisation qui se prétend complètement laïque, il y a là un paradoxe. Elle est devenue plus cléricale qu'elle ne l'avait jamais été. D'où la question, déjà soulevée plus haut, de savoir si les chefs de l'Opus seront à long terme satisfaits du statut légal qu'ils ont négocié pour eux-mêmes.

Les responsables ont peut-être cru que les membres laïcs de quelque rang que ce soit, hommes ou femmes, dépendraient des prêtres de la prélature, de la même manière que les catholiques ordinaires dépendent de l'évêque de leur diocèse. Mais ce n'est pas le cas. Même si les laïcs ont le droit d'assister à tous les offices religieux dans les centres de l'Opus Dei, d'y aller à la messe, de s'y confesser, d'y envoyer leurs enfants au catéchisme, d'y chercher les conseils spirituels dont ils ont besoin, ils sont techniquement des membres du diocèse local. Bien qu'*en fait* on puisse les traiter comme des membres d'un diocèse particulier qui est la prélature, ils font *en droit* partie des ouailles de l'évêque local. Le texte qui établissait la prélature personnelle peut avoir eu d'autres intentions à l'origine, mais c'est ce qui résulte des règles contenues dans le nouveau Code de droit canonique.

Le Code ne laisse aucune place à l'équivoque. Quatre canons régissent la prélature personnelle. Le premier, qui porte le numéro 294, dit textuellement : « Le Siège apostolique peut établir des prélatures personnelles après consultation des conférences épiscopales concernées. Elles sont composées de *prêtres et de diacres* appartenant au clergé séculier. Leur but est de promouvoir une meilleure distribution des *prêtres* (écrit en italique) en fonction des besoins. »

De façon similaire, à propos de la participation des laïcs, le Code ne dit pas autre chose que ceci : « Les laïcs peuvent eux-mêmes se vouer aux œuvres apostoliques d'une prélature personnelle en vertu d'accords passés avec ladite prélature » (canon 296).

Par contraste, les membres du clergé incardinés dans l'Opus échappent sans conteste à la juridiction de l'évêque local. Il suffit aux autorités de l'Opus de demander à l'évêque la permission d'ouvrir un centre dans son diocèse. Le pouvoir de contrôle de celui-ci sur le centre se borne ensuite à veiller sur la bonne tenue de la chapelle, du tabernacle où sont gardées les hosties saintes, et du confessionnal.

Tout cela, naturellement, n'empêche pas les membres de l'Opus de témoigner à l'évêque local de grandes marques d'un respect qui va parfois jusqu'à l'exagération. Un évêque rendant compte de sa « visite pastorale » à un centre de l'Opus fit part de sa surprise d'avoir été accueilli à la porte par une « bugia », ce cierge que portent les enfants de chœur devant un prélat en signe de respect pour son rang. Cette coutume archaïque avait disparu depuis longtemps, et nul n'en avait jamais fait l'honneur à cet évêque depuis qu'il occupait sa charge, c'est-à-dire depuis quinze ans. Mais en dépit de ce cérémonial, son autorité réelle sur le clergé de l'Opus après l'ouverture du centre et l'établissement de la prélature se trouvait réduite au minimum.

Tout cela pourrait paraître un peu ridicule si l'Opus n'attachait pas elle-même tant d'importance aux subtilités du droit canon. La faculté de Droit canonique est en effet celle dont l'université de Navarre, orgueil de l'Opus, tire sa plus grande fierté. Telles qu'elles se présentent aujourd'hui, les règles de l'Église font que seuls les prêtres et les diacres peuvent être membres des prélatures personnelles. En conséquence, quoique l'Opus prétende compter quelque 80 000 membres, on peut dire avec certitude qu'elle est une organisation cléricale et non laïque, et que le nombre de ses adhérents, tel qu'il figure dans l'*Annuario Pontifico*, l'annuaire officiel du Vatican, ne dépasse pas 1 273 prêtres (dont 56 dénommés « sacerdoti novelli », ou prêtres nouvellement ordonnés), plus 352 séminaristes « majeurs », autrement dit des étudiants en théologie aspirant à la prêtrise. L'*Annuario* — qui place assez curieusement les prélatures personnelles (l'Opus étant à ce jour la seule), non pas après la liste des diocèses, ni après celle des ordres et congrégations religieux, mais après les Rites de l'Église catholique romaine, lui donnant ainsi une fausse apparence d'indépendance — mentionne l'existence d'une seule église de l'Opus Dei[2].

La version imprimée des Constitutions s'ouvre par la Lettre apostolique *Ut sit*. Datée du 28 novembre 1982, celle-ci commence par l'éloge de l'œuvre entreprise par l'Opus (dont Escrivá de Balaguer, dit le pape Jean-Paul II, eut la divine inspiration le 2 octobre 1928 à Madrid) auprès des laïcs, non seulement à l'intérieur de l'Église, mais dans la communauté humaine en général, pour la sanctification de ses membres par et dans leur travail.

Le Pape souligne ensuite (effectivement en contradiction avec les Constitutions qui suivent) l'unité « organique et indivisible » de l'Opus, dans ses prêtres et ses laïcs, hommes et femmes. En 1962, dit la lettre, Escrivá se mit en devoir d'essayer de trouver une forme juridique appropriée pour son organisation. En se référant au deuxième Concile du Vatican et à son décret *Presbyterorum Ordinis* dont le texte suit, le pape donne l'impression que c'est Escrivá qui sollicita le premier une prélature personnelle. Ainsi que nous l'avons vu, ce n'est pas le cas : il voulait d'abord une prelatura nullius. La lettre glisse sur les problèmes qui surgirent à cette occasion pour en arriver très vite à l'année 1969 ; c'est cette année-là que le pape Paul VI accéda au désir d'Escrivá de Balaguer de convoquer une assemblée générale en vue d'étudier la transformation de l'Opus Dei conformément aux directives de Vatican II. (De fait, tous les ordres religieux et les congrégations étaient supposés convoquer des assemblées générales dans le même but.) Dix ans plus tard, poursuit le Pape, il remit toute l'affaire entre les mains de la Sacrée Congrégation compétente, celle des Évêques en l'occurrence, laquelle, après avoir considéré le problème en détail, recommanda la transformation de l'Opus Dei en une prélature personnelle. Le Pape énonce ensuite, en sept sections distinctes et numérotées, les termes de la création de la nouvelle prélature personnelle.

Vient ensuite une *Declaratio* de la Congrégation des Evêques dont nous avons déjà parlé (voir p. 84-87), suivie d'un bref décret du nonce apostolique déclarant que la lettre papale est maintenant effective. Ce document porte la date du 19 mars 1983.

Nous voyons apparaître alors « la lettre *Non Ignoratis* de notre bien-aimé fondateur ». Elle s'intitule *Non Ignoratis* (« Vous ne pouvez ignorer ») à la manière d'un document de la curie romaine qu'elle n'était pas, bien entendu. Cette lettre, qui comporte quatorze paragraphes numérotés, est datée du 2 octobre 1981, et signée « Iosephmaria ». Une note en bas de page nous explique que le 14 février 1964, lorsque le fondateur entreprit les premières démarches en vue de modifier le statut d'institut séculier propre à l'Opus Dei, il adressa copie de cette lettre, accompagnée des documents statutaires alors en vigueur, au pape Paul VI. Maintenant que le but poursuivi par le fondateur avec tant de diligence est accompli, ajoute la note, c'est une grande joie de l'inclure dans cette édition des statuts.

Il s'agit en vérité d'une lettre importante (voir p. 79-80), car elle révèle l'aversion profonde d'Escrivá pour le statut d'institut séculier que l'Opus Dei voulait obtenir vers la fin des années 40. « En fait, dit-il, nous ne sommes pas, et nous ne voulons pas continuer à être considérés comme un institut séculier » (paragraphe 9). Il avait déjà insisté sur ce point (paragraphe 2) : « Nous ne sommes pas des religieux, et l'on ne peut nous qualifier de religieux ou de missionnaires. » Il se servit de la même lettre pour régler leur compte à ceux qui accusaient l'Opus d'être une organisation secrète, et de manipuler ses membres pour parvenir à ses fins.

Bien qu'elle ait incontestablement compté dans l'histoire de l'Opus, il est un peu surprenant de voir cette lettre occuper tant de place dans les Constitutions, dans la mesure où son argument principal — à savoir qu'Escrivá ne voulait plus considérer l'Opus Dei comme un institut séculier — avait été manifestement dépassé par les événements. D'un autre côté, le style de la lettre donne l'impression qu'elle fut écrite pour la postérité, et dans ce sens il paraît en effet logique de l'avoir incluse dans les Constitutions.

La lettre du fondateur est suivie d'une autre missive, un peu plus longue, d'Alvaro del Portillo, signée « Alvarus ». Celle-ci est datée du 8 décembre 1981, autrement dit elle se place près d'un an avant la lettre de Jean-Paul II établissant formellement l'Opus Dei dans son statut de prélature personnelle, et plus longtemps encore avant l'achèvement des autres démarches nécessaires. Elle est également précédée, comme celle d'Escrivá, d'un titre à la manière de la curie romaine : *Nuper Nuntiatum* (« Dernières nouvelles »). La « dernière nouvelle », c'est la transformation de l'Opus Dei en prélature personnelle. Cette nouvelle, écrit celui qui allait en devenir le prélat peu de temps après, ne peut être déjà communiquée au monde, ni aux membres de l'Opus, car le pape veut en donner la primeur aux évêques des diocèses où l'Opus intervient. Alvaro rédige néanmoins la lettre en prévision du moment où il pourra enfin le faire savoir à l'univers : le style témoigne de son excitation, même en latin d'Église. Il présente naturellement ce résultat comme le fruit des efforts d'Escrivá de Balaguer, et suggère même que celui-ci donna sa vie pour y parvenir.

Le futur prélat déclare ensuite, dans le paragraphe 3 de sa lettre, que cette nouvelle structure avait été voulue de longue date par le fondateur et qu'il s'agissait de la « configuration légale définitive de notre vocation » que Dieu lui avait inspirée le 2 octobre 1928. Sachant qu'au fil des années la forme juridique de l'Opus a connu bien des vicissitudes, qualifier la dernière en date de définitive était une affirmation pour le moins hardie. Prétendre implicitement qu'Escrivá travaillait depuis le début à l'atteinte de cet objectif précis ne semble pas concorder exactement avec les faits.

Alvaro consacre plusieurs des paragraphes suivants au problème qui préoccupait Escrivá dans sa lettre *Non Ignoratis*, celui du caractère laïc de l'organisation. La vocation d'un membre de l'Opus, insiste-t-il, ne modifie aucunement la situation personnelle d'un individu. Dans une phrase d'un latin si singulier que l'éditeur a jugé bon de reporter en bas de page la version originale en espagnol, il y aurait entre l'un et l'autre autant que (l'épaisseur d'une feuille ?) du papier à cigarettes. Pour illustrer cette absence de différences entre les membres de l'Opus et les autres laïcs, il cite l'obéissance dévote des gens de l'Opus Dei aux directives et aux conseils du Souverain Pontife et des évêques diocésains. Ils ont dû livrer des batailles, dit-il, avant d'en arriver là. On les accusait de vouloir se soustraire au contrôle de la hiérarchie. Mais rien de tout cela n'était vrai parce que « le clergé séculier aussi bien que les fidèles ordinaires... sont heureux de continuer à dépendre de l'évêque local pour les soins pastoraux habituels ». Ce qui distingue les membres de l'Opus, affirme Alvaro, c'est leur dévotion à l'évêque — ils sont les plus fidèles de son troupeau, priant pour lui et se mortifiant à son intention au moins une fois par jour.

Il admet que certains évêques, « presque exclusivement ceux des diocèses où nous ne sommes pas opérationnels, ou bien des prélats arrivés récemment dans des diocèses où nous sommes installés depuis longtemps », n'aiment pas l'Opus Dei. Il attribue ce phénomène à un défaut de compréhension. Les évêques voient l'Opus, dit-il, comme un ordre religieux, ou une association pieuse, ou encore un mouvement ecclésiastique intervenant constamment à la fois dans les structures de l'Église et dans celles de l'État. Une fois que les différences ont été bien expliquées, affirme-t-il, tout va très bien.

Pour ce qui est du reste de la lettre, le seul point que soulève et commente longuement Alvaro est le statut des prêtres qui s'associent à l'Opus par le truchement de la Société Sacerdotale de la Sainte Croix. S'ils désirent en faire partie, déclare-t-il, ils doivent le faire savoir à l'évêque local, aborder franchement le sujet avec lui. Il affirme avec force qu'il ne doit pas y avoir division de l'autorité entre l'Opus et l'évêque, pas de conflit d'obédiences. La seule obédience qui s'impose à un membre de la Société Sacerdotale, répète Alvaro, c'est celle qu'il doit à son évêque. A l'exception, vraisemblablement, de l'obédience qui résulte des nouveaux statuts entrés en vigueur le 8 décembre 1982. « Tous ceux qui appartenaient à l'Opus Dei, les prêtres comme les laïcs, et aussi les oblats et les surnuméraires », restaient liés par les « serments » qu'ils avaient prêtés sous le régime antérieur, sauf si les nouveaux statuts avaient expressément stipulé le contraire, précisaient les « Dispositions finales » de la nouvelle Constitution.

Les nouvelles Constitutions, le *Codex Iuris Particularis*

Operis Dei (« Code de droit spécifique à l'Opus Dei »), comportent cinq titres ou sections principales, elles-mêmes subdivisées en chapitres. Chaque chapitre comprend un ensemble de règles, dont beaucoup sont encore une fois divisées en sous-sections, et qui sont classées du début à la fin dans l'ordre alphanumérique. Le modèle qui a servi pour ce travail est visiblement le très officiel Code de Droit canon de l'Église de Rome, organisé de la même façon.

Même s'ils étaient tentés de contester la validité de certaines de ses dispositions, peu de catholiques dénieraient à une institution aussi vaste et complexe que l'Église le besoin d'un ensemble de règles comme celles qui forment le Code de Droit canon. Ils s'affligeraient néanmoins d'une telle nécessité. Ainsi que l'a fait remarquer saint Ignace de Loyola dans le préambule de ses propres Constitutions de la Société de Jésus, il s'en serait dispensé volontiers si ses Jésuites avaient été gouvernés par la seule « loi intérieure de charité et d'amour que le Saint-Esprit écrit et grave dans les cœurs »[3]. Il reconnaît que c'était impossible, mais l'esprit qui se manifeste dès le préambule, et qui revient sans cesse dans les Constitutions des Jésuites, confère à ces documents une valeur beaucoup plus spirituelle que juridique.

Les Constitutions de l'Opus Dei, d'autre part, sont strictement juridiques — et ceci nous semble révélateur. Voilà une autre preuve qu'elle a perdu le contact avec l'ambiance d'une Église qui a montré, pendant et après le Deuxième Concile du Vatican, qu'elle attachait plus d'importance au travail de l'esprit qu'à la stricte observance des règles.

Le chapitre 1 du « titre premier » traite de « La nature de la prélature et ses buts ». La prélature accueille à la fois des clercs et des laïcs, dit le préambule ; mais le texte ne tarde pas à préciser que si les prêtres peuvent jouir du privilège de l'incardination, les laïcs qui ont « entendu l'appel divin » se voient incorporés « sous une forme spéciale » qui repose sur un « lien juridique ». Il s'agit d'une organisation mondiale dont le siège est à Rome (il est curieux de voir avec quelle complaisance le rédacteur s'attarde à ce détail géographique), gouvernée selon les règles propres aux prélatures personnelles et autres statuts particuliers conférés par le Saint-Siège.

Le but de l'Opus Dei est défini comme la sanctification de ses membres par l'exercice des vertus chrétiennes appropriées à leur condition sociale. Elle est ouverte à tous sans distinction d'état ou de profession — avec une préférence spéciale pour « ceux qu'on appelle les intellectuels ». Les membres se préparent de cette manière à un apostolat destiné à être vécu dans la société au sens large du terme.

Les Constitutions dressent ensuite la liste des moyens de se sanctifier. Ce sont essentiellement les moyens traditionnels du chrétien — la prière et le sacrifice, les études théologiques (« solidement liées au *Magisterium* ») — appropriés aux capacités de chacun et à l'imitation de la vie cachée de Jésus à Nazareth. *Magisterium* veut tout simplement dire enseignement, mais parfois avec des nuances, surtout si le mot s'écrit avec une majuscule. Dans cette acception précise, il ne désigne pas l'enseignement de l'Église en général, mais celui des évêques, et plus particulièrement celui du Pape et de sa curie de Rome : ce que les théologiens appellent le « magisterium ordinaire ». Personne ne suggère que cet enseignement soit, au sens catholique du terme, « infaillible », mais la plupart des catholiques considèrent qu'il fait autorité, encore qu'utilisé de cette manière, il représente plutôt, à l'opposé de la tradition, une création du XIXe siècle faite de sentimentalité ultrapapale.

Les fidèles de l'Opus sont obligés de remplir les devoirs de leur vie professionnelle, car c'est pour eux le moyen de parvenir à la sainteté et d'accomplir leur apostolat. On attend d'eux qu'ils remplissent les devoirs correspondant à leur état dans la vie, « mais toujours dans le plus grand respect des lois de la société civile ». Ils doivent également mener à bien la tâche apostolique qui leur est confiée par le prélat. Le reste du premier chapitre met l'accent sur l'unité et la complémentarité des clercs et des laïcs au sein de l'organisation, avant de donner enfin la liste de ses saints patrons

Le chapitre 2 du « titre premier » concerne les « fidèles » de la prélature. Tous les membres doivent être « disponibles » — à la disposition de la prélature — qu'ils soient hommes ou femmes, numéraires, oblats ou surnuméraires, encore que ce soit en fonction de leurs obligations personnelles. Le texte passe ensuite à l'examen des différents grades.

Les premiers sont les numéraires (du sexe masculin) qui observent le célibat, se vouent entièrement à l'apostolat, et vivent normalement dans les centres de l'Opus Dei. Les numéraires du sexe féminin, d'autre part, sont particulièrement chargées de « l'administration ou entretien domestique » des centres pour hommes de l'Opus Dei, bien que la ségrégation soit totale.

La différence entre ce que l'on demande aux hommes et aux femmes est énorme. C'est d'autant plus étrange que les Constitutions insistent sur ce point que tous les numéraires des deux sexes devraient posséder, ou être capables d'obtenir, un diplôme d'études supérieures ou une qualification professionnelle équivalente. Il existe cependant une catégorie de femmes numéraires appelées « auxiliaires » qui se consacrent exclusivement à des travaux manuels — en deux mots la cuisine et le ménage — à l'intérieur des centres de l'Opus Dei.

Le grade suivant est celui des *aggregati* ou oblats, comme nous les appelons dans cet ouvrage. Ils assument les mêmes obligations que les numéraires, célibat compris, et les mêmes pratiques ascétiques, ils sont même chargés de travaux apostoliques de même nature que les numéraires, mais pour des raisons personnelles, ils choisissent de ne pas résider dans les centres, préférant peut-être vivre chez leurs parents ou sous le toit d'un autre membre de leur famille.

Les surnuméraires vivent également avec leur famille. Contrairement à ceux des grades plus élevés, ils peuvent être mariés, encore que selon le règlement, l'ouverture au mariage apparaisse comme le seul trait qui les distingue des oblats. Il s'agit par ailleurs d'un grade manifestement inférieur dans l'Opus, puisque le paragraphe 14, section 2, et le paragraphe 15 précisent qu'on vous élève plutôt qu'on ne vous déplace dans les rangs des oblats ou des numéraires.

Le dernier grade est celui des coopérants. Ce sont ceux qui aident l'Opus Dei par leurs dons, leurs prières, et en se mettant au service des causes de l'Opus. Ils n'ont pas besoin d'être catholiques — bien que les membres de la prélature soient tenus dans ce cas de prier pour leur conversion.

Les Constitutions traitent ensuite de la question des admissions. On distingue trois étapes : une « admission » simple, qui peut être décidée par le vicaire régional ; un an plus tard intervient une « oblation », ou sociétariat temporaire d'une durée minimale de cinq ans et qui doit être renouvelée chaque année, pour en arriver finalement à la « fidélité ».

Des règles strictes définissent naturellement les caractéristiques des candidats. Ceux-ci doivent donner des signes tangibles de l'intérêt qu'ils portent à leur développement spirituel, et posséder « les autres qualités personnelles » requises pour être dignes de devenir membres de l'Opus. Ces qualités ne sont pas précisées — encore qu'il soit facile de déduire du contexte qu'elles comprennent la capacité d'obtenir un doctorat si le candidat ne possède pas déjà ce diplôme. Ce qui est plus important, parce qu'il s'agit d'une des grandes controverses à propos de l'Opus, les candidats doivent être âgés de dix-sept ans au moins.

Mais l'histoire ne s'arrête pas là. Dans le paragraphe 20, section 4, les Constitutions disposent qu'un candidat doit pour être admis passer au moins une demi-année à travailler à l'apostolat de l'Opus « sous l'autorité d'une personne compétente », ce qui abaisse l'âge minimum effectif d'entrée dans l'organisation à seize ans. Un commentaire ultérieur précise que ce travail doit s'accomplir même si le candidat a manifesté depuis quelque temps déjà le désir d'entrer à l'Opus. On envisage donc clairement la possibilité pour des adolescents très au-dessous de l'âge requis de s'associer étroitement à l'Opus, à défaut d'appartenance officielle.

Bien entendu, certaines personnes ne seront pas admises, en dehors de celles qui ne présentent pas les qualités requises. Il est fréquent pour les institutions religieuses de refuser, du moins en théorie, d'admettre dans leurs rangs ceux qui ont appartenu à des organisations similaires — encore qu'en pratique cette règle soit souvent ignorée. L'Opus se montre cependant beaucoup plus rigide sur ce point. Elle refuse d'admettre non seulement ceux qui ont fait les premiers pas pour entrer dans de telles institutions, mais aussi les candidats ayant fréquenté les « écoles apostoliques » — sortes de petits séminaires dépendant parfois de diocèses ou d'ordres religieux. Ces collèges sont avant tout des établissements d'enseignement secondaire, et de nos jours très peu de leurs élèves poursuivent une formation en vue du sacerdoce. L'Opus barre néanmoins la route à ceux qui ont choisi ce type d'éducation.

Elle admet encore moins, bien entendu, les étudiants des grands séminaires, ou les prêtres déjà ordonnés. Le paragraphe 20, section 3, dit que cela ne se passe ainsi que si le clergé fait défaut dans les diocèses. Comme nous l'avons déjà évoqué cependant, il faut plutôt chercher la raison dans l'attitude de l'Opus à l'égard de toute formation spirituelle dispensée par d'autres. Même les écoliers qui auraient pu se trouver placés sous la direction formelle d'un diocèse ou d'un ordre religieux dans une « école apostolique » sont considérés comme inaptes. Cette restriction ne s'étend pas aux garçons qui ont fréquenté une école ordinaire, même si celle-ci était dirigée par des religieux.

Lorsque sa candidature a été retenue, le futur membre est initié à l'esprit de l'Opus, et avisé qu'il doit subvenir à ses besoins dans le cadre de son activité professionnelle. Il doit aussi, le cas échéant, subvenir aux besoins de sa famille, et il (ou elle) doit apporter généreusement sa contribution au soutien des œuvres apostoliques.

D'après les Constitutions, les candidats reçoivent alors le conseil — un tant soit peu curieux — de profiter pleinement du système de prévoyance sociale institué par le pouvoir civil, qu'il s'agisse du chômage, de l'assurance-maladie, ou d'une éventuelle pension de retraite. C'est avec une certaine pingrerie que la prélature promet de s'occuper des numéraires ou des oblats nécessiteux, et aussi de leurs parents, bien qu'elle prenne soin de préciser qu'elle n'y est pas obligée légalement.

La dernière section de ce premier « titre » traite des cas de renvoi de la prélature. Les règles en sont assez simples et directes. Il convient cependant de préciser, en vertu de l'article 31, que la procédure de renvoi doit être exécutée « dans le plus grand esprit de charité », que ce n'est pas quelque chose dont les ex-membres aient fait l'expérience, et que celui qui part ne peut réclamer quoi que ce soit à la prélature en contrepartie de ce qu'il lui a donné par son travail, ou des services rendus dans le cadre de son activité professionnelle. L'accent est mis uniquement sur le renvoi. L'hypothèse que des gens puissent désirer quitter l'organisation de leur propre chef est envisagée, mais on ne s'y attarde pas.

Le « titre » suivant est consacré aux prêtres de l'Opus. Ils sortent des rangs des numéraires ou des oblats, et le but principal de leur existence est de satisfaire les besoins spirituels des autres membres de l'organisation. Ils peuvent aussi jouer un rôle dans la desserte de la paroisse locale, et s'associer à la communauté des clercs ou à d'autres instances diocésaines. On leur demande instamment de s'unir par les liens de la charité au reste du clergé des diocèses où se situe leur action. Il est aussi fait mention de « coopérants » parmi les membres du clergé diocésain qui, à l'instar des coopérants laïcs, aident l'Opus par leurs prières et leurs intentions, et autant que possible dans l'accomplissement de leur ministère, bien que sur ce dernier point on ne nous dise pas comment.

L'accession à la prêtrise dépend de la volonté du prélat, de même que les tâches qui seront assignées au clergé de la prélature. Dans la limite des tâches citées par les Constitutions, l'accent est clairement mis sur les confessions ainsi que, de manière étonnante, sur l'obligation qui est faite au clergé de s'occuper des funérailles de leurs compagnons. La nécessité d'entretenir un « esprit de communion fervente » avec le clergé de la paroisse locale est une nouvelle fois mise en avant.

Les coopérants mis à part, ce qui a été dit jusqu'ici des prêtres de l'Opus concerne ceux qui sont incardinés dans la prélature. Il y a cependant le cas de ces prêtres (et de ces diacres) incardinés dans un diocèse qui souhaitent s'associer à la vie spirituelle et aux pratiques de l'Opus. Ils peuvent devenir oblats ou surnuméraires (les séminaristes doivent attendre le jour de leur ordination pour se joindre à l'organisation, bien qu'on les autorise à devenir « aspirants »). Les Constitutions font bien ressortir que ceci n'établit en aucune manière une « double obédience » — ils n'ont d'autre supérieur que l'évêque local, et leurs obligations à l'égard de l'Opus se limitent à l'observance de ses règles « comme dans toute société organisée ».

La différence entre prêtres oblats et surnuméraires est un peu difficile à saisir. D'après l'article 61, les obligations d'un prêtre oblat sont les suivantes :

> 1. par-dessus tout le désir de remplir à la perfection la tâche pastorale à lui confiée par son évêque, étant entendu qu'il n'est responsable de l'accomplissement de celle-ci que devant ce dernier ;
>
> 2. la volonté de consacrer tout son temps et toute son énergie à l'apostolat, et plus spécialement à aider ses frères membres du clergé diocésain.

Les mêmes devoirs s'imposent au prêtre surnuméraire, si ce n'est que, « pour des raisons personnelles, familiales ou similaires », il n'est pas en mesure de se vouer entièrement et immédiatement au travail apostolique.

Cette dernière disposition laisse supposer que le clergé diocésain pourrait exercer des activités autres qu'apostoliques, par exemple travailler moyennant salaire pour subvenir aux besoins de leur famille. Une telle situation s'est déjà rencontrée dans quelques rares pays comme Malte ou l'Espagne, qui avait à une époque plus de prêtres que l'Église ne pouvait offrir de postes. Une telle situation s'est toujours révélée atypique, cependant, et c'est encore plus vrai de nos jours.

C'est un thème constant de cette section des Constitutions que les prêtres de l'Opus appartenant au clergé diocésain doivent se distinguer par leur dévouement à leur évêque local, et encourager tous les autres prêtres du diocèse à suivre les instructions données par celui-ci. On ne doit pas apercevoir, dit l'article 73, le moindre signe que l'Opus propose une alternative hiérarchique — même si le vicaire régional désigne un directeur spirituel pour ces prêtres, et s'ils sont censés participer régulièrement à des réunions de travail afin d'accroître leur ferveur apostolique. Ils sont regroupés ensemble et rattachés à un centre de l'Opus qui leur dispense conseils spirituels et formations diverses : le vicaire régional désigne également un *admonitor* (conseiller) qui assure la liaison avec l'évêque à propos de ces prêtres. Les directeurs spirituels et les conseillers sont nommés pour cinq ans.

Le troisième « titre » se penche sur la vie, la formation et l'apostolat des membres de la prélature. Ceux-ci sont priés de garder sans cesse à l'esprit l'exemple de la vie « cachée » de Jésus à Nazareth, cette période de travail féconde dont on ne sait bien sûr absolument rien. La célébration de la messe, ou l'assistance au saint office, est une obligation de tous les jours ; ils doivent se souvenir qu'il s'agit du renouvellement sans effusion de sang de la passion et de la mort du Christ — aucune mention n'est faite de la résurrection. Les Constitutions énumèrent ensuite en détail les pratiques à observer :

> 1. On devra prier chaque matin pendant une demiheure, et autant le soir ; la lecture quotidienne du Nouveau Testament est indispensable, jointe à celle d'un autre ouvrage spirituel ; il convient de réciter chaque jour les prières ordinaires de l'Opus ;
>
> 2. Il convient de faire une retraite spirituelle d'une journée tous les mois ;
>
> 3. Il convient de faire tous les ans une retraite de plusieurs jours ;
>
> 4. Les membres doivent se maintenir en la présence de Dieu, réaliser des « communions spirituelles », réciter des oraisons jaculatoires, et ainsi de suite.

Les fidèles sont mis en garde contre l'orgueil que peuvent engendrer les connaissances, le statut social ou la réussite professionnelle. Ils sont particulièrement mis en garde contre les assauts à leur chasteté. Ils doivent les combattre par un « recours assidu et candide » à la Vierge Marie, en recevant fréquemment l'Eucharistie, en fuyant la tentation du péché, et par les châtiments qu'ils infligent à leur corps. Cette référence à la Vierge Marie attire de nouveau sur elle l'attention des rédacteurs des Constitutions. Les membres doivent réciter chaque jour les quinze mystères du rosaire, dont au moins cinq à haute voix.

Mais, disent les Constitutions, le caractère particulier de l'Opus fait que ses membres atteindront la sainteté dans leur vie professionnelle. Bien qu'on leur ait conseillé précédemment d'adhérer à un régime de prévoyance au cas où ils perdraient leur emploi, il semble qu'un membre de l'Opus au chômage ne jouirait pas d'une grande considération dans l'organisation. La règle 86, section 1, dit en effet textuellement :

> Le travail est la valeur humaine par excellence, nécessaire à la sauvegarde de la dignité de l'homme et au progrès de la société ; il est aussi l'occasion spéciale en même temps que le moyen de s'unir personnellement au Christ, d'imiter sa vie cachée de travail et de générosité envers les autres, et de contribuer ainsi par amour à l'œuvre créatrice de rédemption du monde.

La prélature, poursuivent les Constitutions, se voue tout entière au service de l'Église. Aussi les membres doivent être prêts à renoncer aux honneurs (vous vous souvenez du marquisat de Peralta ?), aux biens terrestres, et même à leurs âmes. Ils doivent témoigner d'un amour sincère pour le Pontife de Rome, le vénérer, s'humilier devant lui, et lui être fidèles, ainsi qu'aux évêques en parfaite communion avec le siège apostolique. L'Opus se fait un point d'honneur de susciter obéissance et assistance au Pape et aux évêques. Et dans la mesure où les finalités de la prélature en sont affectées, ils doivent également obéir en toutes choses au prélat comme aux autres autorités, encore que cette obéissance soit apparemment « volontaire ».

La règle 88, section 3, aborde le sujet fort controversé des tendances politiques ou sociales au sein de la prélature. On accuse souvent l'organisation d'être de droite. En fait, la règle interdit strictement de donner un avis ou de formuler des instructions sur les questions d'ordre politique, et fait clairement ressortir que « dans les limites de ce que la foi catholique nous enseigne en matière de morale, chacun des membres de la prélature doit disposer de la même liberté que tout autre citoyen catholique ».

Après le sujet des attitudes politiques dans la prélature, vient l'autre irritante question, celle du secret. Elle est présentée par la règle 89 dans un contexte d'humilité : « Ce doit être le plus grand honneur de l'Opus Dei que de vivre en marge de la gloire humaine. » C'est pour cette raison que les membres de l'Opus ne doivent ni agir en tant que collectivité ni s'attribuer un nom collectif (comme les Jésuites ou les Dominicains). Ils ne doivent même pas prendre part en groupe aux processions religieuses. Ils ne doivent pas pour autant cacher leur appartenance à la prélature, et on leur demande d'écarter entièrement la tentation du secret.

Pour éviter le reproche d'une trop grande discrétion, les noms des vicaires de la prélature doivent être connus de tous, comme ceux des membres qui forment le conseil. Les évêques qui en font la demande peuvent obtenir les noms, non seulement des prêtres de la prélature qui travaillent dans leurs diocèses, mais aussi ceux des directeurs de centres de l'Opus. Il faut bien dire que ce degré de transparence est en vérité très modeste. La règle ne semble pas l'autoriser de bonne grâce, mais ce serait tout de même une situation bien étrange que celle où un évêque ignorerait les noms des prêtres qui travaillent sur le territoire de sa juridiction, même si, comme il arrive souvent, le clergé de l'Opus opérait en dehors du mandat épiscopal, c'est-à-dire dans les maisons de la prélature.

Une ultime prescription de la règle 89, section 3, insiste sur le fait qu'aucune publication ne doit porter la marque de l'Opus.

La règle suivante encourage les membres à cultiver les vertus *naturelles*, celles que prise la société en général. On en donne la liste : camaraderie, optimisme, courage (*audaciam* voudrait plutôt dire audace), une « sainte intransigeance » à propos de ce qui est juste et bon, bonheur, simplicité, noblesse des sentiments, sincérité et loyauté. On croit que ces vertus sont utiles à l'apostolat.

La « correction fraternelle » est recommandée dans la règle 91, sans doute pour s'assurer que les membres cultivent leurs vertus naturelles avec le zèle voulu.

La règle 94, section 1, tout en instruisant les membres de laisser à Dieu le soin de régler les affaires de ce bas monde, et de se comporter comme des pèlerins en quête de la cité future, autorise chacun à vivre « selon son état ou sa condition ». La règle 94, section 2, impose une nouvelle fois à ceux qui sont engagés dans la vie professionnelle le devoir de subvenir à leurs besoins personnels et à ceux de leur famille, sans oublier dans la mesure du possible de contribuer à donner à la prélature les moyens de poursuivre son apostolat.

Le chapitre suivant du « titre » III s'intéresse à l'éducation religieuse des membres, pour qu'ils approfondissent « leur connaissance de la foi catholique et du Magisterium ». On établira dans ce but des centres régionaux ou inter-régionaux d'études philosophiques et théologiques — les hommes et les femmes étant bien entendu séparés.

Les numéraires, et autant que possible les oblats, doivent suivre l'équivalent d'un cycle de deux ans d'études théologiques, et de quatre ans d'études philosophiques, sur le modèle des universités pontificales de Rome. Les numéraires auxiliaires de la section féminine suivront des cours adaptés à leurs besoins, vraisemblablement plus modestes, et l'on organisera des cycles appropriés pour les autres membres de l'Opus Dei. Le cycle complet de six années devrait techniquement suffire pour préparer un membre à être ordonné prêtre. On leur demande néanmoins d'accomplir une année de formation supplémentaire dans un centre spécialement créé à cette fin, et d'entreprendre des études de doctorat dans « une quelconque discipline ecclésiastique ». Des cours à l'intention des coopérants seront également organisés.

Quant à la nature des études proprement dites, il y a là quelque chose qui ressemble fort à une contradiction. La règle 103 assujettit l'Opus à « l'argument et aux principes enseignés par le *Doctor Angelicus* — saint Thomas d'Aquin, le théologien du XIIIe siècle — mais toujours en accord avec les normes « transmises et à transmettre par le Magisterium des Conseils et du Saint-Siège ».

Jusqu'ici tout va bien, mais la règle 109, la dernière de cette section, précise que l'Opus s'interdit d'avoir une opinion propre à propos des questions philosophiques ou théologiques sur lesquelles les membres de l'Église en général sont libres de choisir : « Dans les limites établies par la hiérarchie de l'Église, dépositaire de la foi, les membres de la prélature disposent de la même liberté que les autres catholiques. »

Les Constitutions en viennent alors à considérer l'apostolat de l'Opus Dei. Il se trouve résumé dans la règle 111, section 1, dans ces quelques mots : « l'ardeur déployée... avec Pierre [c'est-à-dire le Pape] pour conduire chacun, comme par la main, jusqu'à Jésus par l'intermédiaire de Marie ». Personne n'est étranger à leurs préoccupations : ils sont le levain dans la pâte de la société des hommes. Cela étant dit, ils doivent toutefois manifester une sollicitude pastorale particulière à l'égard des autres représentants de la profession qu'ils ont choisie.

Le premier moyen de conduire les autres au Christ consiste à mener une vie exemplaire, tant religieuse que professionnelle. Mais les membres doivent aussi parler ouvertement de Dieu, « répandant la vérité avec la charité, dans un apostolat doctrinal de vrais catéchistes, toujours adapté aux besoins spécifiques de leurs compagnons d'existence et de leurs collègues de travail » (règle 114).

Bien que l'on déclare pieusement (règle 115) que l'apostolat s'adresse à tous sans distinction de race, de nationalité ou de rang social, la règle suivante conseille aux membres de s'intéresser tout spécialement aux intellectuels, à ceux qui occupent de hautes charges ou fonctions, en raison de leur poids dans la société. Pour parvenir à leurs fins, il leur est recommandé (règle 117) de bâtir des liens d'amitié et de confiance mutuelle, « l'amitié étant le vecteur particulier de l'apostolat poursuivi par la prélature ». L'amitié au sens où l'entend l'Opus ne saurait être désintéressée, elle est le moyen d'obtenir un résultat.

Cet apostolat personnel mis à part, l'Opus Dei en tant que telle offre son assistance en termes plus généraux, surtout dans le domaine des projets éducatifs. Elle fournira par exemple des chapelains et des professeurs de religion spécialement choisis et entraînés dans les écoles parrainées par l'Opus Dei aussi bien que dans les établissements ouverts par des membres de la prélature, en association avec d'autres personnes, et à titre privé. Les bénéficiaires d'une telle assistance doivent être soigneusement choisis, et il est recommandé au prélat lui-même de prendre avis de ses conseillers avant toute décision.

Le quatrième « titre » concerne le gouvernement de la prélature. Celle-ci est divisée en régions, chacune ayant à leur tête un conseiller régional. Le prélat est nommé à vie, toutes les autres fonctions sont temporaires. Seul le prélat ou son délégué représente légalement la prélature tout entière, mais la personnalité juridique a été conférée aux différentes régions pour leur permettre d'acquérir, de posséder, de gérer et de vendre des biens immeubles (règle 129, section 1). Les régions sont individuellement responsables des obligations qu'elles contractent, la prélature dans son ensemble n'étant pas tenue d'en répondre, et elles doivent se soumettre au droit civil des pays où elles sont implantées.

Les Constitutions légifèrent ensuite à propos du gouvernement central de l'Opus Dei, à commencer par le prélat. Il doit être choisi par un congrès spécialement réuni pour la circonstance, et son élection doit être confirmée par le Pape. Le congrès comprend des prêtres et des laïcs âgés d'au moins trente-deux ans, et membres à part entière depuis plus de neuf ans. Les membres « électeurs » ont ce statut pour la vie. Ils sont choisis par le prélat sur avis du conseil.

On exige beaucoup du prélat. Cet homme doit être :

> 1. Un prêtre membre du Congrès général, ordonné depuis plus de cinq ans, appartenant à la prélature depuis au moins dix ans, issu d'un mariage légitime, jouissant d'une réputation irréprochable et âgé de plus de quarante ans ;
>
> 2. D'une prudence et d'une piété sortant de l'ordinaire, témoignant d'un amour et d'une obéissance exemplaires envers l'Église et son Magisterium, entièrement dévoué à l'Opus Dei, connu pour sa grande charité à l'égard des membres de la prélature, et pour son zèle auprès de ses voisins ;
>
> 3. Pourvu de connaissances purement séculières d'un niveau élevé, mais aussi d'un doctorat de quelque discipline ecclésiastique, et des autres qualités indispensables à l'accomplissement de sa tâche (règle 131).

La règle poursuit avec la description de son rôle dans la prélature, qui est essentiellement une fonction de surveillance. Mais il sera lui aussi « surveillé » par deux « gardiens » ou conseillers, choisis par lui dans une liste de neuf personnes sélectionnées par le conseil général, dont elles ne sont pas obligatoirement membres. Ils vivront dans la même « famille » que le prélat et sont chargés de veiller sur sa santé morale et physique.

Après examen de la nomination et du rôle éventuel du vicaire auxiliaire, sorte d'adjoint du prélat, la règle en arrive au conseil général qui est composé de « consulteurs » : le vicaire auxiliaire, le secrétaire général, le vicaire chargé de la section féminine (qu'on désigne sous l'appellation de prêtre secrétaire central), trois vice-secrétaires, un délégué pour chaque région, le préfet des études et administrateur général.

L'état-major de la prélature compte deux autres postes importants, bien que leurs titulaires ne soient pas recrutés parmi les membres du conseil général. Le premier est celui de procurateur, ou représentant permanent des intérêts de l'Opus auprès du Saint-Siège. L'autre est celui de préfet spirituel, chargé, comme son nom l'indique, de la direction spirituelle pour l'ensemble de la prélature, et plus particulièrement de la vie spirituelle des oblats et des surnuméraires.

L'Opus est divisée en régions, la responsabilité de ces dernières faisant l'objet du chapitre 3 de ce « titre ». Chaque région est supervisée par un « conseiller régional » nommé par le prélat avec l'accord de son propre conseil. Le conseiller régional peut lui-même s'entourer des avis d'une commission comprenant jusqu'à douze personnes, l'une d'elles faisant office de « Défenseur », c'est-à-dire chargé de veiller à l'application des règles. (La section féminine, précise bien la règle 157, reflète à nouveau la structure de la section masculine.) La règle 155 rappelle encore une fois que les régions, voire certaines entités géographiques de moindre importance, ont leur personnalité juridique propre. A l'échelon local, les fonctions de commandement sont entre les mains des directeurs de centres, qui disposent également de leur propre groupe de conseil.

Tous les dix ans, précise le chapitre suivant, une conférence devra se tenir au niveau de chaque région afin d'examiner l'évolution au cours de la période. Tous les chargés de fonction en place et ceux qui les ont précédés sont convoqués à ces réunions, de même que les « électeurs ». Chacun est prié d'envoyer son rapport ou ses commentaires, même les coopérants non catholiques s'ils le désirent. Les conclusions de ces réunions n'entraînent pas de décisions jusqu'à ce qu'elles soient entérinées par le prélat.

Le chapitre 5 du « titre » IV s'intitule « Des relations avec les évêques des diocèses ». Il commence néanmoins par préciser que l'Opus Dei dépend « immédiatement et directement » du Saint-Siège et non des évêques diocésains : « Tous les membres de la prélature doivent obéir humblement en toutes choses au Souverain Pontife. Cette obligation d'obéissance attache les membres par un lien fort et doux » (règle 172, section 1). Ils dépendent par ailleurs de l'évêque local comme tous les autres catholiques.

Les Constitutions s'attardent sur le Saint-Siège, disant en particulier que c'est le devoir du prélat de s'assurer que tous ses décrets et autres décisions, dans la mesure où ils concernent l'Opus Dei, sont portés à la connaissance des membres. « Il est dans l'esprit de l'Opus Dei, dit la règle 173, de cultiver avec amour cette union filiale avec le Pontife de Rome. »

Quant à l'évêque local, il faut que quelqu'un maintienne fréquemment le contact avec lui, les autorités compétentes de la prélature devant s'assurer que les règles et les normes édictées par la conférence épiscopale ou par l'ordinaire local sont portées à la connaissance des membres et que ceux-ci s'y conforment dans un esprit de coopération. L'ordinaire doit être informé, car son approbation est bien entendu nécessaire pour que l'Opus puisse ouvrir un centre dans son diocèse. L'ouverture d'un centre implique l'établissement de deux domiciles ; chaque approbation sous-entend la possibilité d'ouverture simultanée d'un centre pour les femmes : « En droit et en fait, il y a deux centres dans chaque résidence de l'Opus Dei » (règle 178, section 1). En deuxième lieu, l'ouverture d'une chapelle est à prévoir, avec exposition de la Présence divine tous les premiers vendredis du mois. La célébration du premier vendredi du mois est une pratique courante chez les catholiques. Ce qu'impliquent ici les Constitutions, c'est que les objets sacrés seront sortis du tabernacle pour être exposés à l'adoration des fidèles dans un réceptacle vitré qu'on appelle « ostensoir ». Il est encore demandé à l'évêque d'accorder au clergé de l'Opus Dei la permission de dire la messe deux fois par jour, et même éventuellement trois fois les dimanches et jours fériés. De nos jours, l'Église catholique dissuade énergiquement le clergé de célébrer la messe plus d'une fois par jour — encore que ce soit souvent impossible le dimanche. Instituer une telle exception dans les Constitutions pour les prêtres de l'Opus, c'est aller contre le courant de réforme qui se manifeste dans l'Église.

Les limitations au droit de visite d'un évêque sont exprimées en toutes lettres dans la règle 179. Il peut en tout et pour tout visiter l'église, le tabernacle et les confessionnaux. La situation est bien entendu différente quand des prêtres de l'Opus ont pris en charge une église pour le compte du diocèse. Dans ce cas, la règle 180 insiste sur la nécessité d'une forme de contrat préalable.

Le dernier « titre » concerne la « stabilité et la force de ce Code » : « Ce Code est le fondement de la Prélature. Ses règles sont considérées comme saintes, intouchables et perpétuelles ; la modification d'une seule d'entre elles ou l'introduction de nouvelles disposition demeure le privilège du Saint-Siège » (règle 181, paragraphe 1).

Le Code n'en expose pas moins tout de suite après le mécanisme rigoureux qui gouverne tous les changements de cette nature.

Il considère ensuite la force des obligations énumérées dans le Code. Les règles issues des lois divines ou ecclésiastiques ont la force de ces lois ; celles qui sont liées au gouvernement de la prélature obligent en conscience, « selon la gravité du sujet » (règle 183, section 2). Cette même règle ajoute dans le paragraphe suivant qu'en dépit de leur formulation purement disciplinaire, les articles du règlement ne sont pas aussi contraignants. C'est cependant un péché de transgresser le moindre d'entre eux si le fautif agit de propos délibéré.

Si l'on excepte les brèves « dispositions finales » évoquées plus haut (voir p. 62-63), le Code se termine par la règle 185 :

> Tout ce qui est établi par ce Code à l'usage des hommes, exprimé dans le langage masculin, s'applique également aux femmes, excepté lorsque le contexte de ce qui a été dit ou la nature du cas apportent l'évidence qu'une différence existe, ou qu'une disposition particulière est explicitement prise en conséquence.

Dans la règle 182, section 1, les responsables hiérarchiques sont avertis qu'ils doivent encourager la stricte observance des règles du Code parce que c'est « le plus sûr moyen de parvenir à la sainteté pour les membres de la prélature ». Pour un document spirituel, celui-ci laisse beaucoup à désirer. Le résumé qui précède aura clairement établi qu'il s'agit d'un texte essentiellement juridique ; qu'il montre un attachement excessif à la lettre de la loi plutôt qu'à son esprit, qu'il encourage l'obéissance servile aux autorités de l'Église — et dans une large mesure de l'État. Il dit peu de chose par ailleurs des usages en vigueur au sein de l'Opus Dei, et des formes d'apostolat pratiquées par cette dernière ou par ses membres.

A mesure qu'ils avancent dans la lecture de cet ouvrage, les lecteurs pourront décider par eux-mêmes si les pratiques de l'Opus s'accordent en effet avec ses théories.

6

L'esprit de l'Opus

Les Constitutions nous donnent la lettre, mais ne reflètent pas nécessairement l'esprit de l'organisation. Les Constitutions les plus récentes de l'Opus Dei n'entrent pas dans les détails de la vie spirituelle d'un de ses membres, ni de ses pratiques pénitentielles, peut-être parce que la règle ne pouvait évidemment pas garder son secret, ou simplement parce qu'un texte constitutionnel n'était pas le lieu convenable pour diffuser ce genre d'information. La Constitution de 1950 le faisait pourtant, qui reste le meilleur témoin de ce qui se passe au sein de l'Opus Dei (à part peut-être *Praxis*, un livre qui explique à la virgule près comment les membres doivent conduire leur existence. D'après un ancien membre de l'organisation, il réglementait même le nombre de mouchoirs et de caleçons qu'il était permis de posséder. Malheureusement, cet ouvrage demeure pratiquement introuvable).

La Constitution de 1950 pouvait bien définir les structures, établir les obligations qui liaient les membres et leur indiquer le chemin du devoir, mais elle ne pouvait pas leur fournir de motivation, ni leur donner les raisons pour lesquelles ils étaient censés le faire, sauf en termes très généraux. Ces marques externes de pratique religieuse demandent un support interne, qui doit venir d'ailleurs . La source la plus visible de ce support se trouve naturellement dans *El Camino* avec ses 999 maximes ou conseils ; on ne sait d'ailleurs pas très bien pourquoi elles ont précisément ce nombre, à moins qu'il ne s'agisse du nombre de la Bête de l'Apocalypse (666) lu à l'envers. Il faut y ajouter les écrits du fondateur disponibles en librairie, sans oublier les *Vies dévotes* d'Escrivá de Balaguer qui commencent à paraître.

El Camino mis à part, la source principale d'illumination pour ceux qui n'ont pas eu le privilège de connaître et d'entendre Escrivá personnellement reste *Cronica.* C'est un journal interne réservé aux membres de l'Opus. Il est fait de citations et de réflexions du fondateur, ainsi que de conseils, parfois très détaillés, sur la manière dont les membres doivent régler leur vie spirituelle. « La formation qui nous est dispensée au sein de l'Œuvre tend à simplifier notre vie intérieure, à faire de nous des ingénus... Laissons-nous guider comme de petits enfants, ayons le ferme propos de devenir pareils à des enfants, repoussons violemment notre tendance à nous diriger nous-mêmes », conseillait Escrivá dans les pages de *Cronica.* Cela explique peut-être en partie l'extraordinaire naïveté qui frappe dès l'abord chez de nombreux membres de l'Opus.

Précisément, cinquante des maximes contenues dans *El Camino* sont groupées sous les titres « Enfance spirituelle » et « Vie de l'enfance ». Escrivá de Balaguer, président de l'Opus Dei, préférait être appelé « le père », et l'on voit bien comme il traitait ses enfants : « Qui es-tu donc pour critiquer les décisions d'un supérieur ? Ne vois-tu pas qu'il est mieux placé que toi pour juger ? Il a plus d'expérience ; il est mieux entouré de conseillers impartiaux et dignes de foi ; et surtout, il est plus touché par la grâce » (maxime 457). Le père sait tout mieux que tout le monde.

L'adepte de l'Opus n'en est pas moins exhorté à se conduire en homme : « *Esto Vir*, sois un homme » (maxime 4), un homme volontaire, énergique, qui donne l'exemple (maxime 11), qui ait choisi pour devise : « Dieu et de l'audace » (maxime 401). Avec l'ambition — de savoir, de diriger, de vivre de grandes aventures (maxime 24). Il n'oubliera pas que le cœur est un traître (maxime 188), et qu'il est beau d'être une victime (maxime 175). Qu'il soit intransigeant, car le fait d'accepter un compromis est un signe certain qu'on ne détient pas la vérité (maxime 394). Qu'il ne soit surtout pas efféminé (maxime 888) : « Tendre, doux, ramolli... ce n'est pas ainsi que je te veux » (maxime 193). Qu'il soit fort, au contraire, car « le niveau de sainteté que le Seigneur exige de nous passe par ces trois points : sainte intransigeance, sainte coercition, et sainte hardiesse » (maxime 387). On ne peut s'empêcher de penser que, l'épithète « sainte » mise à part, il y avait dans l'Europe des années 30 un bon nombre d'hommes qui choisissaient leurs recrues en fonction de ces qualités. Il n'est pas surprenant que les mots employés dans ce petit livre de maximes pour traduire les notions de « chef » et de « commandement » soient précisément *caudillo* et *caudillaje* : le général Franco était bien sûr le *caudillo* de l'Espagne.

El Camino se lit par moments comme un manuel à l'usage de ceux qui veulent se faire des amis et séduire leur entourage, ou encore réussir dans les affaires à force de persévérance. Les sections relatives à la mortification et à la pénitence tiennent plus de la série de suggestions sur l'entraînement de la volonté que d'un véritable traité d'ascétisme chrétien. Cela ressemble beaucoup au pélagianisme — cette doctrine hérétique enseignée à Rome vers la fin du IVe siècle et au début du Ve par le moine anglais Pélage. Les Pélagiens croient à la primauté de l'effort personnel sur la grâce dans la pratique de la vertu. Le concile d'Ephèse condamna le pélagianisme en 431. Escrivá n'avait certes pas l'intention d'aller aussi loin, mais l'accent mis sur les pratiques religieuses et la confiance en soi nous y fait penser par moments.

De fait, les passages d'une nature plus spirituelle n'impressionnent guère par leur profondeur. Bien sûr, les mots « Opus Dei » désignent par tradition l'ensemble des formes de l'adoration de Dieu dans la liturgie de l'Église — en particulier le mélange de prières, de psaumes, de citations d'auteurs chrétiens primitifs et d'autres passages des Saintes Ecritures récités par les moines, les nonnes et les prêtres de l'Église catholique, et que l'on appelle plus communément « Office divin ». Lorsque Mgr Escrivá de Balaguer recommande la prière liturgique aux lecteurs d'*El Camino*, il ne l'entend pas comme un acte de dévotion collectif : malgré ce « J'aimerais vous entendre réciter les prières et les psaumes du missel plutôt que des prières particulières de votre choix » (maxime 86), la prière doit rester un exercice solitaire.

Le rosaire, les neuvaines, l'eau bénite, la crèche de Noël — tout cela forme une plus grande part de la spiritualité de l'Opus que l'adoration liturgique en tant que telle. Comme le fait aussi, en particulier, la dévotion aux saints anges gardiens, qu'il s'agisse du sien propre, ou de l'ange gardien du tabernacle dans les églises, ou de l'ange gardien de celui que l'on veut influencer

(« Gagne à ta cause l'ange gardien de la personne que tu veux attirer dans ton apostolat. Il sera toujours ton grand "complice" », recommande la maxime 563).

Une des pieuses pratiques vivement conseillées aux lecteurs d'*El Camino* n'est autre que celle, impressionnante, certes, mais quelque peu morbide et théologiquement douteuse, qui consiste à s'étendre en imagination sur une simple croix de bois placée devant soi (voir page 67). La première exigence de la section de la Constitution de 1950 intitulée « Observance des pieuses coutumes » dit textuellement : « Partout où trois membres ou davantage vivent ensemble en famille, il convient de disposer en évidence une croix noire dépourvue de l'image du Crucifié. A l'occasion des fêtes de l'Invention et de l'Exaltation de la Sainte Croix, on devra l'orner de couronnes de fleurs du matin jusqu'au soir » (paragraphe 234). « Du matin jusqu'au soir » devrait plutôt se dire « De Prime à Vêpres », c'est-à-dire la première et l'avant-dernière des « heures » ou « divisions » de l'office divin. Les fêtes de « l'Invention » (qui commémore la découverte de la croix par sainte Hélène, mère de l'empereur Constantin) et de « l'Exaltation », respectivement le 3 mai et le 14 septembre, sont des événements majeurs dans le calendrier de l'Opus.

Alors que ni *El Camino* ni la Constitution de 1950 ne donnent la preuve d'une grande profondeur de compréhension spirituelle de la part de leur auteur, ces documents écrits n'en créent pas moins une sorte de spiritualité réduite aux marques extérieures dans lesquelles il est facile de trouver la sécurité. Ces pratiques sont dans leur majeure partie conçues pour être observées sans trop de difficultés au milieu d'une vie professionnelle absorbante. C'est le génie de Mgr Escrivá d'avoir concocté une manière de vivre convenant spécialement à la bourgeoisie, la classe moyenne en plein essor dans l'Espagne des années 40 et au-delà.

En même temps que des indications sur le commandement et l'auto-discipline, *El Camino* fournit une quantité de conseils spirituels susceptibles d'apaiser la conscience de l'homme d'affaires qui cherche à rester bon chrétien tout en faisant carrière dans le monde. Pratiquer la « charité », par exemple, ne consiste pas tant à « donner » qu'à « comprendre » (maxime 463). Il était même exclu de faire des cadeaux de mariage aux membres de sa propre famille, comme de donner de l'argent aux pauvres. On était par contre incité à se lier d'amitié avec les riches pour mieux solliciter des donations importantes. John Roche se rappelle que les membres étaient encouragés dans cet « apostolat de ne pas donner » :

> Il est dans la nature humaine d'avoir peu de considération pour ce qui ne coûte rien. C'est pourquoi je te recommande « l'apostolat de ne pas donner ». Ne manque jamais de réclamer le salaire juste et légitime de ta profession, car ta profession est l'instrument de ton apostolat (maxime 979).

Les profits récoltés par les membres dans l'exercice de leur profession vont bien sûr tout droit dans les caisses de l'Opus Dei. D'anciens membres se souviennent que dans les maisons de l'Opus, les réunions non suivies d'une quête étaient l'exception.

L'apostolat, c'est l'étalon. Aux hommes d'affaires qui s'attardent autour d'une bonne table, il apporte des consolations : il recommande l'apostolat du déjeuner (maxime 974). Mais ils s'épargneront la gêne d'inviter des gens qui ne soient pas de leur milieu. Les membres de l'Opus sont censés exercer leur apostolat principalement auprès de leurs pairs (Constitution de 1950, paragraphe 186). Ils sont de plus priés de mener un train de vie correspondant à leur statut professionnel : il ne saurait y avoir d'uniformité parmi les membres en matière de pauvreté. Même les boutiques où les gens des différents grades achètent leurs vêtements sont classées suivant le rang qu'ils ou elles occupent dans l'Opus, prétend Vladimir Felzmann : les grades les plus élevés peuvent aller chez le bon faiseur, les subalternes, et spécialement les auxiliaires féminines, s'habillent dans les magasins de confection.

Les femmes sont injustement traitées par Escrivá : un préjugé fortement antiféministe apparaît souvent dans *El Camino*. « Les femmes n'ont pas besoin d'être savantes : il leur suffit d'être prudentes », dit la maxime 946, insinuant par là qu'elles ont assez de mal à pratiquer cette dernière vertu. Dans le chapitre séparé qu'elle consacrait à la section féminine, la Constitution de 1950 n'envisageait pas que les femmes pussent accéder aux plus hautes fonctions (cette pratique ne figure plus dans les nouvelles Constitutions). Les travaux féminins énumérés par Escrivá dans le paragraphe 444 étaient purement traditionnels. Les femmes appartenant à l'Opus Dei devaient assumer des responsabilités limitées telles que la gestion des maisons de retraite, la production de matériel de « propagande » catholique (« écrit avec l'aide des imprimeurs »), la tenue de librairies ou de bibliothèques, l'instruction des autres femmes, qu'elles devaient « encourager à garder une modestie toute chrétienne », la promotion de l'éducation des filles (mais seulement, semble-t-il, dans des écoles non mixtes), l'enseignement des « savoir-faire appropriés et des préceptes chrétiens » aux fermières, et la préparation des servantes aux travaux domestiques — une entreprise de grande envergure pour les femmes membres de l'Opus, et une source de recrutement non négligeable. Elles étaient aussi chargées de l'entretien des chapelles (paragraphe 445).

Plus important encore pour le bon ordre des choses, les femmes étaient chargées de l'administration de toutes les maisons de l'institut. Elles n'en devaient pas moins vivre dans des quartiers « radicalement » séparés du reste des installations, de sorte qu'il y avait deux maisons dans une même résidence (paragraphe 447. 7). Les femmes appartenant à l'Opus n'étaient pas, et ne sont toujours pas, autorisées à se réunir avec les hommes privilégiés. Escrivá vivait dans une telle terreur de la promiscuité qu'il établit un règlement des plus rigoureux afin de garantir l'interdiction de mixité. A Netherhall House, la résidence universitaire londonienne de Hampstead, les deux maisons sont séparées par un système de doubles portes que l'on verrouille rituellement chaque soir.

Les deux sections de l'Opus Dei ont à peu près les mêmes pratiques dans le domaine spirituel. Nous avons déjà mentionné la croix nue. De plus, tous les membres de l'organisation sans exception doivent avoir dans leur chambre une image de la Vierge Marie — Escrivá de Balaguer, on s'en souvient, était si impatient de s'en procurer une pour lui-même qu'il prit le risque de quitter sa cachette dans Madrid alors tenue par les républicains. Le pèlerinage annuel dans un sanctuaire marial fait partie des pratiques dévotes habituelles, et la quête du samedi sert à l'achat de fleurs pour décorer la statue de Marie qui orne toutes les résidences.

Tous les membres portent le scapulaire des Carmélites — une pièce de vêtement composée d'un capuchon et de deux pans d'étoffe rectangulaires qui fait partie de l'habit de la plupart des ordres religieux, et caractéristique de ceux-ci. Il est devenu dans ses dimensions réduites une forme de dévotion catholique romaine que celui ou celle qui le porte associe pour son usage aux privilèges spirituels d'un ordre donné. Normalement, pour accéder à de tels privilèges, il faut recevoir le scapulaire des mains d'un membre de l'ordre dont il rappelle l'habit, ou d'une personne spécialement désignée à cet effet. La coutume du scapulaire des Carmélites pour les membres de l'Opus remonte aux temps héroïques, mais en 1946 Alvaro del Portillo demanda formellement au Vatican de dispenser ses ouailles de l'obligation de faire partie de la fraternité des Carmélites : il considérait que c'était leur imposer une charge supplémentaire. La dispense fut accordée.

Les pratiques pénitentielles tombent sous le coup du paragraphe 260 de la Constitution de 1950 :

> La pieuse coutume qui consiste à châtier son corps afin de le réduire en servitude par le port d'un cilice pendant deux heures par jour, et par l'usage de la discipline au moins une fois par semaine, sera fidèlement maintenue, sauf à compromettre la santé de l'intéressé.

Les instruments de mortification sont distribués aux membres dans de petits sacs de couleur marron. Un ancien membre soutient qu'il en a vu remettre à des enfants de quinze ans. Le même jeune homme s'entendit confirmer que les mortifications qu'il s'infligeait pourraient être augmentées avec l'accord de son directeur spirituel. On lui raconta aussi que le sang d'Escrivá éclaboussait les murs de sa salle de bains en raison de la fureur avec laquelle il fustigeait sa misérable enveloppe charnelle.

Un rapport paru dans le journal catholique de Liverpool, le *Catholic Pictorial* du 29 novembre 1981, nous explique comment on incorporait des filles très jeunes dans l'organisation. Elles étaient initiées graduellement aux « mortifications » pratiquées par les membres de l'Opus Dei. On les encourageait à baiser le plancher dès qu'un coup frappé à la porte marquait l'instant du réveil. « Elles prenaient des douches froides et observaient de longues périodes de silence. » Elle portaient deux heures par jour autour de la cuisse (sauf le dimanche et les jours de fête) un « cilis » *(sic)* — une chaîne hérissée de piquants — « et se fouettaient les fesses avec un martinet une fois par semaine ».

Ces pratiques existent toujours au sein de l'Opus. Elles font partie intégrante de la formation spirituelle de ses membres. Les châtiments corporels que s'infligeait Escrivá sont visiblement un sujet de fierté pour ses disciples. Il est également vrai que la prise de conscience du caractère malsain de ces actes masochistes a progressivement entraîné leur disparition chez la plupart des religieux.

Il n'en est pas moins vrai qu'à une certaine époque, il était courant de se corriger une fois par semaine ou davantage à l'aide d'une discipline, de porter au bras une chaîne hérissée de piquants, de baiser le sol dès le réveil, d'observer le « grand silence » de la prière du soir au petit déjeuner du matin, et le « petit silence » plusieurs heures après avoir rompu le jeûne (certains ordres religieux parmi les plus connus et les plus respectés prescrivaient le silence absolu en dehors des moments de récréation, au moins pour leurs novices), voire, chez certains ordres à la règle plus sévère, de dormir à même le sol ou sur une planche de bois. Ces pratiques ne sont plus aussi répandues de nos jours, et bien que les moines et les nonnes n'abordent pas volontiers ce sujet, il est probable que seuls les ordres cloîtrés ou contemplatifs s'y adonnent encore. Elles semblent certainement avoir disparu de la routine pénitentielle des ordres actifs comme les Jésuites ou les Passionnistes. En d'autres termes, l'Opus a refusé d'évoluer là où d'autres organisations ont jugé bon de s'adapter aux attitudes nouvelles créées par le risque de dégâts psychologiques que provoquaient de tels comportements. On découvre ensuite une exigence de l'Opus beaucoup moins sensationnelle que la discipline pénitentielle, mais potentiellement plus dangereuse sans attirer autant l'attention : « Les membres auront chaque semaine un entretien familier et confidentiel avec leur directeur local, afin d'organiser et d'encourager une meilleure activité apostolique » (paragraphe 255).

Les « confidences » sont un élément essentiel dans le système de l'Opus, à tel point que non contente de les citer au nombre des « pieuses activités », l'organisation les inscrit encore au nombre des « obligations dévotes » assumées par les membres. Il s'agit, dit le paragraphe 268, d'une « conversation ouverte et sincère » avec le directeur, destinée à donner aux supérieurs « une connaissance plus claire, plus complète et plus intime » des membres de l'organisation ; les supérieurs s'assureront ainsi que les membres possèdent une « volonté constante de se sanctifier et de poursuivre leur apostolat en accord avec les principes de l'Opus Dei » ; un climat de « totale franchise et de compréhension mutuelle »* s'établira de cette manière entre supérieurs et subordonnés. *Cronica* le définit en ces termes :

* Les mots employés par *Cronica* dans le texte espagnol : *« intima efusión de animos y compenetración »* sont ici beaucoup plus forts que leur traduction anglaise ou française *(Note de l'auteur).*

> Dans une relation confiante avec notre supérieur, une sincérité sans ambiguïtés ni circonlocutions — la sincérité à l'état brut, rude même quand il le faut... Le père nous le rappelle : « Insensé que tu es, mon fils, le jour où tu cacheras à ton directeur une partie de ton âme, tu cesseras d'être un enfant, car tu auras perdu ta simplicité. »

Ces « confidences » ressortent toujours dans les conversations avec un ex-membre. Elles se veulent une aide au progrès spirituel d'un individu, un moyen pour le directeur de connaître intimement ceux ou celles qui sont placés sous sa responsabilité. Elles sont donc par principe extrêmement détaillées. Maria del Carmen Tapia rappelait que les membres étaient priés de tenir leurs directeurs au courant de leur vie sexuelle et de leurs problèmes — encore qu'on aimât mieux parler de « chasteté » que de sexe. Ceci s'appliquait même aux femmes mariées surnuméraires.

Rien de tel n'arrive avec ce que les catholiques romains appellent le « secret du confessionnal », la garantie du mutisme le plus absolu (jusqu'à la mort, si nécessaire — l'Église a ses martyrs pour le prouver) touchant les révélations faites à un prêtre en vertu du sacrement de confession. Il faut se rappeler que les directeurs n'appartiennent pas au clergé. Il est peu probable qu'ils aient été formés, même sommairement, aux techniques de conseil et d'écoute des confessions qu'un prêtre apprend au séminaire. Pour prendre un exemple, Vladimir Felzmann n'avait que vingt-deux ans lorsqu'il fut nommé à la tête de Netherhall House, devenant du même coup le directeur des membres de l'Opus attachés à la résidence. Il pouvait être particulièrement doué, mais il n'avait ni la maturité ni la sagesse voulues pour guider ceux qui étaient sous sa charge.

La pratique de la « confidence », plus connue sous le nom de « manifestation de conscience », fut à une certaine époque un élément important de la vie des ordres religieux, bien qu'avec une fréquence généralement semestrielle ou annuelle ; on est loin du rythme hebdomadaire imposé par l'Opus. Elle était cependant si sujette aux abus qu'elle fut bannie par l'Église catholique dès 1890. L'interdiction qui fut introduite par la suite dans le droit canonique de l'Église était très explicite. Elle figurait dans le canon 530 du Code de Droit canonique de 1917, celui qui était en vigueur au moment où Escrivá de Balaguer insista pour faire de la « confidence » ou manifestation de conscience un des devoirs permanents, non pas une option facultative, des membres de l'Opus. Il est de ce fait encore plus étonnant que la Constitution de 1950 ait reçu l'approbation du Vatican.

Les supérieurs de l'Opus ne disposent pas de la seule confidence pour sonder les reins et les cœurs des membres subalternes. Il y a aussi le cercle. Comme la manifestation de conscience, le cercle, ou chapitre des fautes, figure depuis longtemps dans la tradition des ordres religieux de l'Église catholique. Les membres d'une communauté s'assemblent en cercle (d'où le nom) et s'accusent eux-mêmes des fautes qu'ils ont commises contre la discipline religieuse et dans la vie de tous les jours. C'est imposer une expérience parfois très douloureuse à ceux que l'on choisit pour subir cet exercice humiliant sous couleur de développer leur vie spirituelle. A cette confession publique s'ajoute la correction fraternelle, qui résulte d'une interprétation du Nouveau Testament. Celui qui a remarqué la faute d'un autre commence par demander à son supérieur l'autorisation de lui en parler, après quoi il indique la nature de sa faute au coupable dans l'espoir qu'il s'amendera. Le supérieur est alors informé que la « correction fraternelle » a eu lieu. Le fait de s'engager dans de telles activités, dit Felzmann, était considéré comme une preuve de zèle : on faisait pression pour découvrir les péchés du prochain.

Pour les membres de l'Opus, le rythme des cercles est hebdomadaire. Ils ne sont pas seulement consacrés aux défauts personnels, mais aussi à l'évaluation des progrès de chacun dans son apostolat — c'est-à-dire la « pêche » (c'est le terme employé par l'Opus) aux nouvelles recrues, ou le développement des contacts avec ceux qui ont déjà mordu à l'hameçon. Ceux qui ont connu des échecs sont sévèrement réprimandés, sur-le-champ ou plus tard, quand l'animateur du cercle aura fait son rapport au directeur.

Cercles et confidences prennent place dans ce que l'Église catholique appelle le « forum extérieur ». Ils sont publics dans la mesure où l'information rassemblée sur un individu peut être utilisée par ses supérieurs pour son bien, ou pour le bien de l'institut. Mais il y a aussi la pratique de la confession hebdomadaire rendue obligatoire par la Constitution : « Que chaque membre fasse une confession sacramentelle toutes les semaines au prêtre qui sera désigné dans ce but » (paragraphe 263). La règle précise ensuite que, comme le veut la loi de l'Église, les membres peuvent se confesser au prêtre de leur choix, pourvu qu'il ait l'approbation de son évêque, et qu'il n'est pas nécessaire de rapporter la confession aux supérieurs de l'Opus.

Voilà la règle. Tout en paraissant s'incliner devant les exigences du droit canonique, Escrivá de Balaguer donne à ses disciples des conseils qui rendent un son différent :

> Tous mes enfants ont le droit de se confesser à tout prêtre autorisé par l'Ordinaire [c'est *Cronica* qui le cite], et ils ne sont pas obligés de dire ce qu'ils ont fait aux directeurs de l'Œuvre. Celui qui agit ainsi commet-il un péché ? Non ! A-t-il bon esprit ? Non ! Il est sur le point d'écouter l'avis des mauvais bergers...
>
> Vous irez voir les prêtres vos frères comme je le fais moi-même. Et vous leur ouvrirez tout grand vos cœurs — pour corrompus qu'ils soient ! — avec sincérité, avec le profond désir de vous guérir. Sinon, cette pourriture ne s'en irait jamais... En agissant ainsi, en allant chercher un docteur de deuxième main* qui nous consacre à peine quelques secondes de son temps, qui ne peut utiliser le bistouri pour cautériser la plaie, nous ferions du mal à l'Œuvre autant qu'à nous-mêmes. Si vous faisiez cela, vous auriez mauvais esprit, vous seriez malheureux. Vous ne seriez pas en état de péché, mais malheur à vous ! Vous commenceriez à vous écarter du droit chemin.

Cela équivaut en pratique à une interdiction de se confesser à un prêtre n'appartenant pas à l'Opus. Et pas seulement de se confesser. Une femme de l'Opus qui songeait à la quitter rendit un jour visite à Vladimir Felzmann. Il n'était pas question de pénitence sacramentelle, mais d'un simple avis, qu'il lui donna. De retour à la résidence, elle se reprocha d'avoir confié ses soucis à un prêtre étranger à l'Opus, et s'en ouvrit à sa directrice. Furieuse, celle-ci lui interdit aussitôt de recevoir la Sainte Communion pendant deux semaines. On peut raisonnablement

* Je n'ai pas pu disposer de la version originale de *Cronica*, mais seulement d'une traduction anglaise. Malgré les récents progrès en matière de traduction, la lecture des premières éditions du journal était parfois étonnante. Ainsi, dans le passage cité, je pense que « deuxième classe » traduirait mieux la pensée de l'auteur, mais ce n'est qu'une supposition *(Note de l'auteur)*.

se demander de quel pouvoir elle disposait pour prendre une telle sanction. Un peu plus tard, la directrice fut d'ailleurs prise de remords d'avoir agi trop impulsivement et réduisit à une semaine la durée de la punition.

L'allusion au docteur de « deuxième main » (ou de deuxième classe ?) dans le passage cité plus haut en dit long sur l'attitude du fondateur à l'égard du clergé qui ne faisait pas partie de son organisation. On peut à ce propos rappeler qu'il avait créé la Société Sacerdotale de la Sainte Croix précisément parce qu'il ne faisait pas confiance aux prêtres étrangers à l'Opus pour former ses disciples comme il l'entendait. Maria del Carmen Tapia se souvient d'avoir entendu de sa bouche cette déclaration extraordinaire que « mieux valait mourir sans les derniers sacrements que les recevoir des mains d'un Jésuite ». La méfiance d'Escrivá de Balaguer envers ceux qui n'avaient pas subi son influence était profonde :

> Comme je n'ai pas cessé de vous en avertir, le mal vient de l'intérieur [de l'Église] et de très haut. La pourriture est authentique et palpable, au point que le Corps mystique du Christ semble parfois un cadavre en décomposition, qu'il pue... Demandez pardon, mes fils, de ces actes méprisables permis par l'Église, et qui, venus d'en haut, corrompent les âmes presque dès l'enfance *(Cronica).*

Il ajoutait : « Notre Seigneur nous a choisis pour être ses instruments dans les moments difficiles que traverse l'Église. »

A propos des prêtres, plutôt que des prélats, et de la question de savoir s'ils étaient qualifiés pour entendre les confessions, il disait à ses « enfants » : « Vous avez la liberté de vous confesser à qui vous voulez, mais ce serait folie de vous remettre en des mains étrangères, qui ont peut-être honte d'avoir été consacrées. Vous ne pouvez avoir confiance en celles-là. » Ce conseil est bien près de rejeter l'enseignement catholique fondamental qui date au moins du ve siècle (au temps de saint Augustin), et selon lequel ni l'orthodoxie doctrinale ni la sainteté personnelle ne sont exigées de ceux qui administrent les sacrements.

Escrivá de Balaguer était véritablement obsédé par le sacrement de la confession, aussi bien pour les membres de l'Opus que pour l'Église en général. C'est ainsi que lorsqu'il écrit : « La fonction sanctificatrice du laïc a besoin de la fonction sanctificatrice du prêtre chargé d'administrer le sacrement de Pénitence, de célébrer l'Eucharistie, et de proclamer la parole de Dieu au nom de l'Église », il faut noter qu'il place en premier la pénitence là où la plupart des théologiens catholiques auraient cité d'abord l'Eucharistie.

Ce n'est pourtant pas tant l'effet théologique de l'enseignement d'Escrivá sur le sacrement de pénitence qui reste troublant, que son impact psychologique sur ceux qui lui sont soumis. La confession devient dans l'Opus une forme majeure de contrôle social. Son utilisation par les membres se restreint en pratique aux seuls prêtres appartenant à l'institut ; elle est faite pour inspirer un sentiment de culpabilité à ceux qui se sentent incapables de s'élever à la hauteur de ses idéaux, et c'est grand dommage pour l'organisation tout entière.

Le texte relatif à la confession paru dans *Cronica* fut étudié par un Jésuite, le père Brendan Callaghan, un expert en psychiatrie clinique habitué à examiner les membres des ordres religieux qui souffrent de désordres psychologiques. Les notes qu'il a préparées pour le présent ouvrage exprimaient une alarme grandissante. Ses inquiétudes provenaient en partie de questions purement théologiques, et en partie de la confusion entretenue par l'emploi du terme « Notre père » pour désigner tantôt Dieu, tantôt Escrivá de Balaguer. Pour donner un exemple, il est constamment fait appel à l'Evangile selon saint Jean, chapitre 10, versets 1-10, l'histoire du bon pasteur et du bercail, comme si l'Opus elle-même était le bercail et les mauvais bergers, voleurs et assassins, les prêtres étrangers à l'Opus avec lesquels les membres de l'organisation pourraient entrer en contact. « J'ai lu et relu ce passage [de *Cronica*] plusieurs fois », remarqua Brendan Callaghan, « car je croyais devenir fou. Mais c'est la seule interprétation qui ait un sens... J'avais espéré que le mauvais berger pouvait désigner l'esprit du mal — mais je n'ai pas eu cette chance. » Incidemment, c'est la version d'Escrivá de ce passage du Nouveau Testament. La parabole n'identifie pas les bergers à des voleurs et à des assassins.

A propos de la phrase déjà citée selon laquelle ce n'est pas un péché d'aller voir un prêtre étranger à l'Opus, mais celui qui s'en avise est « sur le point d'écouter la voix du mauvais berger », Callaghan fait le commentaire suivant : « Cela revient à dire aux gens qu'ils sont de mauvaise foi, une attitude manipulatrice que j'ai déjà rencontrée dans l'Opus à propos des jeunes et de la prière. »

Il resta de même interdit devant l'aphorisme : « La crainte filiale est la porte de l'amour. » « Voilà une phrase qui résume bien l'approche d'ensemble de l'Opus, n'est-ce pas ? », déclara-t-il. « Il est dommage qu'elle n'ait rien à voir avec l'Evangile. » A force d'entretenir la confusion entre l'amour paternel de Dieu et celui d'Escrivá, il est impossible de déterminer si la crainte filiale est celle que l'homme peut éprouver à l'égard de Dieu le Père, ou celle d'un membre de l'Opus à l'égard du fondateur. Cette confusion paraît intentionnelle, et Maria del Carmen Tapia, qui a fait partie de l'Opus pendant de longues années, confirme ce soupçon.

L'effet produit sur les membres d'une société singulièrement dévote, repliée sur elle-même et gouvernée par une discipline rigide, peut être dévastateur quand on leur suggère qu'il existe une sorte de symbiose entre la volonté de Dieu et celle du fondateur qu'ils apprennent à vénérer. Ils se trouvent en butte à une énorme tension psychologique, protégés qu'ils sont par l'absence de toute contestation de la part du monde extérieur. « Il n'y aura pas de limites à notre docilité », rappelait *Cronica*. L'obéissance consentie à la fois par le cœur et l'esprit est une nécessité, car elle libère les membres « d'une indépendance stérile et fallacieuse... qui laisse l'homme dans l'obscurité en l'abandonnant à son seul jugement ».

Voilà donc l'idéologie de la soumission à laquelle les membres se rallient en prononçant leurs trois vœux — ou l'équivalent, que l'Opus préfère appeler « fidélité ». Et les confidences, les cercles, le sacrement de pénitence ne sont que des moyens de la renforcer. Compte tenu des règles extrêmement strictes que l'Église de Rome impose au secret du confessionnal, la confession sacramentelle devrait rester en dehors du système. Mais cette insistance à persuader les membres de choisir leurs confesseurs à l'intérieur de l'Opus nous montre que ce n'est pas le cas. Le secret de la confession a-t-il été trahi ? Peut-être pas directement, mais Vladimir Felzmann relate un incident troublant. D'abord numéraire laïc pendant quelque temps, il fut ordonné prêtre et retourna en Angleterre où il entendit désormais régulièrement les confessions des membres. Il reçut un jour la visite de dirigeants de l'Opus Dei. Il leur était revenu aux oreilles, lui dirent-ils, qu'une personne lui avait confessé son homosexualité (un péché d'après eux), et pourtant Felzmann n'avait pas jugé bon d'en informer le siège de Rome. Celui-ci fit observer que c'eût été trahir le secret du confessionnal. Ils lui concédèrent ce point de mauvaise grâce, mais lui précisèrent qu'il aurait dû refuser l'absolution à la personne en question, jusqu'à ce qu'elle fût revenue le voir (lui ou quelqu'un d'autre) hors du confessionnal, pour avouer sa faute réelle ou supposée sous forme de confidence, afin que l'information pût servir par ailleurs. Au bord des larmes, Felzmann protesta que cela revenait au même, et que le sceau de la confession n'en eût pas moins été brisé. Ils refusèrent de l'admettre et lui reprochèrent en termes sévères d'avoir manqué de loyauté vis-à-vis de l'organisation.

On voit curieusement apparaître le commentaire suivant au milieu des réflexions d'Escrivá sur la confession :

> Une ferme résolution : le premier sacrifice est de ne jamais oublier, notre vie durant, ce qu'on exprime familièrement en Castille par la phrase suivante : le linge sale doit se laver en famille. La première manifestation de votre attachement sera de ne pas être assez lâches pour aller laver votre linge sale hors de l'Œuvre. Ceci vaut dans la mesure où vous voulez devenir des saints. Sinon, votre présence ici est inutile.

Revoilà le chantage moral, mais ce n'est pas la raison de citer ce passage. L'emploi par Escrivá de l'expression populaire « ne pas laver son linge sale en public » — il paraît même assimiler les confessionnaux à des lieux publics (s'imaginait-il vraiment que les prêtres étrangers à l'Opus fussent incapables de garder le secret ?) — montre clairement que l'un de ses soucis majeurs était le secret de l'organisation, à ne trahir sous aucun prétexte, même dans le sacrement de pénitence.

Bien qu'elle rejette énergiquement son image de société secrète, le secret, ou la « discrétion » comme préfèrent l'appeler ses membres, demeure une de ses caractéristiques. Au cours de son entrevue avec Peter Forbarth, Escrivá réfuta l'accusation. « Toute personne raisonnablement bien informée sait qu'il n'y a rien de secret dans l'Opus Dei, dit-il. Il est facile de connaître l'Opus Dei. Elle travaille au grand jour dans tous les pays, avec la reconnaissance juridique des autorités civiles et ecclésiastiques. Les noms de ses directeurs et de ses entreprises apostoliques sont bien connus. Celui qui désire d'autres renseignements peut les obtenir sans difficultés[1]. » Cette dernière déclaration est difficile à accepter. L'entrevue date de 1966, alors que la politique en vigueur à l'époque ne prévoyait pas de remettre le texte complet des Constitutions aux évêques des diocèses où l'Opus était implantée. Beaucoup plus tard, l'entrevue d'Henry Kamm avec le successeur d'Escrivá, Mgr Alvaro del Portillo, fut décrite par le professeur Eric Hanson comme « un bon exemple de la manière dont une société disciplinée s'arrange pour ne donner presque rien en pâture aux médias »[2].

La raison fondamentale du secret, ou de la discrétion, se trouve dans l'apostolat. Le renoncement à cette pratique, dit le paragraphe 191 de la Constitution de 1950, « pourrait constituer un sérieux obstacle au travail apostolique, pourrait créer des problèmes au sein de la famille d'un membre, entraver l'exercice de ses fonctions ou de sa profession ». (Des dispositions similaires figurent dans le texte de la nouvelle Constitution — voir le paragraphe 89.) Les domaines couverts par le secret font l'objet d'une énumération détaillée : les membres de l'Opus doivent garder le silence sur l'identité des autres membres ; ils ne sont pas autorisés à révéler leur propre appartenance à l'institut sauf permission expresse, même s'ils pensent que cela pourrait contribuer à sa notoriété ; en particulier les noms de ceux qui viennent de rejoindre l'organisation, ou qui l'ont quittée récemment quel qu'en soit le motif, ne doivent pas être divulgués (paragraphe 191). Afin de maintenir le secret, les membres ne doivent porter aucun insigne ou marque spéciale d'appartenance (paragraphe 192). Les membres ne doivent pas prendre part en groupe aux services d'église tels que les processions (paragraphe 189). Ceci s'observe même lors d'un office public comme la messe anniversaire de la mort d'Escrivá : si de petits groupes de numéraires et d'autres membres à part entière peuvent s'asseoir ensemble sur les mêmes bancs, les femmes et les hommes séparément bien entendu, on ne voit aucune apparence de cohésion, pas le moindre signe extérieur qu'il s'agit d'une association. C'est seulement après la messe que les assistants se rassemblent sur le parvis de l'église.

Les chiffres doivent demeurer secrets, de même qu'il est interdit d'aborder des sujets touchant l'Opus Dei dans les conversations avec les personnes qui n'appartiennent pas à l'organisation (paragraphe 190). Les Constitutions elles-mêmes doivent être tenues secrètes, ainsi que tous documents les concernant, publiés ou à paraître. Les Constitutions seront imprimées en latin et ne pourront être traduites dans une langue moderne sans la permission d'Escrivá. Il serait juste de dire que les mêmes limites de diffusion s'appliquaient jadis aux Constitutions des Jésuites et d'autres ordres religieux : elles étaient remises à leurs membres revêtues de la mention « Ad usum tantum nostrum » (« Seulement à notre usage »). Elles sont aujourd'hui couramment disponibles en français à qui en fait la demande.

Assez étrangement, l'un des premiers devoirs du directeur local est de veiller scrupuleusement à l'application de la Constitution. Au moins jusqu'à la publication de l'édition de 1982, il ou elle devait s'acquitter de cette tâche sans avoir accès au texte proprement dit. De tous les ex-membres interrogés sur ce point, seule Maria del Carmen Tapia déclara l'avoir lue en entier ; elle n'avait eu l'autorisation d'en prendre connaissance que dans des conditions bien précises, bien qu'elle fût alors à la tête de la section féminine du Venezuela.

El Camino comporte un groupe de maximes, du numéro 639 (« Reste silencieux et tu ne le regretteras jamais ; parle, et tu le regretteras souvent ») au numéro 656, qui traitent des vertus de la « discrétion ». Là aussi, comme dans la Constitution de 1950, elle est perçue comme un auxiliaire, sinon un instrument, de l'apostolat. « Si tu peux mettre un bœuf sur ta langue, disait Escrivá dans la maxime 648, ton travail apostolique n'en sera que plus efficace. » « Ne sois pas pressé de révéler les détails de ton apostolat » (maxime 643) peut se traduire par : « Ne fais pas savoir aux parents que tu essayes de recruter leur fils ou leur fille. » « Dans certains cas », écrivait dans le *Daily Mail* du 14 janvier 1981 le père Andrew Byrne, un prêtre de l'Opus, « lorsque des jeunes nous font part de leur désir de rejoindre nos rangs, nous leur conseillons de ne pas le dire à leurs parents. La raison en est simple : les parents ne nous comprennent pas. »

L'Opus exige bien entendu de ses membres numéraires, hommes ou femmes, qu'ils soient titulaires d'un doctorat, ou capables d'obtenir un diplôme équivalent. C'est une organisation tournée vers l'enseignement, et plus spécialement l'enseignement universitaire : Escrivá de Balaguer se vantait d'avoir passé la plus grande partie de sa vie dans les universités ou dans un environnement universitaire. On pourrait s'attendre à ce que l'esprit de tolérance qui souffle dans le système universitaire ait des effets adoucissants sur la discipline de fer et l'esprit fermé de l'organisation, mais il suffit d'une rencontre, même brève, avec un prêtre de l'Opus pour constater que ce n'est pas le cas.

Dans son rapport au synode de 1985, le recteur du séminaire

du diocèse de la Rioja accusait le clergé de l'Opus de « chasse à l'hérésie » (voir plus haut, p. 88-89). Il poursuivait en disant :

> Les prêtres [du genre de ceux] que l'Opus Dei nous propose ne sauraient convenir à nos ouailles, ils ne sont pas faits pour l'après-Vatican II. C'est ainsi que nous percevons chez les prêtres affiliés à la Société Sacerdotale de la Sainte Croix que nous connaissons les faiblesses suivantes, qui nous semblent inguérissables : leur individualisme se fait jour constamment, dans la prière, dans la liturgie, dans leurs relations inter-paroissiales, dans leur collaboration avec le diocèse... Ils croient appartenir à la « race de Melchisédech », le sentiment de leur dignité sacerdotale prévalant sur la notion de service. Ils font preuve d'un traditionalisme idéologique et rétrograde qui n'a rien à voir avec l'idée de sacerdoce proposée dans *Presbyterorum ordinis* (le document établi par Vatican II à l'intention des prêtres) ; il se manifeste dans leur manière de s'accrocher aux traditions et de rejeter systématiquement tout ce qui sent son *« aggiornamento »*, dans leur peur d'être confrontés aux signes des temps, dans leur incapacité à se dévouer aux gens ordinaires et à se consacrer à l'apostolat social.

Ce qui précède n'a rien d'étonnant. Escrivá de Balaguer avait bien décidé que les membres de son institut devaient avoir reçu une bonne éducation, mais c'était une éducation d'une espèce particulière : « Culture, culture ! Très bien : soyons les premiers à nous battre pour l'acquérir. Mais la culture n'est pas une fin en soi, c'est un moyen » (maxime 345). Pour s'assurer que l'instruction des membres concordait avec les objectifs de l'Opus, on créa des centres d'études dont les professeurs seraient des prêtres choisis « non seulement pour l'étendue de leurs connaissances, mais aussi pour leurs vertus et leur prudence » (Constitution de 1950, paragraphe 131). Le programme des études comportait les matières suivantes : latin, grec, philosophie, théologie et musique religieuse, sans oublier « la connaissance de notre institut », en dépit du fait que les étudiants ne disposaient pas du texte des Constitutions (paragraphe 134).

> Les études philosophiques et théologiques, de même que l'instruction des étudiants [étrangers à l'Opus]

> dans ces disciplines, seront confiées à des professeurs entièrement alignés sur les méthodes, l'enseignement et les principes du Doctor Angelicus, et ceux-ci (méthodes, enseignement, principes, vraisemblablement) seront tenus pour sacrés.

C'est ce que dit le paragraphe 136. Comme nous l'avons déjà vu, le doctor Angelicus est évidemment saint Thomas d'Aquin. Le « thomisme » connut au XIXe siècle un grand regain de popularité qui se prolongea au moins pendant toute la première moitié du XXe, sous une forme parfois légèrement altérée. En 1950, Escrivá de Balaguer n'était pas seul à prôner l'étude de saint Thomas d'Aquin, mais avec la rigidité de pensée qui caractérise l'Opus, il insiste sur une interprétation absolument « orthodoxe » (au sens ecclésiastique du mot) de Thomas. Pas question de tolérer des opinions différentes.

Quand le journaliste Henry Kamm se rendit à l'université de Navarre, la vitrine intellectuelle de l'Opus, pour y chercher la matière d'un article destiné au *New York Times*, le directeur du département de Philosophie reconnut qu'il n'y avait pas de marxistes chez lui, pas même de sympathisants. Il dit à Kamm que les étudiants étaient libres d'emprunter tous les livres de la bibliothèque, encore qu'il y eût quelques exceptions — les œuvres de Marx notamment. Mais il y avait d'autres restrictions : Kierkegaard, par exemple (un jeune s'était apparemment suicidé pour l'avoir pris trop au sérieux), Schopenhauer était « très pessimiste », et Sartre « ne convenait guère aux très jeunes gens ». « Les rayons de la bibliothèque, nota Kamm, sont divisés à peu près également entre ce qu'il est permis de lire et les ouvrages défendus, ces derniers comprenant Spinoza, Kant, Hegel, Kierkegaard, Nietzsche, Heidegger, John Stuart Mill et William James[3]. »

La liste est intéressante. Elle semble basée sur l'*Index Librorum Prohibitorum* (index des livres interdits), qui donnait autrefois la liste des œuvres dont le Vatican réprouvait la lecture parce qu'elles étaient, aux yeux des censeurs, contraires aux enseignements de l'Église ou dangereuses pour la morale. Les catholiques n'avaient théoriquement pas le droit de les consulter sans la permission expresse de l'évêque local, une règle d'ailleurs largement ignorée. De toute manière, l'*Index* a disparu depuis longtemps, aboli par un décret papal de Paul VI. Il semble donc que l'Opus ait décidé de le perpétuer quand Rome pense que le monde catholique peut se dispenser de cet instrument d'asservissement de la pensée.

L'Opus en vérité va même plus loin : le philosophe et psychologue William James n'a jamais été mis à l'index.

Ce n'est pas seulement l'université de Navarre qui tarde à se mettre au goût du jour, car la dernière édition de la Constitution de l'Opus remet en lumière le rôle du « docteur Angélique ». Quand les lectures permises restent strictement contrôlées, ainsi que l'attestent plusieurs ex-membres, et conformément à la maxime 339 d'Escrivá (« Les livres : ne les achète pas sans prendre l'avis d'une personne chrétienne, instruite et prudente »), il est difficile d'expliquer le sens du paragraphe 109 de la nouvelle Constitution :

> [L'Opus Dei] ne professe pas d'opinion personnelle ou d'attitude commune sur les questions d'ordre théologique ou philosophique à propos desquelles l'Église laisse un libre choix aux fidèles : les membres de la Prélature jouissent de la même liberté que tous les autres catholiques, dans les limites établies par la hiérarchie de l'Église gardienne et dépositaire de la Foi.

L'Opus n'est bien sûr pas la seule à prendre des positions fortement traditionnelles sur les questions théologiques, encore qu'elle soit plus traditionaliste que la plupart. Pendant les fêtes de Pâques 1986, Germain Grisez, un professeur d'éthique chrétienne extrêmement conservateur d'un petit collège du Maryland, fut invité à Rome. L'Opus Dei et l'Institut pour la Famille, rattaché à l'université du Latran, lui demandèrent de faire une conférence, qui devait être suivie d'une réunion publique organisée par l'Opus dans son centre d'études de la Viale Bruno Buozzi. Les vues de Grisez, pourtant considérées par beaucoup comme ultra-orthodoxes, ne furent pas jugées d'une orthodoxie suffisante par l'Opus lorsqu'il les présenta durant sa conférence. L'invitation qui lui avait été faite de s'adresser au public fut promptement rapportée. Grisez décida d'aller pourtant à la réunion, mais on ne lui permit pas d'entrer dans la salle. Il fut alors invité par le recteur de l'English College voisin, et y fit son exposé.

Sous le Pape actuel, la « restauration » des vieilles orthodoxies fait l'objet d'un vaste programme dirigé par le cardinal chargé de la Congrégation pour la Doctrine de la Foi, Josef Ratzinger.

L'Opus, qui fut chargée d'une mission similaire en Espagne pendant les trente ans qui suivirent la victoire de Franco, est à l'aise dans ce programme comme un poisson dans l'eau. Et ceci ne saurait mieux se démontrer qu'avec la « Théologie de la Libération ».

Cette nouvelle perspective théologique puise peut-être ses racines dans la pensée religieuse académique des Européens, mais elle se développa d'abord au Pérou dans les années 60. C'est en Colombie que le CELAM — la Conférence des Evêques d'Amérique latine — se réunit à Medellin en 1968. Le but de cette réunion était d'habiller les conclusions de Vatican II, dont les travaux s'étaient achevés trois ans plus tôt, à la mode sud-américaine. Les documents rédigés à Medellin affichaient une tendance extraordinairement radicale pour l'époque, s'agissant en particulier de l'accommodement de l'Église avec les conditions dans lesquelles elle devait opérer en Amérique latine.

Les conclusions du CELAM enflammèrent un petit groupe de membres du clergé péruvien qui avaient fait leurs études ensemble, et qui travaillaient conjointement avec l'organisation formée de laïcs connue sous le nom d'Action catholique. Leur chef, qui se fit prêtre et publia plus tard la « grammaire » de la Théologie de la Libération, était le père Gustavo Gutierrez.

Au même moment cependant, le Pérou se trouvait en quelque sorte envahi par les prêtres et les moines. Venus pour la plupart des États-Unis, à l'exception de quelques Européens, ils avaient presque tous fait leurs études à l'époque de Vatican II. Ni les églises qui les envoyaient, ni celles qui les recevaient n'avaient une idée précise de ce qu'il fallait faire pour préparer ces missionnaires à leur travail au Pérou. Ils s'installèrent dans les régions les plus pauvres, parce que c'était là qu'on avait le plus besoin d'eux. Leur messe dite, ils essayaient de contribuer à l'amélioration des conditions d'existence de ceux qui les entouraient. C'était le moment de venir au Pérou : le régime de Velasco Alvarado, bien que militaire, était avant tout progressiste. Il y avait certainement de quoi faire, mais les prêtres et les moines, emmenés par Gutierrez et son groupe, commencèrent à réfléchir sur l'action qu'ils menaient au nom de l'Église. Comme ils diraient maintenant, la pratique (ils l'appellent « praxis ») venait d'abord, la théorie ensuite. La formule donna naissance à la Théologie de la Libération.

Cette évolution eut pour effet d'isoler l'Opus. D'après Peter

Hughes, un prêtre irlandais qui fut à la tête d'un groupe de missionnaires travaillant dans les *barrios* les plus pauvres de Lima, l'Opus se considérait avant la conférence de Medellin comme très influente au sein de l'Église du Pérou. Mais elle n'avait absolument aucune idée du sort des *campesinos*, les paysans péruviens. Dans l'euphorie générale engendrée par Medellin, l'Opus se sentit marginalisée : n'oublions pas qu'elle avait déjà du mal à s'adapter aux changements introduits par Vatican II. Cependant, les élections de 1973 au CELAM furent marquées par un net coup de barre à droite, donnant à l'Opus le temps de respirer. Ses membres firent à nouveau sentir leur présence, et la Conférence épiscopale du Pérou, qui manquait de résolution, fut incapable de contrer un tir de barrage puissamment nourri. La tactique consistait à ouvrir des discussions en vue de préparer l'Église de l'an 2000, une idée sans doute admirable en soi, mais surtout conçue pour distraire l'attention des problèmes du moment, abandonner ce qui avait été entrepris, et ignorer l'Eglise dont les jeunes pousses sortaient lentement du sol.

L'Opus avait une influence croissante au sein du CELAM et de la conférence des évêques péruviens (aujourd'hui cinq évêques au moins sont membres de l'Opus et les autres sont plus ou moins sympathisants, y compris l'archevêque des Jésuites Vargas), ainsi qu'auprès du nonce apostolique. Au printemps 1983, l'organisation se crut assez forte pour lancer une offensive tous azimuts contre la Théologie de la Libération. Assurée qu'elle était, ou croyait être, du soutien de Rome, l'Opus ne réussit pourtant pas à rallier la majorité des évêques réunis à Lima. La conférence épiscopale fut alors convoquée à Rome en réunion extraordinaire pour aborder la question devant le pape Jean-Paul II. La cause paraissait acquise, mais l'Opus perdit une nouvelle fois, et de façon décisive : son échec est peut-être dû au revirement de dernière heure du Vatican, qui se prit tout à coup de sympathie pour la Théologie de la Libération. Le cardinal Ratzinger, qui avait adressé à toutes les autorités de l'Église une « Instruction » très critique sur le sujet, fit paraître un deuxième document beaucoup plus indulgent. Le Pape, pour sa part, dans une lettre adressée à la conférence des évêques du Brésil, se déclara plus favorable qu'il ne l'avait été jusqu'alors. D'après Peter Hughes, l'hostilité de l'Opus envers la Théologie de la Libération n'a pas diminué, mais se limite pour l'instant à de simples escarmouches dans les journaux quotidiens.

En dépit de ces revers, rien ne semble entamer la confiance

des membres de l'Opus. Ils sont visiblement convaincus d'avoir raison, comme l'était leur fondateur :

> Non seulement l'Œuvre ne mourra jamais, mais elle ne vieillira pas... Dieu mit à jour son Œuvre une fois pour toutes en lui donnant le caractère laïque et séculier que j'ai commenté dans cette lettre. Nous n'aurons jamais besoin de nous adapter au monde car *nous faisons partie du monde*. Nous ne devons pas non plus rester à la remorque du progrès humain, car vous êtes mes fils — ceux là-mêmes qui, conjointement avec les autres peuples de l'univers, construisaient ce progrès par votre travail quotidien.

Le sens *primera facie* de cette citation extraite de *Cronica*, c'est que les Constitutions, celles de 1950 dans ce cas précis, sont immuables, qu'elles sont fixées, non pas le temps d'une vie, mais à jamais. Pour reprendre les mots employés par Maria del Carmen Tapia, Escrivá disait de sa Constitution qu'elle est éternelle. *Cronica* écrit encore, comparant implicitement l'Opus à la Vierge Marie : « En prenant connaissance de l'Œuvre, nous fûmes enthousiasmés de découvrir chaque jour plus clairement son charme profond, sa beauté immaculée. » On ne peut se méprendre sur ce sentiment de la vocation divine de l'Opus : « Nous avons été choisis pour être le véhicule de Dieu, pour transmettre l'esprit de son Œuvre ; c'est la seule raison d'être de notre travail apostolique. Il nous confère la responsabilité de monter la garde avec vigilance afin que rien ne change. »

Cette haute opinion que l'institution a d'elle-même entraîne une obligation pour ses membres, lorsqu'ils se trouvent en face d'écrits comme celui-ci :

> La passivité ou le silence, quand vous affrontez les insinuations et la calomnie publique — de bonne ou de mauvaise foi —, les opinions fausses, ou le jugement erroné des personnes ou des institutions, serait de la complicité, le signe évident d'un manque d'amour pour notre Mère, et une sérieuse atteinte à notre humilité collective. Ce silence équivaudrait à nier la divinité de l'Œuvre.

Un théologien pourrait être déconcerté par cette prétention de l'Opus à la divinité, qui semble la mettre sur le même pied que l'Église elle-même. En tout cas l'Église, bien que d'essence divine, n'est certainement pas au-dessus des critiques, et reste toujours ouverte aux réformes : *« Ecclesia semper reformandi »*. Il semble qu'on ne puisse en dire autant de l'Opus Dei.

En lisant ce qui précède, ceux (on n'entend jamais parler de celles) qui s'expriment au nom de l'Opus se sentiront obligés de prendre sa défense. Il est facile d'imaginer leur réponse :

> Toute personne ayant fait des recherches sérieuses dans un domaine historique ou scientifique comprendra qu'une longue suite de citations — donnant *a priori* l'apparence d'une étude sérieuse du sujet — peut parfaitement avoir été puisée à des sources douteuses ou non vérifiées, voire même avoir été choisie arbitrairement pour étayer une thèse.

Ainsi s'exprimait le Révérend Richard Stork, prêtre appartenant à l'Opus Dei, dans une « Apologia pro Opere Dei » parue dans le mensuel catholique britannique *Clergy Review* de février 1986. Il est certain que j'ai fréquemment cité des articles « publiés à l'usage interne des membres de l'Opus Dei », mais ce n'étaient pas des extraits isolés de leur contexte « avec l'intention d'en déformer la portée générale » ; j'ai pris soin d'en citer de larges passages. La publication de *Cronica* in extenso pourrait en vérité faire plus de mal à la réputation de l'Opus que les quelques fragments incriminés. Le Révérend Stork n'invoque même pas l'excuse que l'essentiel en fut écrit et diffusé il y a longtemps ; il défend le tout intégralement.

Ce qu'il défend est aussi bien difficile à déterminer. Maria del Carmen Tapia, qui fut un temps responsable de l'imprimerie de l'Opus à Rome, se souvient d'avoir fabriqué pour les journaux de l'Opus Dei, dont *Cronica*, de nouvelles pages qui étaient envoyées aux centres pour mise à jour lorsque les anciens textes étaient jugés idéologiquement périmés. Vladimir Felzmann, qui recevait le courrier de Rome à l'autre extrémité du circuit, confirma cette version, qui lui rappelait la refonte de l'histoire du parti communiste soviétique.

Mais ce n'est pas le principal argument de la défense. Le Révérend Stork fonde essentiellement son « éloge » de l'Opus sur le soutien de l'Église : « Une institution approuvée par l'Église catholique peut-elle se tromper à ce point, être aussi perverse, aussi stupide ? » demande-t-il, et de poursuivre en insinuant, citation de saint Thomas More à l'appui, que les adversaires de l'organisation sont à ranger dans la catégorie des hérétiques. Un Jésuite se permettrait un triste sourire devant une vision aussi naïve de l'Église, sachant que cette dernière n'hésita pas dans sa sagesse à supprimer purement et simplement son ordre, pour le rétablir un demi-siècle plus tard sur la foi de conseils plus avisés.

Puisque nous sommes sur ce sujet, on peut se demander de quels appuis l'Opus dispose au sein de l'Église catholique. Elle peut incontestablement compter sur ces hauts fonctionnaires de la curie papale dont la vision de l'Église coïncide avec celle de l'organisation. Il est également vrai que plus de mille prélats ont écrit à Rome pour solliciter l'ouverture du procès en canonisation de Mgr Escrivá de Balaguer.

On pourrait y opposer les protestations de l'épiscopat espagnol, appuyées par d'autres évêques, contre l'établissement d'une prélature personnelle, le temps passé à trouver une formule ecclésiastique capable de s'accommoder de la Constitution insolite de l'Opus, l'évidente aversion d'Escrivá pour une bonne partie des résultats de Vatican II, et l'opposition de divers prélats du monde entier au développement des activités de l'Opus dans leurs diocèses. L'Opus compte également des adversaires parmi les cardinaux les plus distingués de la curie romaine. Le cardinal argentin Pironio, chef de la Congrégation pour les Religieux et les Instituts séculiers, n'était certainement pas un ami. Le cardinal Benelli non plus, qui fut des années durant le plus proche conseiller de Paul VI (il était devenu secrétaire du futur Pape en 1944), et considéré par beaucoup comme son successeur. Pendant son service à la nonciature de Madrid, Benelli s'était pris d'une forte aversion pour l'organisation d'Escrivá, parce qu'il reconnaissait d'une part la nécessité pour l'Église de se démarquer du régime de Franco, et parce qu'il voyait d'autre part dans l'Opus une « église alternative »[4]. Compte tenu de l'opposition de Benelli en particulier, il est difficile d'admettre que l'Opus bénéficie, comme elle le prétend, de « l'appui ferme et permanent de la papauté ».

Il est vrai que l'esprit de l'Opus plaît au Pape actuel. Celui-ci n'a pu rester indifférent au soutien financier que l'Opus aurait, paraît-il, apporté au syndicat Solidarité de Lech Walesa. L'aversion bien connue de ses membres pour les manifestations publiques paraît oubliée lors des visites papales. Des bannières portant l'inscription *« Totus Tuus »* (« Tout à toi ») signalent la position des membres de l'organisation au milieu des foules enthousiastes. Durant le voyage de Jean-Paul II en Espagne, le journaliste espagnol Pedro Lamet observa le phénomène suivant : lorsque le Pape dit qu'il fallait s'en tenir aux enseignements traditionnels, notamment en matière de contraception et de contrôle des naissances, les groupes de l'Opus applaudirent bruyamment. Lorsqu'il aborda la nécessité d'une plus grande justice sociale, les mêmes groupes restèrent étrangement silencieux.

Car il est possible en effet d'isoler les domaines où la pensée de l'Opus s'écarte de la plus récente tradition de l'Église catholique, et marque un désaccord sur le contenu du pontificat de Jean-Paul II. Il s'agit des préoccupations de l'Église face aux problèmes de société, qui seront examinées dans le chapitre suivant.

7

La politique et les affaires

En décembre 1985, à la demande de l'Opus Dei, un tribunal de Munich décida d'interdire la publication d'un livre où l'on prétendait que certains membres de l'Opus avaient collaboré avec les escadrons de la mort appartenant à l'extrême droite chilienne. Les critiques accusent souvent l'Opus de soutenir les régimes militaires d'Amérique latine, ce que l'organisation dément énergiquement.

L'accusation ne disparaîtra pas de sitôt. Elle s'exprime différemment selon qu'il s'agit d'universitaires, de critiques ou de membres du clergé catholique. Prenons l'exemple du professeur Brian Smith, qui enseigne la politique au MIT (Massachusetts Institute of Technology). Dans son livre, *The Church and Politics in Chile* (1982), il considère l'Opus comme une des forces temporelles déçues par le libéralisme frileux du président Eduardo Frei entre 1964 et 1970, et prétend que ses membres furent parmi les principaux administrateurs du régime militaire d'oppression brutale institué par le général Pinochet. C'est en septembre 1973 que ce dernier avait renversé le gouvernement socialiste de Salvador Allende, successeur d'Eduardo Frei[1].

La lettre d'information sud-américaine *Noticias Aliadas* est encore plus explicite. L'histoire publiée dans ses colonnes en décembre 1975, alors qu'elle était dirigée par un prêtre catholique, raconte que l'Opus du Chili recevait de l'argent depuis

1962 de fondations conservatrices basées aux États-Unis, qu'elle aidait activement les propriétaires fonciers à s'opposer aux modestes réformes agraires entreprises par le gouvernement Frei, et qu'elle avait contribué, grâce à des fonds en provenance de la CIA, à créer la Sociedad Nacional de Agricultura, ennemie jurée des syndicats qui avaient porté Allende au pouvoir[2]. Penny Lernoux, écrivain vivant à Bogotá, n'hésite pas à affirmer : « L'Opus Dei ainsi que Patrie et Liberté [un groupe terroriste d'extrême droite] travaillèrent de concert au Chili quand Allende dirigeait le pays, et le général Juan Carlos Ongania, qui exerça sa dictature sur l'Argentine de 1964 à 1970, prit le pouvoir après une retraite religieuse patronnée par l'Opus Dei[3]. »

Camilo Torres, un prêtre colombien devenu révolutionnaire, prit les armes contre le gouvernement de son pays parce qu'il désespérait d'obtenir un peu plus de justice sociale par des moyens démocratiques. Il fut abattu en février 1966. Sa mort en fit une sorte de Che Guevara en soutane, et le héros des catholiques radicaux d'Amérique latine. L'officier commandant la brigade qui tua Torres est aujourd'hui général. Il est aussi l'un des directeurs d'une revue de Bogotá notoirement liée à l'Opus. Toujours en Colombie, durant la campagne pour l'élection présidentielle qui se déroula dans les premiers mois de 1986, une société de télévision du nom de PROMEC qui appartenait à des membres de l'Opus prit le parti du plus conservateur de tous les candidats conservateurs, un homme excessivement pro-américain hostile à toute négociation de paix avec les mouvements de guérilla du pays. Il fut d'ailleurs battu.

A une autre échelle, Penny Lernoux soutient aussi que l'agence allemande de secours catholique Adveniat « a pris graduellement dans les années 70 la place de la CIA comme collaboratrice des régimes militaires »[4], et qu'Adveniat est sous le contrôle d'évêques favorables à l'Opus (un des membres de la hiérarchie ecclésiastique allemande, le cardinal Höffner, archevêque de Cologne, tenta en 1984 de confier une des paroisses de son diocèse à deux prêtres de l'Opus. Les protestations des paroissiens furent si vives, cependant, qu'il dut renoncer à son projet). D'autres affirmations relatives aux liens qui existent entre l'Opus et la CIA furent publiées dans un numéro de juillet 1983 du journal américain *Mother Jones*. Reprenant à son compte l'accusation de Lernoux à propos d'une alliance entre l'Opus et Patrie et Liberté, non sans ajouter que cette dernière, qui finit d'ailleurs par fusionner avec la police secrète de

Pinochet, était subventionnée par la CIA, l'auteur de l'article, Martin Lee, poursuivait en affirmant que l'argent de la CIA servait aussi à financer une « machine à penser » de l'Opus, l'Institut chilien d'Études Générales.

Chaque fois cependant que de telles accusations sont portées contre elle, les porte-parole et les laudateurs de l'Opus nient catégoriquement toute ingérence de l'organisation dans le domaine politique. Il y a visiblement contradiction entre ce qu'ils prétendent et ce que les autres perçoivent. Les membres de l'Opus diront qu'il s'agit d'inventions pures entièrement fabriquées par ceux qui leur veulent du mal ; et je dois leur concéder au moins ceci : aucune personne interrogée dans le cadre de cet ouvrage en raison de sa connaissance des rouages internes de l'Opus n'a prétendu qu'on ait tenté de l'influencer dans ses intentions de vote, ni qu'elle ait été soumise à une quelconque propagande d'extrême droite. Il n'existe pas non plus en Amérique latine de preuve indiscutable que l'Opus ait soutenu directement en tant qu'organisation les dictatures militaires ou toute autre forme de régime, qu'il soit de droite ou d'une autre tendance. Mais l'histoire ne s'arrête pas là. Il faudrait encore expliquer, par exemple, pourquoi David Kennedy, secrétaire d'État au Trésor du président Richard Nixon et ancien président de la Continental Illinois, cette banque qui fit une faillite spectaculaire et qui possédait des actions de la banque de l'Opus basée à Barcelone, a donné de l'argent à l'organisation.

De tous les pays où l'on soupçonne l'Opus de s'être politiquement engagée, le cas de l'Espagne (qui compterait environ 35 000 membres, soit 40% du total de l'organisation) était le plus flagrant, et demeure à ce jour — sans doute par voie de conséquence — le plus documenté comme le plus étudié. On ne peut contester que, du milieu des années 60 au début des années 70, le général Franco ait choisi plusieurs ministres de son gouvernement dans les rangs de l'Opus. La plupart des commentateurs regarderaient le nombre de ministres appartenant à l'Opus Dei comme très élevé, quel que soit le moment choisi pour les compter. L'Opus pourrait discuter la portée du fait, mais c'est un fait. Il est en revanche beaucoup plus difficile de trancher la question de savoir si l'Opus avait l'intention de prendre le contrôle de l'État ou si la présence simultanée de tant de ses membres au sein du gouvernement n'était qu'une coïncidence. L'Opus voudrait bien entendu nous faire croire à la deuxième interprétation, mais ce n'est pas acceptable. Elle a de plus été réfutée de manière explicite par Raimundo Pánnikar, qui était bien placé pour le savoir[5].

A la fin des années 40, Pánnikar était le rédacteur en chef d'*Arbor*, la principale publication du « Conseil Supérieur d'Études Scientifiques » (CSIC). C'est le groupe d'intellectuels qui gravitaient autour d'*Arbor*, du CSIC en général, et de Rialp, la maison d'édition fondée en 1947 par Calvo Serer, qui joua un rôle majeur dans la politique espagnole. Une thèse de doctorat écrite pour la New School of Social Research de New York soutient que le livre de Calvo Serer, *La Dictadura de las Franquistas* (La dictature franquiste), publié à Paris en 1973, fournit amplement la preuve d'une action concertée des membres de l'Opus pour prendre le pouvoir en Espagne, même si l'auteur s'en défend[6]. De son côté, Pánnikar est absolument formel : pour lui, les gens de l'Opus décidèrent bel et bien de vérifier s'ils étaient ou non capables de prendre en main les destinées de l'Espagne — et leur plan faillit réussir.

Le mouvement de conquête des postes clés au sein du gouvernement commença en 1951, juste au moment où l'influence de l'Opus en Espagne semblait au bord du déclin par suite du remplacement d'Ibañez Martin au ministère de l'Éducation nationale par Joaquin Ruiz Jimenez, un catholique convaincu, mais avec des vues libérales en politique et dans le domaine social. Cette nomination marqua le début d'une brève libéralisation du régime de Franco, qui entraîna la création d'un ministère de l'Information et du Tourisme. C'est un membre de l'Opus qui devint le premier directeur général de l'administration nouvellement créée. Villar Palasi, qui entretenait des rapports étroits avec l'Opus, en fut le secrétaire technique. L'information était un des premiers soucis de l'Opus : les hautes fonctions qu'ils occupaient désormais dans le nouveau ministère donnèrent à ces deux hommes un pouvoir considérable, notamment sur la censure, question qui devait rester brûlante jusqu'à la fin de l'ère franquiste, et sur la propagande en faveur du régime au moyen de la presse et de la radio.

Rien n'illustre mieux la manière dont les membres se rendaient mutuellement service entre amis que la carrière de Villar Palasi. En 1962, il devint sous-secrétaire d'État chargé du commerce, un poste qu'il devait à la faveur d'Alberto Ullastres, ancien professeur d'économie à l'université de Madrid, mais ministre du Commerce de Franco depuis février 1957. Après avoir passé trois ans à ce poste, Palasi fut nommé directeur de l'Institut des Études Administratives, dont les bureaux étaient situés dans le Centre des Fonctionnaires civils d'Alcalá, non loin de Madrid. Cet Institut était sous l'influence d'un autre membre de l'Opus, Laureano López Rodó. Juriste de formation, Rodó avait d'abord enseigné le droit administratif à l'université de Santiago (Saint-Jacques-de-Compostelle), puis ouvert dans cette même ville un cabinet d'avocats avec un autre membre de l'Opus. Il devint en 1956 secrétaire général technique auprès de la présidence du Conseil, en quelque sorte le secrétaire du Cabinet ministériel. Il s'agissait d'un nouveau service dont il avait préconisé lui-même la création dans un article (Calvo Serer n'en prétendit pas moins que López Rodó lui devait sa nomination). De son poste essentiellement fonctionnel il fut à même de rationaliser, ou de moderniser si l'on veut, la bureaucratie gouvernementale espagnole, sans modifier pour autant son attitude résolument conservatrice. López Rodó était en vérité convaincu que les économies modernes, en particulier celles qui se développent rapidement, sont trop complexes pour être dirigées autrement que par une poigne de fer[7].

Gregorio López Bravo se trouvait de la même façon fortement engagé dans la modernisation de l'économie espagnole. Il entra au gouvernement en 1959, quand Ullastres le nomma directeur général du commerce extérieur. Il devint alors l'éminence grise du contrôle des échanges extérieurs alors qu'Ullastres était encore ministre du Commerce et un autre membre de l'Opus, Navarro Rubio, ministre des Finances. López Bravo devint lui-même ministre de l'Industrie en 1962 — un poste qu'il conserva jusqu'au jour où il fut nommé ministre des Affaires étrangères en 1969. Il devait durer plus longtemps que son ancien chef Ullastres et que Navarro Rubio, qui quittèrent tous deux le gouvernement en 1965, mais López Rodó était déjà ministre à ce moment-là.

L'Opus contribua par d'autres moyens à la modernisation de l'économie espagnole, en particulier peut-être grâce à son excellente école d'administration des affaires de Barcelone, qui avait été fondée en 1958 par deux de ses membres avec l'appui de la Banco Popular dont le président appartenait également à l'Opus Dei. D'après un disciple désenchanté, Alberto Moncada, la Banco Popular soutenait également ESFINA, une société financière créée en 1956 sous la présidence d'Ullastres pour gérer les propres investissements de l'Opus. Curieusement, la plupart de ses activités économiques ne se situaient pas dans le secteur industriel pourtant très encouragé par les ministres de l'Opus, mais dans le domaine des services — la banque par exemple — et surtout dans l'information, représentée par des journaux et une agence de presse. Ils voyaient peut-être là de meilleures opportunités de croissance, ou alors un moyen de guider l'opinion par la propagande.

Le plus significatif demeure la manière qu'avaient les gens de l'Opus de s'aider mutuellement, en dépit de quelques rares antipathies personnelles (Navarro Rubio critiquait ouvertement López Rodó) et de divergences politiques (Calvo Serer voyait en don Juan de Borbón le successeur de Franco ; López Rodó et Valls Taberner — bien que, d'après Calvo Serer, ils fussent à l'origine partisans de don Juan — finirent par prendre le parti du prince des Asturies, aujourd'hui roi d'Espagne, Juan Carlos, le fils du comte de Barcelone). Le fait que certains des plus puissants fonctionnaires de l'État vivaient tout près les uns des autres ne pouvait que favoriser le clientélisme et le climat de complicité — pour ne pas dire de « conspiration » — qui présidaient à leurs rapports. Laureano López Rodó, dont nous avons évoqué la longue carrière au gouvernement, Jorge Brosa, qui dirigeait la Banco Español de Credito, la plus grande banque du pays, et Luis Valls Taberner, président de la Banco Popular, habitaient la même maison de l'Opus. De quoi parlaient-ils après les prières du soir ?[8] s'enquit un de leurs détracteurs. (La réponse, bien entendu, doit être qu'ils ne parlaient de rien, car, en bons membres de l'Opus respectueux du règlement, ils devaient observer le grand silence des prières du soir au petit déjeuner du lendemain.)

Prenant appui sur leurs diverses positions d'influence, les membres de l'Opus s'engagèrent dans un important programme de modernisation du gouvernement de l'Espagne, de ses finances et de son industrie, d'ailleurs tout à fait bénéfique et qu'on aurait dû entreprendre depuis longtemps. Ils ne tentèrent pas pour autant de changer les structures politiques. En accord avec la règle 7 de la Constitution de 1950, ils « observaient avec le plus grand respect les lois légitimes de la société civile » au sein de laquelle ils évoluaient. On pourrait arguer, au vu de leurs efforts pour développer l'économie du pays, qu'ils apportèrent une contribution significative au maintien d'un *statu quo* politique qui se traduisit finalement par une amélioration du niveau de vie des Espagnols, surtout dans la classe moyenne. Calvo Serer eut beau se dire plus tard socialiste (et l'Opus ne se prive pas de le citer en exemple de son pluralisme politique), la phrase qu'il écrivit un jour dans le quotidien madrilène *ABC* n'aurait pas manqué de plaire à Franco : « La liberté de conscience conduit à la perte de la foi. La liberté d'expression mène à la démagogie, à la confusion mentale et à la pornographie. La liberté d'association entraîne l'anarchie et le rejet du totalitarisme[9]. » La valeur particulière de l'Opus aux yeux de Franco résidait dans son catholicisme, qui lui assurait le soutien d'une Église d'Espagne fidèle depuis toujours aux traditions conservatrices du pays — au moment même où les évêques espagnols se disposaient à retirer leur appui au régime. Ils le firent d'ailleurs de façon spectaculaire lors de l'Asamblea Conjunta.

L'Asamblea Conjunta était une réunion de tous les évêques d'Espagne et de représentants du clergé de tous les diocèses, qui s'assemblèrent durant la semaine du 13 septembre 1971. Près d'un tiers des évêques avaient été nommés entre 1969 et 1971. Leur choix avait été influencé par les nonces apostoliques Mgr Luigi Dadaglio et son prédécesseur Antonio Riberi, envoyé par le pape à Madrid en 1962. Riberi était lui-même le successeur du futur cardinal Ildebrando Antoniutti, qui avait admiré l'Opus à tel point que la nonciature était apparemment truffée de membres de l'organisation. Riberi fit savoir à Paul Hofmann, alors correspondant du *New York Times* dans la capitale espagnole, qu'il était impossible de parler ouvertement en présence du personnel domestique, et qu'il avait déjà remplacé les « nonnes » de l'Opus, pour reprendre les termes d'Hofmann, qui tenaient le standard de la nonciature, car il les soupçonnait d'écouter les conversations téléphoniques[10].

Le Concordat intervenu entre le Vatican et le gouvernement espagnol donnait à ce dernier un droit de veto sur la nomination des évêques diocésains. En dépit de ce droit de regard théorique, les deux envoyés du pape Riberi et Dadaglio s'étaient débrouillés pour nommer des évêques beaucoup plus critiques du régime de Franco que ne l'étaient leurs prédécesseurs, qui avaient connu les horreurs de la guerre civile. Le résultat de l'Asamblea fut que l'Église prit ses distances vis-à-vis de l'État. Elle voulait, entre autre chose, une révision du Concordat libérant les évêques de la tutelle étatique, et demandait aux prélats siégeant aux Cortès de renoncer à leur mandat de député. Le régime connut de telles alarmes qu'il fit saisir par la police une revue citant de larges extraits des conclusions de l'Asamblea.

Les hommes d'église aux opinions conservatrices avaient

boudé l'Asamblea, ce qui explique peut-être pourquoi le résultat fut si tranché. L'Opus décida cependant d'intervenir après coup[11]. L'Asamblea fut d'abord attaquée par la presse de l'Opus Dei. Les porte-parole de l'organisation répètent à l'envi qu'elle est purement spirituelle. Elle n'a donc pas, et ne saurait avoir, le contrôle d'une banque, pas plus qu'elle ne pourrait publier de journaux. Pour éviter toute confusion, le lecteur doit bien comprendre que le nom « Opus Dei », s'agissant du contrôle effectif d'une entreprise quelconque, n'est qu'un raccourci désignant « des individus qui sont aussi membres de l'Opus Dei ». Dire en conséquence qu'en septembre 1971 Europa Press, une agence de presse, *Nuevo Diario*, un quotidien de Madrid, *Iglesia-Mundo*, une revue religieuse, ou *Telva*, un magazine féminin (qui peu de temps après les événements décrits plus haut avait publié un article relatif à la traduction d'*El Camino* en chinois), étaient des entreprises de l'Opus Dei, n'aurait pas reflété l'exacte vérité. Elles étaient simplement la propriété de membres de l'Opus Dei, et se trouvaient employer un nombre étonnamment élevé de travailleurs de ladite organisation.

L'histoire commence avec une déclaration faite le 21 février 1972 par Mgr Guerra Campos, secrétaire de la conférence des évêques d'Espagne, et sans doute le plus réactionnaire d'entre eux. Plus tard, après qu'on lui eut retiré toute ses fonctions ecclésiastiques en raison de son opposition politique à la conférence, il fut le seul membre du clergé espagnol autorisé par le régime à paraître à la télévision. Au cours d'une extraordinaire intervention dans un débat télévisé, il rappela à son auditoire qu'au IVe siècle le monde entier se tournait vers l'arianisme — déclaré doctrine hérétique — et qu'un seul évêque, Athanase d'Alexandrie, en tenait encore pour l'orthodoxie. Guerra Campos se prenait visiblement pour l'Athanase des temps modernes.

Certains évêques s'étaient renseignés, affirma-t-il, sur l'existence d'un document venu de Rome. Il n'en possédait pas encore d'exemplaire, poursuivit-il, mais il allait essayer de l'obtenir et de l'envoyer dès que possible aux participants à la conférence. C'était apparemment la première fois qu'on entendait parler de l'existence de ce document.

Le même soir, Europa Press (une organisation de l'Opus Dei comme il est expliqué plus haut) diffusait une dépêche signalant l'existence probable d'un document originaire de Rome qui contiendrait des informations importantes à propos de l'Asamblea. Le matin suivant, *Nuevo Diario* (encore une entreprise de l'Opus Dei) était seul à confirmer la nouvelle. Les autres quotidiens démentaient l'information.

Ce démenti poussa l'agence Europa Press à se défendre. Elle décrivit le document. *Nuevo Diario* lui emboîta le pas, et précisa le 26 février que non seulement le document existait — cette fois il n'y avait plus de doute — mais qu'il était officiel et qu'il avait été envoyé aux archevêques de Tolède (primat d'Espagne) et de Madrid. Le journal citait ensuite le porte-parole du Vatican, Frederico Alessandrini. Celui-ci avait déclaré que la Congrégation pour le Clergé avait produit un document qu'elle n'avait jugé nécessaire de communiquer ni aux autres membres de la curie papale, ni au pape Paul VI. L'avertissement aurait dû normalement pousser les journaux à conclure qu'après tout le fameux document n'était pas officiel, mais la déclaration d'Alessandrini se révéla trop subtile pour l'entendement de la presse ennemie de l'Asamblea. *Iglesia-Mundo* publia une photo du cardinal John Wright, préfet (directeur) de la Congrégation romaine pour le Clergé, accompagné d'une note précisant que le document avait été envoyé avec le consentement du Pape. On sut plus tard par des indiscrétions qu'il n'en était rien et que la photo n'était pas celle du cardinal Wright, mais de son collègue américain le cardinal Dearden, archevêque de Detroit.

Le 1er mars, l'agence Cifra, une quasi-filiale d'Efe, l'agence de presse officielle espagnole, télégraphia le résumé d'une étude préparée par *Iglesia-Mundo*, qui remettait en cause les conclusions de l'Asamblea. Mais Cifra et Europa Press ne diffusèrent le texte complet du document que le 4 mars. Le gouvernement était intervenu par deux fois pour prévenir une publication prématurée.

Le document tant annoncé était finalement une « étude » des conclusions de l'Asamblea Conjunta, préparée par une commission choisie parmi les membres de la Sacrée Congrégation pour le Clergé. A en juger par les termes de la lettre d'accompagnement signée du cardinal Wright et de l'archevêque Palazzini, il semble avoir été rédigé à l'intention du cardinal Enrique y Tarancón, archevêque de Madrid, connu pour ses idées libérales et principal architecte du revirement de l'Église vis-à-vis de Franco. Bien qu'étant le destinataire, Tarancón ne fut pas le premier à le recevoir. Il avait en fait nié l'existence du document le 21 février. Dans son discours d'ouverture à la conférence épiscopale de mars, l'archevêque de Madrid rétablit la chronologie des événements : le 21 février à neuf heures et demie du soir, un journaliste appelait Tarancón pour lui parler du document — dont le prélat nia l'existence ; le 26 février à treize heures trente, il vit pour la première fois un exemplaire du document, qui lui avait été communiqué par un autre évêque ; le 27 février à dix heures trente, Mgr Guerra Campos lui faisait parvenir des photocopies du document accompagnées de la lettre du cardinal Wright — qui était datée du 9 février.

Ce dimanche 27 février fut une journée critique pour Tarancón. Il songea d'abord à démissionner de ses fonctions. Par chance, il devait être à Rome le lendemain pour assister à une réunion prévue le 29 février. Il y rencontra le cardinal Villot, secrétaire d'État du Pape. Villot lui remit une lettre disant ceci :

> La Sacrée Congrégation pour le Clergé a fait étudier les documents établis [par l'Asamblea Conjunta]. Les considérations et conclusions de cette étude n'ont aucun caractère normatif, et n'ont pas reçu l'approbation d'une instance supérieure, c'est-à-dire du Saint-Père, à qui elles n'ont pas été communiquées.

Le Pape en personne reçut Tarancón pour l'assurer de son soutien. Au cours de leur réunion suivante, les évêques d'Espagne, ayant pris connaissance de la lettre de Villot, accusèrent respectueusement réception de cette « étude », mais exprimèrent gravement leurs regrets des « irrégularités de procédure constatées [à son propos], des fuites particulièrement fâcheuses en direction de la presse, de sa présentation tendancieuse, et des erreurs malencontreuses qui ont troublé l'opinion ».

La réunion ignora purement et simplement le conseil qui lui était donné de laisser de côté la première partie des conclusions de l'Asamblea Conjunta, qu'elle ratifia dans leur ensemble. Mgr Guerra Campos fut remplacé dans ses fonctions de secrétaire de la conférence épiscopale. L'affaire de cette « étude » de la Congrégation pour le Clergé fut un désastre complet, tant pour ceux qui l'avaient commandée que pour ceux qui voulurent l'exploiter afin de remettre en cause la nouvelle orientation politique des évêques d'Espagne concernant les rapports de l'Église et de l'État.

Comme il est naturel en pareil cas, on fit toutes sortes de conjectures sur l'identité de ceux qui avaient préparé la lettre.

Un porte-parole de l'Opus à Madrid déclara n'avoir pas entendu moins de cinq versions différentes. Le cardinal de Madrid n'en était pas moins fixé. Il avait reçu copie des lettres de Mgr Benelli au cardinal Wright, du cardinal Wright au cardinal Villot et de ce dernier à Tarancón lui-même. Aussi longtemps que Tarancón fut à la tête de l'archevêché de Madrid, la publication de ces lettres demeurait une menace pour les responsables. Il n'était pourtant pas difficile de remonter à la source sans crainte de se tromper.

La fameuse « étude » fut à l'origine écrite en espagnol, puis traduite en italien pour tenter d'en déguiser la provenance. Deux des auteurs étaient des membres espagnols de l'Opus : Alvaro del Portillo, alors secrétaire général, puis devenu bien sûr le successeur d'Escrivá de Balaguer à la tête de l'organisation, et Salvador Canals. Les noms d'un Jésuite âgé, Raimondo Bidagor, et d'un prêtre clarétien*, Anastasio Gutierrez, étaient également cités. Les quatre Espagnols travaillaient dans le même département de la Congrégation pour le Clergé dont le secrétaire n'était autre que l'archevêque (plus tard cardinal) Palazzini, qui était favorable à l'Opus et qu'on soupçonne d'avoir participé à la rédaction de « l'étude ». Le texte de celle-ci fut communiqué à Europa Press par un autre membre de l'Opus qui travaillait non pas à la Congrégation pour le Clergé, mais pour la commission de révision du Code de Droit canonique. A l'époque, Alvaro del Portillo était aussi membre de cette commission.

L'affaire du document venu de Rome révèle que l'Opus est fort bien entraînée à manipuler les média au mieux de ce qu'elle croit être son intérêt, à moins qu'il ne s'agisse de l'intérêt de l'Église — encore que ses membres n'aient jamais bien fait la différence : pour eux le bien de l'Opus et le bien de l'Église sont identiques. Dans ces conditions il est facile de comprendre pourquoi l'Opus semble attacher un tel prix au contrôle des moyens de communication, au point de posséder ses propres journaux et revues, ses propres sociétés de télévision ou ses propres écoles de journalisme. Dans de nombreuses capitales de pays catholiques — Bogotá par exemple ou Santiago du Chili — où elle n'est pas nécessairement propriétaire d'un grand quotidien du matin, on reconnaît fréquemment des membres de l'Opus parmi les auteurs réguliers d'articles éditoriaux. L'archevêque John

* D'après San Antonio Maria Claret, fondateur en 1849 de la Congrégation des Fils du Cœur de Marie *(N.d.T.)*.

Foley, chef de la Commission du Vatican pour les Communications Sociales (porte-parole du Vatican auprès des grands médias), a la réputation de nourrir de fortes sympathies pour l'Opus. Ce n'est sûrement pas une coïncidence si Russell Shaw, le porte-parole de la Conférence Nationale des Évêques catholiques aux États-Unis (du moins jusqu'à sa brusque démission d'octobre 1987), et Joaquin Navarro-Valls, l'interprète du Vatican lui-même, sont tous deux membres de l'Opus — Shaw est surnuméraire et Navarro-Valls numéraire.

En bons et loyaux disciples d'Escrivá, ces hommes sont vraisemblablement motivés par la maxime 836 d'*El Camino* : « Servir de porte-voix à l'ennemi est une suprême idiotie ; et si l'ennemi est l'ennemi de Dieu, c'est un grand péché. C'est pourquoi, sur le plan professionnel, je n'admire jamais la science de ceux qui s'en servent comme d'une tribune pour attaquer l'Église. » Le contraste est extraordinaire entre ces paroles d'Escrivá et les mots employés par Augustin d'Hippone (le grand saint Augustin), tout aussi opposé en son temps aux ennemis de Dieu que le fondateur de l'Opus Dei au XXe siècle : « Qui pourra jamais rendre pleine justice au génie intellectuel déployé par les philosophes et les hérétiques pour défendre leurs erreurs et leurs opinions fausses ? » *(Sur la Cité de Dieu, 22.24).*

L'affaire de l'Asamblea Conjunta, et le souci clairement manifesté par l'Opus de voir l'Église continuer à soutenir le régime répressif de Franco, trouvent leur justification dans les écrits d'Escrivá de Balaguer. Ces derniers montrent peu d'intérêt pour les charmes de la démocratie, et révèlent en politique un état d'esprit résolument favorable à la classe dirigeante — pourvu que celle-ci permette au catholicisme de s'épanouir librement. Les autres considérations ont moins d'importance : « Ne crois-tu pas que l'égalité, au sens où certaines gens l'entendent, puisse être synonyme d'injustice ? » (maxime 46). « Que de crimes on commet au nom de la justice ! », constatait Escrivá de Balaguer à la fin d'une série de recommandations sur la « sainte intransigeance » et le refus des compromis (maxime 400). Si l'oppression et l'injustice qu'ils voyaient autour d'eux parvenaient d'aventure à troubler certains membres, la maxime 702 était là pour les consoler : « Tu as des soucis. Écoute : quoi qu'il puisse arriver dans ta vie intérieure ou dans le monde qui t'entoure, n'oublie jamais que l'importance des événements ou des hommes est toute relative. » Un adepte serait-il tenté par les valeurs libérales que la maxime 849 vient lui apporter la force d'âme indispensable : « Gausse-toi de lui ! Dis-lui qu'il est en retard sur son époque : il est incroyable de constater que certaines gens persistent à considérer la diligence comme un bon moyen de transport. C'est exactement ce que j'éprouve en face de ceux qui pratiquent un "voltairianisme" suranné, ou qui prônent les libéralismes poussiéreux du XIXe siècle. » L'idéal de l'Opus est à cent lieues de l'héroïsme : « Tu parles de mourir en héros. Ne crois-tu pas qu'il soit plus "héroïque" de finir en bourgeois, discrètement, dans un bon lit... que de mourir du "mal d'amour ?" (maxime 743). Il y a peu de chances de découvrir un Camilo Torres dans les rangs de l'Opus Dei.

Une telle formation spirituelle, jointe aux solides vertus bourgeoises (lit de mort compris) dont Escrivá se faisait l'avocat et que nous retrouvons enchâssées dans les Constitutions, appelle une remarque : elle incite les membres de l'organisation à se tourner vers les régimes militaires de droite ou qui assoient leur autorité sur d'autres formes de répression, spécialement ceux qui, comme au Chili, ont perdu l'appui de l'Église. De même l'Opus approuvait en son temps le régime de Franco.

Il existe à Bogotá un collège des Jésuites séparé seulement du palais présidentiel par une rue étroite. Une des nombreuses fois où les Jésuites ont eu des difficultés avec les gouvernements colombiens, ce collège fut confisqué par l'État, qui le restitua bien après que la Société de Jésus eut retrouvé droit de cité dans le pays. Elle entreprit donc la construction d'un nouvel établissement pour se retrouver finalement à la tête de deux collèges portant l'un et l'autre le nom de San Bartolomé de la Merced. Mais le plus ancien des deux remonte aux premiers temps de la Colombie et, comme son homologue de Medellin, la deuxième ville du pays, il a formé des générations de jeunes gens appartenant aux grandes familles, celles qui fournissent depuis toujours au pays ses chefs d'État. Il n'en est plus de même aujourd'hui. Les Jésuites colombiens ne sont pas plus radicaux que leurs frères d'Amérique latine, mais on les regarde désormais avec suspicion. Les élites préfèrent envoyer leurs enfants dans les écoles de l'Opus Dei : là, au moins, ils ne seront pas instruits dans la nouvelle « théologie de la libération », qui prêche une restructuration de la société pour une plus grande justice à l'égard des pauvres.

Il se passe exactement la même chose avec le collège des Jésuites à Santiago, la capitale du Chili. Là comme partout en

Amérique latine, les noms de ceux qui gouvernent et qui sont membres ou sympathisants de l'Opus sont bien connus des milieux ecclésiastiques.

Le cas de l'Espagne mis à part, l'influence considérable de l'Opus dans les autres pays de langue espagnole ne revêt pas la forme d'une conspiration pour s'emparer du pouvoir civil au nom de l'Église telle que la conçoivent ses membres. Même si l'Opus s'intéressait au pouvoir politique en tant que tel, l'expérience de la débâcle espagnole — l'assassinat en décembre 1973 de l'amiral Carrero Blanco, grand protecteur de l'Opus, amena Franco à modifier totalement la composition de son gouvernement — suffirait à la dissuader pour longtemps de tenter quoi que ce soit dans ce sens.

Ce qui compte bien davantage, c'est par exemple la mentalité d'un membre de l'Opus, formé selon les principes évoqués plus haut. « Ignacio Valente » est le pseudonyme de José Miguel Ibañez Langlois, prêtre appartenant à l'Opus et chroniqueur littéraire du quotidien de Santiago *El Mercurio*, un journal favorable au gouvernement Pinochet. Le 5 octobre 1986, il faisait son propre panégyrique sous le titre « Vingt années de critique » :

> Je n'ai jamais écrit une préface, jamais présenté un livre, je ne vais pas aux réunions littéraires, je refuse les déjeuners en ville *[cenaculos]*, je ne fréquente pas les autres écrivains, et cela faute de temps : mon sacerdoce remplit tous les jours de mon existence, je voudrais écrire mes propres œuvres poétiques, et aussi des essais. Mais cette raison mise à part, il en existe une autre plus profonde : je pense qu'un critique doit prendre ses distances avec le monde littéraire, et s'abstenir de tout engagement personnel. Il y a encore un autre motif : la conviction qu'une œuvre vaut mieux généralement que celui qui l'a écrite. Je préfère régulièrement les ouvrages à leurs auteurs. J'ai des amis dans ce milieu, c'est logique, mais je les traite — sur le plan de la critique — comme s'ils ne l'étaient pas. J'ai aussi des ennemis, c'est évident, mais j'essaye de les traiter de la même façon, comme s'ils n'étaient pas des adversaires.

Cet article fut sans doute écrit pour étonner, mais ce qui donne froid dans le dos, c'est qu'Ibañez Langlois se vante de ne prendre aucun engagement personnel, en dehors de son travail d'écrivain et de l'accomplissement de son ministère au service de l'Opus. Au même moment dans la même ville, d'autres prêtres descendaient dans la rue pour manifester leur opposition au régime brutal du général Pinochet, ce qui leur valait d'être matraqués par la police, souvent emprisonnés et persécutés sous le moindre prétexte. Ces thèmes-là ne sont pas évoqués dans la poésie d'Ibañez.

« Non. L'Opus Dei n'a rien à voir avec la politique. Elle est absolument étrangère à toute tendance ou groupement politique, idéologique ou culturel. » Voilà ce que disait Escrivá de Balaguer au cours de son entretien avec Peter Forbarth de la revue *Time*[12]. Dans un article intitulé « L'Opus Dei et les activités de ses membres », paru d'abord dans *Studi Cattolici*, numéro 31 de juillet/août 1962[13], Julián Herranz, grand défenseur de l'Opus devant l'Éternel, écrit spécifiquement à propos du rôle politique de l'organisation en Espagne, ou plutôt comme on va le voir de l'absence de celui-ci :

> L'Opus Dei ne se situe pas à droite, à gauche ou au centre, dans la mesure où ses buts sont d'ordre spirituel et non politique. Il se trouve sans doute des gens pour prétendre qu'elle est un parti politique et qui se donnent beaucoup de mal pour la ranger dans tel ou tel camp. L'Opus Dei n'a pourtant ni l'intention ni les moyens de descendre au royaume de César. En revanche, ses membres le peuvent certainement, et ils sont entièrement libres de le faire en fonction de leur jugement personnel et de leurs opinions. C'est afin d'éclaircir ces différents points et de confirmer ce qui précède que le secrétariat de l'Opus Dei en Espagne adressait à la presse en 1957 une note précisant que « l'Opus Dei est un institut séculier de l'Église catholique dont les activités sont exclusivement et directement d'ordre apostolique ; en vertu de ce même esprit, elle reste en dehors de toute sphère d'influence politique, et ce dans tous les pays. L'Opus Dei désavoue formellement toute personne ou groupe de personnes qui utiliserait le nom de l'Institut pour ses activités politiques. Dans ce domaine comme en ce qui concerne leurs activités professionnelles, financières ou sociales, et à l'instar des autres catholiques, les membres de l'Opus Dei

jouissent d'une liberté totale, dans les limites de ce que nous enseigne la foi chrétienne » (Madrid, 12 juillet 1957).

Cet article de Julián Herranz est devenu classique ; on s'y réfère d'ailleurs chaque fois, et le cas se présente souvent, qu'une discussion à propos de l'Opus tourne autour de son engagement politique.

L'argument se résume alors à ceci que les membres de l'Opus, en leur qualité de bons citoyens, ont parfaitement le droit de jouer un rôle dans le gouvernement de leur pays. Mais ce rôle est le fait d'un choix personnel : il ne leur est pas imposé, pas plus que l'Opus ne se permet de leur imposer une orientation politique. Voilà ce que l'on affirme, et qui pourtant ne cadre guère avec le paragraphe 202 de la Constitution de 1950, quand il déclare : « Les emplois publics, et spécialement ceux qui comportent de hautes responsabilités, sont pour l'Institut des moyens particuliers d'accomplir son apostolat. »

L'Opus Dei se tient donc à l'écart de la politique en tant que personne morale. « Si c'est vrai, alors l'Opus devrait jouer un rôle positif sur le plan politique », déclarait un distingué théologien espagnol en 1971, alors que l'Église d'Espagne se démarquait énergiquement d'un régime soutenu par de nombreux ministres appartenant à l'organisation.

Mais la vérité est plus complexe. La spiritualité de l'Opus et ses structures inculquent à ses adeptes une conception de l'existence fondée sur une société hiérarchisée, vouant un véritable culte aux valeurs bourgeoises et respectueuse à l'excès de l'autorité. Dans cette vision planétaire, la valeur suprême est le travail de l'homme, et plus concrètement le travail de l'homme dans l'exercice d'un métier ou d'une profession. Dans son article, Herranz cite un Anglais membre de « l'Association » et auteur d'une lettre parue dans l'*Observer* du 26 août 1962. Cet homme avait attiré l'attention des lecteurs sur les membres de l'Opus se trouvant parmi les mineurs en grève dans le nord de l'Espagne, et que leurs revendications opposaient à un gouvernement comprenant d'autres membres de l'Opus. Il ne fait aucun doute que l'on trouve des membres de l'Opus dans la classe ouvrière, même en dehors des auxiliaires féminines recrutées pour faire le ménage dans les résidences des hommes. Un téléfilm italien réalisé à l'occasion du cinquantième anniversaire de la fondation de l'Opus Dei, et dont celle-ci se servit largement pour sa propagande, montrait un conducteur d'autobus de Manchester. Il était irlandais.

On ne rencontre certes pas beaucoup de conducteurs d'autobus anglais ou irlandais qui possèdent un diplôme académique équivalant au doctorat, pourtant indispensable à qui veut devenir numéraire, le seul grade qui confère le statut de membre à part entière. Et il est bien clair, qu'il s'agisse de la Constitution de 1950 ou de celle de 1982, que l'Opus vise avant tout à recruter des hommes et des femmes ayant une activité professionnelle — encore que la Constitution de 1950 ne fasse aucune mention spéciale des gens qui travaillent pour le gouvernement (voir Constitution de 1950, paragraphe 4.2).

Il ne fait pas de doute que l'Opus Dei attire dans ses rangs les hommes d'affaires catholiques par son message de sanctification dans le travail, de compréhension indulgente à l'égard de l'apostolat du déjeuner, de l'apostolat « de ne pas donner » et sa glorification des valeurs de la classe moyenne (voir p. 115-116). Rien en théorie n'empêche de tels hommes d'évoluer dans une vaste gamme de milieux politiques et sociaux. Mais il n'est pas réaliste d'y croire. Quand l'économie espagnole était aux mains de membres de l'Opus, ceux-ci développèrent l'industrie privée au détriment des entreprises publiques. Certains ont objecté[14] qu'il y avait à cela deux grandes raisons. En premier lieu, le principal adversaire politique de l'Opus en Espagne était la *Falange* (la Phalange) qui n'avait pas été dissoute en raison de son appui à Franco durant la guerre civile. Fasciste et socialiste à la fois, elle soutenait les industries nationalisées. On apprenait en second lieu dans les bons collèges catholiques que l'État ne devrait jamais se substituer à l'individu dans tout ce qu'il peut réaliser par lui-même. L'État devait créer les conditions favorables à l'épanouissement de l'entreprise privée, n'intervenant directement que si la tâche dépassait les possibilités des entrepreneurs.

L'entreprise privée put donc s'épanouir librement. Mais dans ce climat, le sens aigu des affaires que l'on prêtait aux gens de l'Opus se trouva parfois pris en défaut. L'Espagne connut deux scandales financiers de grande envergure mettant en cause des membres de l'Opus et leurs entreprises, d'abord celui de Matesa en 1969, puis celui de Rumasa en 1983.

Matesa (Maquinaria Textil de Norte de España), fondée en 1956, avait son siège à Pampelune et employait environ 2 000 personnes à la fabrication de machines textiles. On la tenait généralement pour une des affaires les plus dynamiques du pays : à l'époque de sa faillite, en août 1969, elle ne contrôlait pas moins de soixante-quinze autres firmes en Espagne et à l'étranger. Sa croissance était en grande partie due à l'acquisition, par des moyens quelque peu douteux, d'un brevet couvrant un certain type de métier à tisser : le brevet fut payé en francs français qui sortirent d'Espagne en fraude et figurèrent au bilan sous forme de paiement de royalties. Matesa perfectionna le métier, mais l'argent lui manquait pour le lancer sur le marché mondial. Pour se procurer les fonds nécessaires, le président de la société, Juan Vila Reyes, souscrivit un emprunt auprès d'une banque espagnole, la Banco de Crédito Industrial, prétextant qu'il en avait besoin pour financer des ventes de machines entièrement fictives. Le montant du prêt, soit environ cinq milliards de pesetas (près de deux cent cinquante millions de francs français de 1993), fut une nouvelle fois exporté frauduleusement pour réapparaître dans les écritures sous forme de paiement de marchandises ; au moment du dépôt de bilan, la firme avait des dettes de plus de dix milliards de pesetas (cinq cents millions de francs). Vila Reyes fut jugé deux fois pour ses agissements : la première fois il fut condamné à trois ans de réclusion et à une forte amende, la deuxième fois il répondait de 424 accusations différentes qui lui valurent un total de 224 années de prison (le procureur en avait demandé 1 290) ; il fut également condamné à rembourser la presque totalité des dettes de l'entreprise.

Vila Reyes avait appris son métier dans la célèbre école d'administration des affaires dirigée par l'Opus à Barcelone. Son conseiller juridique, Villar Palasi, qui était ministre de l'Éducation nationale à l'époque du scandale, fréquentait les milieux de l'Opus Dei. Le ministre de l'Industrie, qui avait approuvé les prêts, n'était autre que López Bravo. Un autre membre de l'Opus, Mariano Navarro Rubio, qui était gouverneur de la Banque d'Espagne à l'époque de la fraude, dut démissionner. Vila Reyes reconnut avoir fait un modeste don d'environ trois millions de pesetas à son ancienne école de l'Opus. Les rumeurs de l'époque prétendirent qu'il s'agissait d'une somme très supérieure ; une commission parlementaire ne réussit pas à déterminer le montant des contributions de Vila Reyes à l'université de Navarre à Pampelune, mais certaines sources firent état de la somme de cent vingt millions de pesetas (environ six millions de francs d'aujourd'hui) ; selon les mêmes sources, l'ensemble des donations à l'Opus aurait atteint près de deux milliards quatre cents millions de pesetas, comprenant des dons substantiels destinés au siège de l'Opus à Rome, à une université du Pérou, et à des résidences pour étudiants aux États-Unis[15]. Toutes ces rumeurs furent bien entendu démenties par le porte-parole de l'Opus à Madrid. Il ne pouvait cependant pas nier le fait qu'un industriel formé par l'Opus Dei était en prison pour fraude — avec la complicité d'autres membres de l'organisation, qui réussirent néanmoins à éviter d'être poursuivis.

Bien que le cas Matesa ait en son temps jeté quelque lumière sur les méthodes commerciales approuvées par l'Opus, le désastre Rumasa est encore plus révélateur. A un certain moment Rumasa se trouvait être un des plus grands groupes privés d'Espagne. La firme possédait dix-huit banques et des chaînes de magasins, Galerias Preciados et Sears et Roebuck, entre autres. Elle était plus connue aux États-Unis pour son activité d'importation de vins (dont le responsable était originaire de Jerez de la Frontera) qui commercialisait des marques célèbres comme le sherry Dry Sack. Elle possédait aussi en Grande-Bretagne la marque Augustus Barnett, une chaîne de boutiques où l'on vendait des liqueurs au détail. Ce véritable empire groupait en tout 245 sociétés. Quand il s'effondra en février 1983, le passif excédait l'actif de quelque dix milliards de francs.

L'homme qui avait fondé Rumasa, et qui allait demeurer à sa tête jusqu'à la reprise du groupe par le gouvernement espagnol, s'appelait José Maria Ruiz-Mateos (le sigle Rumasa veut dire Ruiz-Mateos Sociedad Anonima). Après l'écroulement de son empire, il s'enfuit à Londres (comme le fit évidemment Roberto Calvi, président de la Banque Ambrosiano, dont le corps devait être retrouvé pendu sous le tablier de Blackfriars Bridge), et fut finalement arrêté en Allemagne et transféré en Espagne pour être jugé.

Tandis qu'il se trouvait à Londres, Ruiz-Mateos fit savoir à la presse qu'il avait donné de grosses sommes d'argent aux partis politiques, à certains leaders politiques et aux syndicats ouvriers. Malgré sa sympathie déclarée pour les buts de l'organisation, il déclara ne pas être membre de l'Opus Dei[16] : on se demande alors pourquoi il écrit dans le journal qu'il tenait dans sa prison de Madrid qu'il avait disposé sur la table de sa cellule[17] un portrait d'Escrivá de Balaguer à côté d'une image pieuse représentant la Vierge Marie étreignant son fils, ou qu'il avait reçu la visite de membres de l'Opus venus le menacer d'expulsion. Il ne nia pas cependant avoir fait une donation substantielle — on parle de sept millions de livres — *via* les îles anglo-normandes — à un établissement d'enseignement de l'Opus au Royaume-Uni. Alors que la BBC préparait au début 1983 une émission télévisée consacrée à l'organisation, les enquêteurs s'étonnèrent de la manière dont la Netherhall Educational Association (NEA) contrôlée par l'Opus avait réussi à trouver les fonds nécessaires pour financer ses importants achats immobiliers — une partie de ces derniers étaient financés par des prêts à faible taux d'intérêt consentis en devises étrangères.

La Netherhall Educational Association vit le jour en 1964, mais ce n'était pas tout à fait la première implantation de l'Opus en Grande-Bretagne. En 1954, Michael Richards et un prêtre espagnol nommé Juan Antonio Galarraga, tous deux domiciliés 18, Netherhall Gardens, avaient créé une fondation charitable pour le compte de la « société catholique érigée en institut séculier selon le droit canon de l'Église catholique romaine, et connue sous le nom de Société Sacerdotale de la Sainte Croix et de l'Opus Dei ». Au bout de vingt-cinq ans, elle n'avait toujours pas fait de déclaration d'existence auprès des Charity Commissioners (comité de surveillance des œuvres de bienfaisance), négligence ou désinvolture qui plongea les commissaires dans un trouble légitime.

L'acte établissant la fondation de 1954 lui assignait pour objet « le progrès de la religion catholique romaine ». Il donnait aux administrateurs le pouvoir « discrétionnaire » d'acheter et de vendre tous biens meubles et immeubles, actions et parts de sociétés cotées ou non, obligations et titres, etc. Les administrateurs étaient nommés — ou révoqués — par le « Président national », autrement dit le conseiller régional de l'Opus, qui disposait d'un contrôle absolu sur le choix des administrateurs de la Société Sacerdotale, de même qu'il désigne et renvoie sans appel les directeurs de toute société filiale de l'Opus. Quand la Société Sacerdotale eut enfin régularisé sa situation d'œuvre de bienfaisance en 1965, elle se déclara propriétaire de trois immeubles, Grandpont House à Oxford (voir p. 75), une maison de Manchester, et son quartier général en Grande-Bretagne, qui se trouvait à Londres au 6, Orme Court, non loin de Bayswater Road. A ce moment-là cependant, la fondation avait déjà vendu d'autres immeubles, dont ceux des 16 et 18, Netherhall Gardens, mis à la la disposition de la Netherhall Educational Association. Créée en 1964, cette dernière était administrée par sept directeurs qui résidaient tous, sauf un, dans des maisons connues pour appartenir à l'Opus Dei. La NEA avait acheté les deux maisons pour 60 000 livres, mais cette somme provenait d'une donation faite à cette intention par la Société Sacerdotale.

Malgré des lacunes, la NEA se montre un peu mieux disposée à tenir ses comptes que la Société Sacerdotale. (Elle fut tout de même sommée par la Haute Cour, division de la Chancellerie, en février 1979, d'expliquer pourquoi elle avait omis d'enregistrer trois hypothèques, ce qui constituait naturellement une infraction au droit des sociétés.) Ses rapports annuels d'activité font état d'un grand nombre d'acquisitions immobilières d'une valeur généralement élevée, afin de poursuivre son objectif déclaré « d'éducation selon l'idéal chrétien ». L'association agrandit ses installations du site de Netherhall grâce à un prêt hypothécaire de 250 000 livres consenti par le Conseil du Grand Londres (organisme aujourd'hui défunt) et à une subvention de 75 000 livres accordée par le British Council à condition de réserver 80% de sa capacité d'hébergement aux étudiants étrangers[18]. Au nombre de ces acquisitions, figuraient Dawliffe Hall, sur le Chelsea Embankment, qui devint en 1980 la propriété de la Dawliffe Educational Foundation, ainsi que la Shelley House voisine, achetée en 1976 pour près de 500 000 livres, et des propriétés diverses à Londres et un peu partout dans le pays. Il semble que la Dawliffe Educational Foundation soit le centre opérationnel qui sert de base aux activités charitables de la section féminine de l'Opus.

Une bonne partie des immeubles dont la NEA ou la Dawliffe Educational Foundation sont propriétaires se trouvent à Londres, et sont particulièrement bien situés. Orme Court semble jouir d'une faveur spéciale, car en plus du numéro 6, sa première acquisition qui abrite toujours son siège général en Grande-Bretagne, l'Opus vient d'acheter les numéros 1, 4, 5, 7 et 10 pour un total largement supérieur à un million de livres. Le nord de l'Angleterre paraît offrir moins d'intérêt, bien que la NEA ait fondé en 1974 la Greygarth Association Ltd, chargée plus particulièrement, semble-t-il, de ses activités apostoliques dans les régions septentrionales.

Ruiz-Mateos reconnut avoir donné des sommes importantes aux œuvres charitables de l'Opus en Grande-Bretagne, et les comptes de la NEA font effectivement apparaître des prêts substantiels consentis en dollars, en francs suisses ou en deutsche marks à des taux remarquablement attractifs. En septembre 1983, le montant des emprunts chirographaires en devises à des taux compris entre 0 et 3 % s'élevait à un million cinq cent mille livres. Dawliffe et Greygarth avaient bénéficié de prêts similaires pour des montants moins élevés. Les « partenaires charitables » de la NEA fournirent aussi de l'argent, comme l'a fait en 1980 le grand groupe hôtelier Trust House Forte. Dans ce dernier cas, la somme n'était pas énorme, compte tenu du budget immobilier de l'Opus, puisqu'il s'agissait d'un simple prêt sans intérêt de cinquante mille livres. Quatre ans plus tard, en août 1984, Lord Forte remettait un chèque de cinquante mille livres à Netherhall House. En leur qualité d'œuvres charitables, la Société Sacerdotale et ses filiales peuvent solliciter de leurs donateurs des conventions dont le montant est déductible de l'impôt sur le revenu qu'elles ont déjà payé. Les membres des ordres religieux reversent couramment les recettes qu'ils ont pu encaisser au profit de leur ordre. L'Opus a probablement la faculté de bénéficier de ce système, et l'on voit effectivement apparaître ces recettes dans les comptes de la NEA, bien que pour un total inférieur à celui qu'on serait en droit d'attendre. Il se peut qu'une partie des sommes fournies par les « partenaires charitables » comme la Dawliffe Educational Association soient couvertes par des conventions utilisées à leur profit par les membres numéraires.

A cela s'ajoutent des efforts concertés pour se procurer de l'argent par d'autres moyens. Le Netherhall House Trust fut précisément créé dans ce but en 1970, pour compléter l'action de Netherhall House. Parmi les huit premiers administrateurs se trouvaient sir George Bolton, qui venait de passer treize ans dans le fauteuil de président de la Bank of London and South America, et sir Philip de Zulueta, autre banquier distingué qui avait d'abord été le secrétaire particulier de plusieurs premiers ministres avant de quitter le service public. Chaque année, les directeurs de la NEA tiennent à remercier les membres du conseil d'administration de leurs efforts pour réunir des fonds permettant d'amortir l'hypothèque de Netherhall. La contribution du Netherhall House Trust varie avec les années ; elle est parfois considérable, mais reste sans commune mesure avec le montant des prêts de l'étranger consentis à des taux bien au-dessous de ceux du marché. Les sources de cette dernière générosité n'ont cependant pas été divulguées[19].

D'après un article paru dans le mensuel irlandais *Magill*[20], le Netherhall Educational Trust a été sollicité par le groupe privé de bureaux d'études constitué par Seamus Timoney, ingénieur et professeur de mécanique au collège universitaire de Dublin, membre de l'Opus depuis les années 50. Toujours selon *Magill*, Timoney fut à même d'utiliser pour ses sociétés, non seulement les fonds, mais aussi les compétences techniques de l'Opus. L'une de ses principales réussites fut la mise au point du véhicule blindé de transport de personnel Timoney, dont la production débuta en 1978, et qui fut vendu en Argentine au gouvernement militaire du général Jorge Videla. Timoney fut également conseiller, tant du ministère de la Défense à Londres que du Pentagone à Washington.

Des liens étroits ont toujours existé entre l'Opus d'Irlande et celle de Grande-Bretagne. Bien avant l'établissement de la Société Sacerdotale à Londres, Michael Richards s'était rendu à Dublin pour participer à la création de University Hostels Ltd. Les cofondateurs de cette entreprise étaient Cormac Burke et Richard Mulcahy. Les trois hommes devinrent par la suite membres de l'Opus. A Dublin comme à Londres, les règles étaient les mêmes : les directions des sociétés liées à l'Opus étaient placées sous le contrôle du délégué général de l'Opus dans le pays. University Hostels attira de nombreux et distingués commanditaires — dont deux évêques conservateurs et un ancien premier ministre de la République d'Irlande, John Costello — mais leur motivation ne pouvait être que désintéressée : il ne fallait pas s'attendre à un retour de l'investissement ; au surplus, les parts proposées n'étaient pas assorties d'un droit de vote aux assemblées générales. *Magill* rapporte encore qu'en 1983, la majorité des parts était détenue par le Lismullin Scientific Institute et le Tara Trust, ces deux organismes étant domiciliés à la même adresse, celle d'une résidence de l'Opus Dei.

Dans une certaine mesure, le modèle irlandais reflète celui de l'Angleterre : l'Opus possède des biens immobiliers d'une valeur considérable dans des quartiers privilégiés mais, en raison peut-être de la nature particulière de la société irlandaise, l'organisation paraît avoir été capable de diversifier ses intérêts plus que dans le Royaume-Uni. Elle a su par exemple, au moyen d'une fondation pour le développement de l'éducation, ouvrir des établissements d'enseignement secondaire, comme elle l'avait fait en Espagne et dans certains pays d'Amérique latine. Ses écoles de Dublin visent, prétend le docteur John Roche, « les élites de la société dublinoise ». Elles sont populaires, au point que les élèves font parfois des trajets de quinze, voire trente kilomètres, pour assister aux cours. Les sexes sont bien entendu rigoureusement séparés. Roche considérait les frais de scolarité comme outrageusement élevés, soit 460 livres par an pour l'année 1983 ; les parents anglais qui confient leurs enfants à l'enseignement privé auraient probablement trouvé que c'était bien raisonnable. Ils pourraient en revanche s'étonner de la méthode employée par la fondation éducative pour amortir le déficit d'exploitation des écoles, qui est sûrement très important. Elle a créé en 1975 une société baptisée la Park Industrial and Provident Society. Pour chaque élève qui fréquente les écoles de l'Opus, il est demandé aux parents de prêter sans intérêt une certaine somme (1 200 livres en 1983) à cette dernière entité.

L'Opus possède également en Irlande des intérêts considérables dans l'édition. Scepters Publishers Ltd ouvrit ses portes à Dublin en 1975 : c'était un nouveau maillon d'une chaîne de sociétés du même nom établies un peu partout dans le monde, véritable outil de commercialisation des ouvrages de l'Opus Dei, y compris *The Way (El Camino).* Toujours selon Roche, elle cessa ses activités en 1978, mais l'édition des ouvrages fut confiée à une autre maison : plusieurs des livres dont je me suis servi pour cette étude, par exemple, furent publiés par Four Courts Press, fondée en 1969 par Michael Adams, membre numéraire de l'Opus. Four Courts Press édite aussi les livres et les brochures écrits par le Dr Jeremiah Newman, peut-être le plus conservateur de tous les évêques d'Irlande. Michael Adams contrôle aujourd'hui l'Irish Academy Press, qui a racheté les actifs de l'entreprise du même nom qui avait fait faillite en 1974 avec des dettes de 1,4 million de livres. Michael Adams avait été jadis administrateur de l'Irish Academy Press.

Scepters survit apparemment au Royaume-Uni. Elle est installée 1 et 2, Leopold Road, près de la station de métro d'Ealing Common, dans un immeuble payé près de 100 000 livres en 1974, qui abrite également Westpark, un centre d'études pour les garçons. C'est la Scepter anglaise qui avait publié en 1977 le livre de Bernal, *Mgr Escrivá de Balaguer*, souvent cité au début de cet ouvrage. Mis à part le dernier recueil de maximes et d'aphorismes d'Escrivá, *The Forge* (La forge), publié en janvier 1988, Scepter UK ne semble pas avoir déployé récemment une grande activité, encore que le *Scepter Bulletin* paraisse toujours dix fois par an. Vendue au prix de 70 p (environ 6 francs), cette minuscule publication comporte un mélange d'articles pieux d'un ton nettement conservateur, et de longs extraits de déclarations pontificales empruntées à l'édition anglaise hebdomadaire de l'*Osservatore Romano*, le quotidien du Vatican. Il n'est bien entendu pas rare pour les groupes religieux de produire leurs propres journaux mensuels ou trimestriels : dans le Royaume-Uni, pour ne citer que deux exemples, les Dominicains éditent *New Blackfriars*, tandis que les Jésuites lisent *The Month*. Mais dans l'un et l'autre cas, la filiation du journal est claire, et reconnue. A moins de savoir que son rédacteur en chef, John Horrigan, était autrefois le porte-parole de l'Opus à Londres, il serait impossible de déterminer à quel groupe appartient le *Scepter Bulletin*.

Bien entendu, l'Opus dira que cette société, comme la plupart des autres, n'est pas une société de l'Opus Dei, mais qu'elle appartient à des membres de l'Œuvre. C'est peut-être vrai, strictement parlant. En dehors de la fondation érigée en 1954 sous le nom de Société Sacerdotale de la Sainte Croix et de l'Opus Dei, les autres entités légales dans lesquelles les membres exercent leur activité comprennent souvent des gens qui n'appartiennent pas à l'organisation. On les appelle les « œuvres communes ». Il y a aussi les « œuvres coopératives » auxquelles collaborent numéraires et surnuméraires, et dont ces derniers sont seuls propriétaires, mais qui peuvent employer des « non-membres ». Les sociétés d'édition font typiquement partie des premières, les écoles des secondes. Mais c'est un sophisme de vouloir distinguer l'un ou l'autre type d'entreprise de celles qui sont purement Opus Dei. En premier lieu, tous les profits réalisés par des numéraires, quelle que soit leur activité, sont versés à l'Opus. C'est la conséquence de l'obligation de pauvreté qu'ils se sont imposée. Même les membres surnuméraires (ou mariés) ont le devoir de donner le plus possible à l'œuvre et subissent des pressions dans ce sens. Il est certain d'autre part qu'aucun membre numéraire, et probablement aucun surnuméraire, ne se lancera dans une entreprise sans en avoir au préalable discuté longuement avec son directeur ; le devoir de totale franchise vis-à-vis du directeur s'impose tout autant dans ce domaine que dans les autres. Et il y a une troisième raison :

> Les membres de l'Opus Dei, qu'ils agissent individuellement ou en groupe à des fins culturelles, artistiques, financières, etc., le font dans le cadre de ce qu'on appelle des « sociétés auxiliaires ». Dans leurs transactions, ces sociétés sont également soumises à

l'obéissance aux autorités hiérarchiques de l'Institut (Constitution de 1950, paragraphe 9).

Tous les cinq ans, d'après le paragraphe 375 du même document, l'administrateur général doit inspecter chacune des régions de l'Opus. « Il mettra sa visite à profit pour inspecter aussi les sociétés auxiliaires. »

Il se trouve d'anciens membres de l'Opus — Vladimir Felzmann est un de ceux-là —, pour se déclarer prêts à accepter sa position officielle selon laquelle les intérêts commerciaux des membres sont leur affaire, les éventuelles malversations, comme dans le cas de Matesa ou de Rumasa, sont de la responsabilité des dirigeants de ces entreprises, et l'Opus n'est nullement concernée. Dans la mesure où les sociétés liées à l'Opus paraissent étroitement imbriquées les unes dans les autres, et si l'on se réfère aux trois points mentionnés plus haut, il semble difficile, pour ne pas dire impossible, de défendre ce point de vue.

C'est d'autant plus étonnant que l'Opus n'a pas réellement besoin d'observer une telle réserve. Elle a toutes les raisons du monde, en sa qualité de corps constitué, de chercher à gagner de l'argent. Toutes (ou presque toutes) les organisations religieuses de l'Église catholique sont obligées d'en faire autant, et disposent à cet effet d'une personnalité juridique adéquate : les Jésuites de Grande-Bretagne, par exemple, sont connus légalement sous le nom de « Trustees for RC Purposes Regd », raison sociale admirablement touche-à-tout. Peu d'organisations, toutefois, sont à même de réunir les sommes nécessaires aux investissements immobiliers réalisés par l'Opus en Grande-Bretagne depuis 1954.

Que l'Opus soit riche n'est pas niable. Ruiz-Mateos lui-même avoue lui avoir donné autour de quatre milliards de pesetas (environ deux cents millions de francs d'aujourd'hui) durant les vingt-trois ans d'existence de Rumasa. On rapporte que Larrain Crusat — une société chilienne dont l'ascension sous le régime de libre entreprise mis en place par des économistes formés aux États-Unis, vers la fin des années 70, fut suivie d'une chute non moins spectaculaire comparable à celle de Rumasa — faisait à l'Opus une rente de 10 millions de pesos par mois à l'époque où la parité s'était stabilisée autour de 40 pesos pour un dollar[21]. Indépendamment de telles aubaines, les administrations régionales font parvenir à Rome le dixième de leurs revenus, tandis que les résidences locales versent le dixième de leurs recettes aux administrations régionales. Tout le surplus provenant de donations ou de recettes excédentaires est également reversé à Rome. Maria del Carmen Tapia, qui dirigeait la section féminine du Venezuela au milieu des années 60, calcule qu'elle versait à l'époque entre dix et douze mille dollars par an aux Œuvres pour la Religion (*Instituto per le Opere di Religione*, ou IOR dans son abréviation italienne). Elle pensait que cet argent servait à la formation des prêtres et à soutenir financièrement un collège de femmes. Elle ne réalisait pas à ce moment-là que le sigle IOR est le nom officiel de la Banque du Vatican.

Cet établissement bancaire fit ses débuts en 1887 en collectant des fonds pour les œuvres de l'Église à travers le monde ; il s'appelait alors Administration des Œuvres de Religion. C'est le pape Pie XII qui lui donna son nouveau nom en 1942, et accrut son rôle en l'autorisant à recevoir de l'argent en dépôt et à l'investir pour le compte des ordres religieux et d'autres entreprises liées à l'Église qui avaient des fonds à gérer un peu partout dans le monde. Elle a son siège social à l'intérieur de la Cité du Vatican, donc hors du territoire italien, et n'est de ce fait pas soumise aux lois régissant les institutions bancaires en Italie. C'est plus une banque d'affaires qu'une banque de dépôts, bien qu'elle assure aussi ce service aux personnes proches du Vatican. Il n'existe bien entendu ni barrières douanières ni points de contrôle entre la République italienne et l'Etat du Vatican. Tout Italien désireux de contourner la réglementation des changes en vigueur dans son pays est en conséquence tenté de s'adresser à l'IOR. Depuis 1971, la banque est présidée par l'archevêque Paul Marcinkus, un prélat d'origine lituanienne natif de Chicago, qui paraît avoir été le garde du corps et l'organisateur des voyages du Pape. L'imposante stature de Marcinkus ne passa pas inaperçue durant les périples pontificaux, jusqu'au jour où les mandats d'arrêt lancés contre sa personne le contraignirent à ne plus franchir les limites de la Cité du Vatican : celle-ci est de loin le plus petit État du monde, puisqu'elle occupe le tiers de la superficie de la Principauté de Monaco.

Marcinkus rejoignit l'IOR en 1968, à l'époque où le Vatican cherchait à diversifier ses investissements. L'un des personnages consultés à cet effet s'appelait Michele Sindona, un banquier sicilien étroitement lié à la Mafia, qui fut un temps l'associé de David Kennedy, de la Continental Illinois. En mars 1980, il fut condamné à vingt-cinq ans de prison aux États-Unis pour soixante-huit délits de fraude et autres charges similaires, délits consécutifs à la faillite survenue en 1974 de la Franklin National Bank dont il était propriétaire mais il fut extradé par la suite vers l'Italie pour répondre des charges qui pesaient sur lui après la faillite, survenue également en 1974, de la Banca Privata Finanziaria, qui lui appartenait aussi. Il mourut dans une prison italienne le 22 mars 1986 après avoir bu du café empoisonné. L'année de la faillite des banques de Sindona, l'IOR rendit compte de lourdes pertes — elles étaient estimées au total à environ deux cents millions de dollars[22] — subies par la Banco di Roma per la Svizzera, une filiale dont elle possédait la moitié du capital, l'autre moitié appartenant à la Banco di Roma. Celui qu'on disait responsable de ces pertes fut retrouvé mort sur une voie de chemin de fer.

A peu près au même moment, l'archevêque Marcinkus inaugurait des relations avec la banque Ambrosiano de Milan, et en particulier avec un ancien collègue de Sindona fort occupé à développer les activités d'Ambrosiano, Roberto Calvi. Le 18 juin 1982, comme il a été dit plus haut, Calvi fut retrouvé pendu sous le pont de Blackfriars à Londres.

Une des raisons du développement de ces contacts, et de l'ouverture par la banque Ambrosiano de filiales étrangères où Marcinkus allait jouer un rôle considérable, est que le Vatican avait le plus urgent besoin d'argent frais. Durant les années 70, la position financière du Saint-Siège s'était progressivement fragilisée, une situation que l'on parvint à dissimuler sous le pontificat de Paul VI, mais qui fut publiquement admise par le pape Jean-Paul II. C'était aussi l'époque où Paul VI refusait à l'Opus Dei le statut de prélature personnelle réclamé par Escrivá de Balaguer ; le Pape accepterait sans doute de revenir sur sa position, se dit Escrivá, si l'Opus détournait une partie de ses encaissements considérables en direction de l'IOR. On se mit d'accord sur 30 % des coûts annuels du Vatican[23]. Celui-ci ne souhaitait pas recevoir l'argent directement, mais par l'intermédiaire de la banque Ambrosiano. L'Opus de son côté voulait faire effectuer les paiements par les banques que Rumasa contrôlait en Allemagne, en Suisse, en Angleterre, en Amérique latine et ailleurs. La banque suisse de Rumasa n'était autre que la Nordfinanzbank de Zurich, dont le directeur général formait avec quatre autres membres de l'Opus le conseil d'administration de la Limmat-Stiftung, une fondation de l'Œuvre également basée à Zurich qui entretient des relations dans le monde entier avec les banques de l'Opus Dei. La Nordfinanzbank et son directeur général Arthur Wiederkehr étaient actionnaires des entreprises de Calvi[24].

Bien que Ruiz-Mateos ait apporté la preuve de ses énormes donations aux fonds gérés par l'Opus, on est loin d'avoir la certitude que les accords conclus pour rétablir les finances un moment chancelantes du Vatican soient effectivement entrés en vigueur, et cela pour deux raisons. La première est que le pape Jean-Paul II avait plus de sympathie pour l'Opus et ses objectifs que son prédécesseur Paul VI. La deuxième est que la banque Ambrosiano connaissait de graves ennuis. La Banque d'Italie avait dès 1978 ouvert une enquête sur ses activités et ses relations avec l'IOR. La mort mystérieuse de Calvi a certainement mis un terme à toutes les spéculations touchant une éventuelle participation de l'Opus aux efforts entrepris pour régler les problèmes financiers du Vatican. Mais il n'y avait désormais plus de raison de protéger Rumasa, qui était au bout de ses possibilités. Moins d'un an après la mort de Calvi, c'était l'effondrement de l'empire, et Ruiz-Mateos se réfugiait à Londres, comme l'avait fait avant lui l'imprudent directeur de la banque Ambrosiano.

A la différence de nombreux acteurs principaux de ces drames financiers, Ruiz-Mateos est toujours en vie. Il n'a pas manqué d'accuser plusieurs membres de l'Opus d'avoir contribué à son élimination de Rumasa, en particulier Luis Valls Taberner de la Banco Popular. La violence de ses déclarations publiques a conduit l'Opus à le menacer d'expulsion, lui qui avait commencé par nier son appartenance à l'organisation. Le bureau de presse de l'Opus à Madrid se vit obligé de faire à son tour la déclaration suivante :

> Le 24 mai 1986 [l'Opus] a fait savoir à Don José Maria Ruiz-Mateos que sa façon d'agir et les propos qu'il tient fréquemment depuis quelque temps ne sont pas conformes aux obligations spirituelles et formatrices qu'il a contractées librement vis-à-vis de l'Opus Dei, et qu'il doit en conséquence les corriger. La Prélature n'a jamais manqué de lui offrir ce soutien, d'ordre exclusivement spirituel, auquel il a droit, et qu'en fait il a refusé... Par ailleurs, nous déplorons une nouvelle fois qu'il persiste à répéter des affirmations et des arguments qui ont été démentis à plusieurs reprises depuis le 10 janvier 1986 pour la simple raison qu'ils sont entièrement dénués de fondement. A cette date, ce même bureau avait déclaré qu'aucun directeur de

> l'Opus Dei n'était intervenu dans un accord quelconque en rapport avec Rumasa. José Maria Ruiz-Mateos n'a pas reçu non plus de suggestions, de conseils ou de promesses sur le point de savoir s'il devait demeurer sur place ou quitter l'Espagne, ni à propos de la défense de sa personne et de ses intérêts légitimes. Il n'y a aucune raison d'attribuer à l'Opus Dei les conséquences d'actes individuels accomplis librement, ni d'attendre de la Prélature une forme quelconque de protection ou d'appui dans les domaines professionnel, social, économique ou politique.

Tout cela ne semble pas très généreux de la part d'une organisation à laquelle non seulement Ruiz-Mateos, mais aussi de nombreux membres de sa proche famille, avaient consacré une partie de leurs vies, et beaucoup de leur argent.

Le Vatican, pendant ce temps-là, tout en refusant d'endosser la responsabilité de ce que les Italiens appellent le « krach » Ambrosiano, acceptait le principe d'un dédommagement : deux cent cinquante millions de dollars furent effectivement remis aux créanciers de la banque Ambrosiano en mai 1985. Comment le Vatican, désargenté comme il prétend l'être, a pu trouver cette somme, n'a pas encore été expliqué. Certains commentateurs soupçonnent l'Opus d'être une nouvelle fois intervenue. Le Vatican se préoccupe d'obtenir pour l'Opus en Espagne un dégrèvement d'impôts identique à celui dont bénéficient les autres organisations ecclésiastiques, diocèses, paroisses, etc., au titre des accords entre l'Église et l'État espagnol. Si la démarche devait aboutir, l'Opus devrait bon gré mal gré dévoiler au grand jour une importante partie de sa personnalité, ses buts, ses structures, ses finances, etc. Elle n'a aucune envie de le faire. Si l'affaire venait devant le Parlement espagnol, il est probable que les rapports de l'Église avec l'État en matière fiscale seraient alors débattus dans leur ensemble, et le résultat ne serait peut-être pas favorable à l'Église[25]. D'un autre côté, si l'Opus Dei n'obtenait pas les franchises d'impôts désirées, une source importante de revenus pour l'Église se trouverait compromise. Il n'est pas étonnant que le Vatican ait posé la question au gouvernement de Madrid.

Si l'Œuvre est en vérité capable de distribuer des sommes considérables, alors ce voyage à Londres qui fut fatal à Calvi reflète peut-être l'espoir du banquier que l'Opus Dei allait le tirer d'affaire. Madame Calvi et son fils ont prétendu qu'il s'attendait à une opération de sauvetage. Ils ont dit aussi qu'il comptait se rendre en Espagne : il choisit néanmoins d'aller en Angleterre. Était-ce parce qu'il croyait trouver le centre des opérations financières de l'Opus Dei au cœur de la Cité de Londres ? Giancarlo Zizola, l'observateur le plus perspicace de la scène du Vatican, fait remarquer que, non loin de Blackfriars Bridge, à Austin Friars précisément, se trouve la Banco Urquijo Hispano-Americano, une banque de l'Opus Dei[26], et on sait que Ruiz-Mateos envoyait beaucoup d'argent en Angleterre. Peut-être espérait-il, comme Calvi, trouver de l'aide auprès de ses vieux amis. L'un et l'autre furent cruellement déçus, mais Ruiz-Mateos est vivant, qui nous livrera peut-être un jour l'explication.

8

Catholicisme sectaire

Aucun mot ne figure à l'index alphabétique de la version anglaise d'*El Camino* entre « Professional Formation (« voir *Formation professional* ») et Prudence. Mais ce n'est pas le cas dans la version espagnole où s'intercale le mot Proselitismo (prosélytisme). Un examen plus attentif nous apprend que le texte anglais préfère Apôtres, comment en gagner de nouveaux. La traduction corrige l'original d'un bout à l'autre. « Prosélytisme : c'est un signe certain de zèle véritable » est devenu « La recherche de nouveaux compagnons apôtres : c'est la marque incontestable du zèle véritable » (maxime 793), tandis que « La prière est le moyen le plus efficace du prosélytisme » a été traduit par « La prière est le moyen le plus efficace de gagner de nouveaux apôtres » (maxime 800).

Par ailleurs, *Cronica* ne s'embarrasse pas de telles nuances dans l'emploi du mot « prosélytisme ».

> Le prosélytisme dans le travail est précisément la voie, le chemin qui permet d'atteindre la sainteté... Personne ne peut en être dispensé, quelles que soient les circonstances. Même les malades ne sauraient en être dispensés, car cela reviendrait à les dispenser d'être des saints... C'est uniquement par notre ardeur de prosélytes que nous vivrons complètement notre

> vocation. Quand un individu ne manifeste pas assez de zèle pour gagner de nouvelles âmes, c'est que son cœur s'est arrêté de battre. Il est mort. Et nous pouvons citer à son propos cette phrase des Écritures : « Jam foetet, quadriduanus est enim » (Jean 11-39) — « Déjà son corps se décompose [littéralement, il pue] car il est mort depuis quatre jours. » De telles âmes, bien qu'au sein de l'Œuvre, seraient mortes, décomposées, jam foetent. Et moi, dit le Père, je ne vais nulle part avec des cadavres. Les cadavres, je les enterre.

Le fait de traduire *proselitismo* par « gagner des apôtres » introduit une confusion fâcheuse. Les apôtres prêchent l'Évangile. Le premier objectif du prosélytisme de l'Opus Dei, d'autre part, est bien de recruter pour son propre compte « pour faire venir au monde le plus grand nombre possible d'âmes vouées à Dieu dans l'Opus Dei, pour le bien de l'Église catholique et pour le bien des âmes ». L'Opus Dei passe en premier.

Recruter des adeptes est l'obligation primordiale, dont le rappel a lieu chaque semaine dans les cercles : jusqu'où l'individu est allé dans sa mission, dans sa « pêche » — le mot est de l'Opus — aux nouveaux membres : « C'est l'heure de faire les comptes. Combien de vocations as-tu suscitées ? » Et *Cronica* de poursuivre : « Notre apostolat personnel s'adresse d'abord au placement de nos amis dans l'œuvre de saint Raphaël. » L'apostolat de saint Raphaël est le terme employé par l'Opus Dei pour désigner la « pêche » aux jeunes gens (« Je ne dis pas que nous ne sommes pas capables de découvrir des vocations chez les gens plus âgés, mais c'est... une chose difficile », conclut le père). Les premiers sont plus susceptibles, s'ils en ont l'étoffe, de pousser leur engagement jusqu'à faire vœu de célibat (apostolat de saint Michel), à moins qu'ils ne choisissent la formation du père de famille (apostolat de saint Gabriel). C'est encore *Cronica* qui rappelle cette citation plaisante d'Escrivá : « Comme tu as ri de bon cœur lorsque je t'ai conseillé de mettre tes jeunes années sous la protection de saint Raphaël, pour qu'il te conduise, comme il le fit pour le jeune Tobie, jusqu'à ton saint mariage avec une fille bonne, belle et riche ! »

Ceux qui ont des amis parmi les membres de l'Opus seront peut-être troublés d'apprendre que cette amitié passe d'abord pour un moyen d'attirer de nouvelles recrues. Une fois gagnées à la cause, celles-ci sont prises en charge par des spécialistes qui les formeront aux méthodes de l'organisation.

> Le Père lui-même nous a enseigné la manière exacte de construire l'édifice spirituel des jeunes gens. Et il nous a donné des normes précises à propos des cycles de formation, qui sont « l'essence de l'œuvre de saint Raphaël », donc immuables, quels que soient le lieu et les circonstances.

Les amis de naguère s'embarquent alors pour d'autres expéditions de « pêche ».

Le lieu favori pour aller à la « pêche » sera la bonne école catholique, avec ou sans le consentement des autorités de l'établissement. Le distingué correspondant étranger d'un journal britannique se plaignit du fait que son directeur, un Bénédictin, le pressait de fraterniser avec l'Opus, dont les membres le poursuivirent de leurs avances longtemps après qu'il leur eut clairement — du moins le croyait-il — fait savoir que leur organisation ne l'intéressait pas. Au contraire, la directrice d'une école privée proche de Londres bannit l'Opus de ses locaux lorsqu'elle découvrit que des élèves récemment arrivées d'Espagne avaient un rendez-vous non autorisé sur la pelouse de l'école à dix-sept heures avec des prêtres appartenant à l'Œuvre.

Lorsque le candidat a mordu à l'hameçon, l'étape suivante est le club des jeunes. Aucune maison de l'Opus de dimensions raisonnables n'est complète s'il n'en existe pas un ou deux. Le club Tamezin pour les filles, par exemple, est installé dans les locaux de Dawliffe Hall, sur le Chelsea Embankment de Londres. On trouve des centres similaires destinés à la récréation ou à l'étude dans plusieurs des immeubles de Londres déjà mentionnés. Le programme comporte conférences, discussions en groupe, aide aux devoirs (« faites en sorte que les plus avancés puissent clarifier les points obscurs à l'intention des plus jeunes »), excursions, etc. Les participants ignorent qu'ils sont soigneusement examinés :

> Avant de faire participer un jeune à la classe hebdomadaire, mieux encore avant même qu'il assiste au cours d'initiation, le Directeur doit s'entretenir avec lui seul à seul... Au cours de cette conversation privée

> avec le néophyte qui souhaite aller aux cours, celui-ci doit bien comprendre — indique le Père — que notre maison n'est pas un lieu de distractions (nous n'avons pas, et nous n'aurons jamais, ne fût-ce qu'une table de billard). C'est un endroit plutôt rébarbatif, où l'on vous demande souvent si vous faites vos prières, si vous vous conduisez bien avec vos parents... si vous travaillez.

Le « club » Opus Dei doit devenir un deuxième foyer : « Les garçons ne viennent pas au club ou à l'amicale. C'est leur maison. » L'éloignement de la famille va de pair avec la création d'un sentiment de dépendance vis-à-vis de l'Opus :

> Pour diriger cette évolution, il y a l'échange de vues avec le prêtre et la conversation que chaque jeune peut avoir avec son aîné, qui est aussi son compagnon de travail, pour lui confier, comme à un frère plus âgé, ses petits secrets et soucis de tous ordres. Au début, c'est pour eux difficile. Ils en auront besoin par la suite.

Pour les plus fidèles et les plus loyaux des membres des clubs et des groupes d'études, pour ceux qui ont mis leur âme à nu devant le prêtre et devant le directeur, en un mot pour les plus malléables, la récompense annuelle sera le pèlerinage à Rome au moment de Pâques. Il s'agit d'une grande affaire chargée de camaraderie, de zèle religieux et du sentiment soigneusement entretenu d'appartenir à une élite. « Quand vous en êtes au pèlerinage de Pâques, c'est à genoux que vous sollicitez la permission d'adhérer », déclarait un ex-membre déçu à l'hebdomadaire de Liverpool, *The Catholic Pictorial*[1]. Et c'est là que les problèmes commencent.

Un jeune homme qui avait fait des études d'économie à l'université de Manchester, et qui vivait dans un foyer universitaire non loin d'une résidence de l'Opus Dei (celle-ci n'avait pas obtenu l'agrément de l'Université en raison du « prosélytisme » qui y sévissait), se lia d'amitié avec un membre de l'Opus. La relation amicale suivit le cours habituel, il fut considéré comme un candidat possible et sollicité dans ce sens. Quand il déclara qu'il voulait d'abord en parler à ses parents, son ami lui dit de ne pas le faire parce que, pour parler comme le père Andrew Byrne, ils risquaient de ne pas comprendre. « Je n'ai rien dit à mes parents avant d'être effectivement entré dans l'Œuvre », ajouta « l'ami », « ils se sont d'abord mis en colère, mais ils ont fini par s'habituer »[2].

Les histoires de garçons séparés de leurs familles, à cause peut-être de la plus grande liberté accordée par l'Opus aux représentants du sexe fort, sont beaucoup moins nombreuses que celles des filles éloignées de leurs parents. Les récits touchant ces dernières ne manqueront pas de rappeler quelque chose à ceux qui connaissent les accusations portées régulièrement contre les mouvements religieux nouveaux, ou « cultes » pour employer un terme plus populaire. « J'ai vu son comportement se modifier », disait une mère à propos de sa fille, qui était partie comme pensionnaire à Lakefield, le collège de l'Opus Dei à Londres dans le quartier de Hampstead, après un entretien d'orientation à l'école. « J'avais une merveille de fille, la voilà désormais secrète et introvertie[3]. » Les restrictions imposées aux filles semblent dues à la crainte de voir se resserrer rapidement les liens affectifs à l'occasion des événements familiaux. Le simple fait d'assister aux baptêmes ou aux mariages est regardé comme particulièrement dangereux. Je connais au moins deux anciens membres de l'Opus en Angleterre qui décidèrent de quitter l'organisation lorsque celle-ci leur refusa l'autorisation d'être demoiselles d'honneur au mariage de leurs sœurs. Les visites à la maison sont peu nombreuses, et strictement réglementées : il n'est pas permis de passer plus de deux nuits par an sous le toit familial. A l'occasion de la rencontre à Londres d'un père chauffeur de poids lourd avec sa fille, celle-ci décida sous l'impulsion du moment de rentrer avec lui pour embrasser les siens. Un supérieur de l'Opus appela le domicile familial pour accuser le père de séquestrer sa propre fille.

Il existe bien d'autres récits de ce genre, mais il convient de les accueillir avec des réserves. L'Opus Dei est une institution récente et relativement peu connue. Certains parents ont dit qu'ils n'auraient pas vu d'objections — ou qu'ils se seraient moins vigoureusement opposés — à l'entrée de leur fille dans une communauté religieuse féminine bien établie. Leur confusion est d'autant plus grande que, non contents d'adhérer à l'Opus sans les en informer, leurs enfants ont souvent commencé par abandonner une autre confession ou par secouer leur indifférence pour se convertir au catholicisme après avoir travaillé ou étudié dans l'atmosphère de serre d'une résidence de l'Opus.

Les histoires de parents qui s'opposent à l'entrée en religion des enfants, voire les accusations de kidnapping ou de « conditionnement », ne sont pas nouvelles dans l'histoire de l'Église. Au XIIIe siècle, saint Thomas d'Aquin rencontra l'opposition de sa famille lorsqu'il voulut entrer dans l'ordre relativement récent des Dominicains : son frère n'hésita pas à l'enfermer, et la légende veut même qu'il l'ait soumis aux tentations de la chair pour le persuader d'adopter une autre forme de vie. Au XVIe siècle, Stanislaus Kostka fut contraint de fuir devant son frère, et de braver l'inimitié de son père à l'égard de la Société de Jésus pour entrer chez les Jésuites de Pologne. L'Opus serait fondée à prétendre, au moins dans ce cas particulier, qu'elle se tient dans la tradition.

Mais les pratiques traditionnelles ont changé. Il serait de nos jours impensable pour n'importe quel grand ordre religieux, qu'il soit masculin ou féminin, d'accepter la candidature d'une personne âgée de moins de vingt et un ans sans l'accord de ses parents. De même aucun de ces ordres n'accepterait de recruter définitivement un mineur de moins de dix-huit ans : tous considèrent en effet que les très jeunes gens n'ont pas la maturité nécessaire pour prendre l'engagement à vie que suppose normalement une entrée dans les ordres.

Ces considérations troublèrent visiblement le cardinal Hume, archevêque de Westminster, après la parution en janvier 1981 dans le *Times* d'un article très sévère pour l'Opus, basé principalement sur les expériences du Dr John Roche. « Puisqu'elle est présente dans le diocèse de Westminster, déclara-t-il, j'ai la responsabilité, en ma qualité d'évêque de ce diocèse, d'assurer le bien-être de l'Église locale tout entière, et ce dans l'intérêt même de l'Opus. » Il poursuivait en ces termes :

> J'ai fait connaître aux responsables de l'Opus Dei dans ce pays les recommandations que je crois les plus justes quant aux futures activités de ses membres dans le diocèse de Westminster. Je souhaite aujourd'hui porter à la connaissance du public ces recommandations qui sont au nombre de quatre. Toutes procèdent d'un principe fondamental qui est le suivant : les procédures et les activités d'un mouvement international présent dans un diocèse sont susceptibles d'être modifiées par mesure de prudence en fonction de différences culturelles, de coutumes locales reconnues, et des principes qui régissent la société dans laquelle ce

mouvement international prétend faire son travail. Ces recommandations ne doivent pas être regardées comme une critique de l'intégrité des membres de l'Opus Dei, ni de leur zèle apostolique. Je les rends publiques pour répondre à des inquiétudes légitimes et pour encourager de saines pratiques à l'intérieur du diocèse.

Les quatre recommandations sont les suivantes :

1. Aucune personne de moins de dix-huit ans ne devrait être autorisée à prononcer des vœux ou à souscrire des engagements à long terme dans le cadre de l'Opus Dei.

2. Il est essentiel que les jeunes gens désirant adhérer à l'Opus Dei commencent par faire part de leurs intentions à leurs parents ou à ceux qui en ont légalement la garde. S'ils ont exceptionnellement de bonnes raisons de ne pas se rapprocher préalablement de leur famille, ces raisons devraient dans tous les cas faire l'objet d'une discussion avec l'évêque local ou son coadjuteur.

3. Étant entendu que ceux qui adhèrent à l'Opus Dei prennent en charge les devoirs et les responsabilités qui résultent de leur engagement, il n'en faut pas moins prendre soin de respecter la liberté de chaque individu ; en premier lieu, sa liberté de se joindre à l'organisation ou de la quitter sans subir de pressions injustifiées ; en second lieu, sa liberté de choisir en tout temps son directeur spirituel, que celui-ci soit ou non membre de l'Opus Dei.

4. Les initiatives et les activités de l'Opus Dei à l'intérieur du diocèse devraient indiquer clairement leur origine et les noms de ceux qui en sont responsables.

Ces « Directives à l'usage de l'Opus Dei dans le diocèse de Westminster », c'est ainsi qu'elles s'appelaient, sont datées du 2 décembre 1981. Bien que dans sa péroraison le cardinal se dise « assuré que ces quatre directives n'auront pas pour effet de ralentir l'Opus Dei dans l'œuvre apostolique qu'elle veut mener à bien, mais qu'elles l'aideront au contraire à s'adapter à la spiritualité traditionnelle et aux instincts de notre peuple », les lecteurs parvenus à l'avant-dernier chapitre de cet ouvrage auront tout à fait conscience qu'elles sont absolument contraires aux attitudes et aux pratiques de l'Opus Dei. On peut donc se demander jusqu'à quel point celle-ci les respecte.

Un jeune homme entré à l'Opus à l'âge de dix-sept ans, et qui est parti depuis[4], prétend avoir mentionné la déclaration du cardinal et s'être entendu répondre qu'il s'agissait de recommandations générales, non de règles contraignantes, et que l'Opus n'avait donc pas à s'y soumettre. D'un autre côté, deux assistantes surnuméraires[5] n'avaient pas le moindre doute : ce n'était peut-être pas une bonne idée d'en parler à ses parents, mais personne n'était admis avant d'avoir dix-huit ans révolus. C'est peut-être vrai au pied de la lettre, bien que le recrutement commence avant cet âge. La quatrième directive exige la « transparence » des activités menées par l'Opus dans le diocèse de Westminster. Dans son très long rapport annuel pour l'exercice se terminant le 30 septembre 1986, la Netherhall Educational Association ne fait aucune mention du fait suivant : le conseil d'administration de cette société à responsabilité limitée — qui contrôle non seulement Netherhall, mais aussi Ashwell House[6] à l'ouest de Londres et Grandpont à Oxford qui sont des résidences universitaires internationales, plus Lakefield Housecraft and Educational Centre, Elmore (Orme Court), Westpark dans la banlieue sud-ouest, et Kelston (un club et centre d'études pour écoliers), sans oublier le Wickenden Manor Conference dans le Sussex et Dunreath à Glasgow — est entièrement composé de membres de l'Opus Dei, tous domiciliés dans des maisons de l'Opus à Londres et à Manchester, et dont aucun ne perçoit la moindre rémunération. Le rapport déclare simplement ceci : « Les principaux objectifs de l'Association sont le progrès de l'éducation et la formation des caractères selon les principes et l'idéal chrétiens ». Rien de tout cela n'indique que l'Opus soit impliquée sous une forme ou sous une autre, un oubli remarquable si l'on se reporte aux souhaits du cardinal dans ce domaine. Mais un autre aspect de la troisième directive soulève un problème plus grave, celui de la liberté de quitter l'organisation.

Maria Angustias Moreno, membre de longue date de l'Opus Dei en Espagne, décrivit le cauchemar qu'elle avait vécu après sa démission. Son récit lui valut un abondant courrier : vingt anciens membres de l'organisation signèrent une lettre de soutien. Deux prêtres de l'Opus rendirent visite à ces vingt personnes ; c'était pour plusieurs d'entre elles le premier contact depuis qu'elles avaient quitté l'organisation des années auparavant. On leur dit que Maria Angustias avait été lesbienne, lesbienne pratiquante durant ses années d'Opus Dei, et que c'était le motif de son renvoi. Aucune preuve ne put être apportée de cette allégation, proteste-t-elle dans son livre[7] *La Otra Cara del Opus Dei* (« L'autre visage de l'Opus Dei »), si ce n'est qu'un des prêtres toucha le tissu de sa soutane pour indiquer que la parole d'un membre du clergé valait toutes les garanties. Maria, qui avait été avertie par l'Opus que celle-ci utiliserait contre elle tout ce qu'elle savait, sans préciser d'ailleurs de quoi il s'agissait, crut n'avoir d'autre alternative que de demander réparation par voie de justice. On lui offrit des excuses complètes en présence de son avocat, mais elle voulait absolument que ces excuses fussent répétées devant le tribunal. Elle échoua par deux fois sur des artifices de procédures imputables d'après elle aux machinations de l'Opus[8].

On a parfois l'impression de basculer dans la folie quand on lit le récit de Maria Angustias Moreno. Il est difficile de croire qu'une organisation religieuse dont les membres cherchent à atteindre la sainteté soit capable de se conduire comme elle nous l'affirme. Mais Maria del Carmen Tapia connut aussi des problèmes. Quelque temps après avoir quitté l'Opus, elle décida de s'inscrire dans une université américaine. Elle avait bien entendu suivi un cycle d'études pendant qu'elle était à l'Opus, mais on ne lui avait délivré ni certificat ni diplôme. Lorsque l'université américaine réclama la preuve qu'elle avait bien assisté aux cours, l'Opus répondit qu'elle ne les avait jamais suivis. Tapia s'adressa au Vatican. Il lui fut répondu que plusieurs personnes ayant quitté l'Opus Dei attendaient comme elle une attestation de cette nature. Finalement, l'Opus envoya au Vatican cette étonnante déclaration : « A moins que les membres n'acceptent de revalider leurs examens, l'Opus Dei ne garde jamais la trace des études qu'ils ont entreprises[9]. »

Personne ne tenta d'empêcher Tapia de quitter l'Opus. Au contraire, elle fut, selon ses propres termes, « virée par le fondateur en personne », mais dans des circonstances tout à fait remarquables.

En 1965, elle fut convoquée au quartier général de Rome, où on la mit pratiquement aux arrêts de rigueur pendant huit mois. Elle était privée de toute communication téléphonique ou épistolaire avec le monde extérieur. Une numéraire vénézuélienne pleine de compassion ouvrit une boîte postale à son nom, mais le pot aux roses fut découvert, et la coupable sévèrement punie. Le refus de Tapia de révéler le numéro de la boîte postale fut qualifié de péché mortel par une responsable de l'administration centrale. On l'informa que tous les visiteurs s'entendraient répondre qu'elle était malade ou absente. Ses cheveux blanchirent en l'espace de trois mois. Elle sollicita la permission d'aller rejoindre sa famille en Espagne, permission qui lui fut refusée.

Lorsqu'elle était à la tête de la section féminine du Venezuela, Tapia s'était montrée l'une des dirigeantes les plus libérales de l'Opus Dei ; elle se battait pour l'égalité des chances avec les hommes pour les femmes placées sous son autorité, elle leur permettait de se confesser au prêtre (de l'Opus bien entendu) de leur choix, ce que l'organisation déteste, et se plaignait régulièrement du nombre croissant d'instructions en provenance de Rome. A cause de ces prétendus « crimes », elle fut accusée de porter préjudice à l'unité de l'organisation. Comme elle refusait de reconnaître sa culpabilité, ou même de témoigner du remords, le fondateur exigea sa démission, et lui ordonna de ne jamais révéler ce qui s'était passé à Rome. L'Opus retint tous ses documents personnels, à l'exception de son passeport. Au moment de partir, elle fut contrainte d'entrer dans un confessionnal. Un prêtre de l'Opus l'avertit qu'il n'y avait pas de pénitence assez lourde pour ses « crimes », et qu'elle avait peu de chances d'être sauvée. Dans le récit qu'elle a fait au *National Catholic Reporter*, elle décrit le traitement insultant et les « mauvaises manières » qu'elle dut subir de la part du fondateur. Elle conclut par ces mots : « Je suis infiniment étonnée d'entendre dire aujourd'hui que Monsignor Escrivá sera bientôt béatifié[10]. »

Le départ de l'Opus Dei de Raimundo Pánnikar fut marqué par des événements non moins étranges. Quand il cessa d'être heureux de l'existence qu'il menait au sein de l'organisation, ses supérieurs, au lieu de le relever de ses vœux, l'expédièrent aux Indes (son père était indien). Ils lui dirent qu'il pouvait s'affranchir de l'obligation de pauvreté, trouver un évêque qui le ferait travailler dans son diocèse, et que tout était bien ainsi, pourvu qu'il écrivît de temps à autre à l'Opus. Il y avait une seule condition : il ne pouvait pas revenir en Europe sans permission.

Pánnikar respecta scrupuleusement cette clause de son contrat, même lorsque le pape Paul VI le désigna comme membre fondateur d'un important institut œcuménique qui se créait à Tantur en Israël. Pánnikar lui-même, soucieux de tenir sa promesse de ne pas revenir en Europe, fit savoir qu'il ne pourrait pas venir à la première réunion du comité directeur, qui devait se tenir à Rome. On lui donna toutefois l'autorisation d'assister à la seconde. Il s'arrangea pour faire escale à Zurich afin d'y rencontrer une Française, à la demande de celle-ci. L'Opus prétendit qu'elle était sa maîtresse.

Pendant son passage en Europe, il accepta d'aller donner une conférence à Bonn pour le cardinal Alfrink, archevêque d'Utrecht. Pendant qu'il était là-bas, on le persuada de prendre l'avion pour Rome parce que Mgr Escrivá de Balaguer désirait le voir. Il fut accueilli à son arrivée en Italie par deux prêtres de l'Opus. Ceux-ci lui dirent qu'ils l'emmenaient voir le fondateur, mais une fois dans la voiture l'histoire changea. Escrivá de Balaguer était trop fatigué pour le recevoir ce jour-là, ils l'emmenaient ailleurs et il verrait le fondateur le lendemain. Il fut en effet mis en présence d'Escrivá le jour suivant, mais pour un début de procès devant une sorte de jury, qui l'accusa de toutes sortes de délits. Il refusa de répondre ou de signer le moindre papier. Un rapport soumis à la Congrégation pour les Instituts Religieux et Séculiers, dont l'Opus dépendait encore à l'époque — cela se passait en 1966 — fut rejeté par celle-ci dans un éclat de rire général. Le pape devait le recevoir en audience privée ; il ne fut pas autorisé à s'y rendre. Sa mère l'appela de Barcelone ; il lui fut répondu que son fils était absent de Rome. Il fut finalement renvoyé de l'Opus, mis sur un vol non-stop à destination de Delhi, à charge pour lui de trouver un évêque bienveillant. Il réussit à exercer son sacerdoce dans le diocèse de Bénarès, et devint plus tard professeur d'études religieuses à l'université de Californie, à Santa Barbara[11].

Voilà donc l'expérience de deux membres qui furent chassés de l'Opus dans des circonstances pour le moins curieuses. Plus commune, semble-t-il, est la situation de ceux qui éprouvent des difficultés à quitter l'organisation. Un Jésuite colombien fit état de suicides. John Roche aussi, qui dit connaître personnellement un cas de suicide à l'Opus Dei du Kenya, plus deux à Londres, dont celui d'une femme qui se jeta par une fenêtre du quatrième étage d'une maison de l'Opus[12]. L'histoire de Michael Richards, déjà cité comme la première recrue de Grande-Bretagne, et devenu plus tard prêtre de l'Opus, est particulièrement incompréhensible. En sa qualité de prêtre, il fut nommé aumônier des étudiants de l'université de Bangor dans le nord du pays de Galles. Au bout de quelque temps, il parut perdre tout intérêt envers lui-même et pour la vie. D'après un autre aumônier, il ne prenait pas régulièrement les médicaments qui lui avaient été prescrits. Il restait assis des heures durant, et veillait parfois des nuits entières. Il s'affaiblissait de jour en jour. On finit par découvrir son corps sans vie dans la maison de ses sœurs au bord de la mer. La mort paraissait due à des causes naturelles, bien qu'il s'agît apparemment d'une autodestruction par négligence.

L'Opus met certainement des bâtons dans les roues de ceux qui désirent la quitter, mais ces obstacles ne constituent peut-être pas le vrai problème. « Quand tu pars, tu cesses brusquement d'exister, et personne n'a le droit de te venir en aide », dit Maria del Carmen Tapia. « Quand un de ses membres quitte l'Œuvre, il ou elle se retrouve dans la rue, financièrement, spirituellement, psychologiquement. » John Roche en fit aussi l'expérience, lui dont la propre sœur, restée dans l'organisation, ne voulait plus entendre parler de son frère, encore que les choses aient changé depuis. Il engagea des poursuites pour tenter de récupérer les sommes qu'il avait englouties dans l'Opus, mais échoua sur un artifice de procédure. Les Constitutions de l'Opus ne mentionnent spécifiquement la restitution éventuelle des sommes données par les membres que pour la rejeter dans tous les cas.

Mais les vrais problèmes sont d'ordre spirituel et psychologique. Tapia se rappelle que le fondateur dit un jour : « Aucune personne ayant appartenu à l'Opus ne voudrait entrer dans une autre institution. » Il n'est pas difficile de comprendre pourquoi. Tout est expliqué dans *Cronica*. En voici un extrait :

> L'esprit [de l'Opus Dei] est au-dessus de toutes les frontières géographiques, historiques, sociales et culturelles. Il transcende aussi les progrès de l'évolution à travers les époques... Il en résulte que, tant qu'il y aura des hommes sur terre, l'Opus Dei continuera d'exister... [Notre loi interne] contient par la volonté de Dieu tout ce qui est nécessaire à notre sanctification comme à notre efficacité. C'est pourquoi elle est sainte, éternelle et inaltérable... Dieu nous a confié ce trésor. Notre premier devoir est donc de le défendre et de le garder tel que nous l'avons reçu... Le temps ne viendra jamais, ni maintenant ni dans les siècles futurs, où les circonstances justifient l'abandon permanent d'un seul article de notre loi interne.

« Pas plus que nous ne saurions traîner dans le sillage du progrès humain », ajouta le fondateur à l'adresse de ses « fils ».

Dans cette vision, qui domine l'idéologie de l'Opus Dei, l'organisation est parfaite, comme Dieu est immuable (bien que plusieurs changements de statut soient intervenus, entraînant à chaque fois une nouvelle Constitution), et offre à tous, sans considération de temps ou de lieu, l'espérance certaine du salut par le travail. Pánnikar se souvient qu'à son entrée dans l'organisation, au début des années 60, l'Opus était une espèce de « contre-culture », une acceptation sérieuse des exigences du christianisme par opposition à la pratique du catholicisme conformiste qu'Escrivá de Balaguer et ses premiers disciples voyaient partout autour d'eux. Elle est devenue pourtant, non pas simplement un engagement sérieux de suivre la doctrine du Christ, mais la seule véritable voie permettant d'accéder à la compréhension de ses enseignements. Exactement comme la Chrétienté, qui n'acceptait pas jusqu'à une époque relativement récente que des incroyants pussent être « sauvés » et accéder ainsi au bonheur éternel, les membres de l'Opus apprennent à penser de même à propos de leur organisation. Elle est le seul espoir certain de salut, d'où l'importance qu'elle attache au recrutement de nouvelles âmes, au prosélytisme, au fait d'encourager les gens à « siffler », comme on dit dans le jargon de l'Opus. « Aucun de mes enfants ne peut dormir tranquille s'il ne gagne pas chaque année cinq ou six vocations solides », dit la parole du fondateur citée dans *Cronica.*

Raimundo Pánnikar a décrit l'organisation comme « le dernier vestige de ce messianisme militant qui persiste à l'état endémique dans les religions descendues d'Abraham »[13]. Les religions « abrahamiques » (le Judaïsme, le Christianisme et l'Islam) sont toutes les trois marquées par leur persistance à se déclarer la seule vraie foi. Chacune est périodiquement victime des explosions provoquées par les groupes fondamentalistes qui prétendent ramener les dévoyés ou les tièdes à la foi primitive. Dans le cas de la Chrétienté (pour se limiter à elle), de tels groupes prêchent leur message au milieu d'une société décadente (à leurs yeux) dont la déchéance annoncerait les temps derniers.

L'Opus, dit Pánnikar, veut sauver le monde de lui-même au nom de Dieu — mais selon ses propres termes. Les conditions de l'Opus sont évidemment identiques à celles de son fondateur. Toute grâce conduisant au salut touche les membres de l'Opus Dei par l'intermédiaire du fondateur. C'est par la grâce du fondateur que vous êtes ce que vous êtes. D'où les traumatismes provoqués par les départs. Ceux qui s'en vont se persuadent trop souvent — et les membres orthodoxes de l'Opus en sont également convaincus pour eux — parce qu'ils se sont coupés de cette source de grâce, parce qu'ils se sont exclus eux-même de cette institution d'inspiration divine immuablement parfaite, qu'ils seront damnés pour l'éternité. « Le diable agit avec promptitude », dit Janet Gould à sa mère pour lui expliquer qu'elle ne pouvait pas abandonner la résidence de l'Opus pour aller passer quelques jours en famille, « et c'est ce qu'il fera si je pars d'ici »[14].

L'impact sur les membres de l'Opus est prévisible. Ils sont coupés très tôt de leur famille naturelle. On leur apprend qu'il n'y a point de salut, en tout cas dès qu'ils appartiennent à l'Opus, en dehors de l'organisation qui les accueille. Elle leur tient lieu de famille, elle est tout leur environnement, du moins pour ce qui n'est pas l'activité professionnelle, encore que celle-ci en fasse partie dans bien des cas, surtout pour les femmes. Le choc émotif est donc accablant pour les déçus. Les gens qui veulent partir n'ont personne à qui se confier, personne en dehors de l'Opus, avec laquelle ils ont noué des liens assez étroits pour stimuler et justifier leurs confidences. Pour tout arranger, on les a élevés dans la croyance que le fait de rompre les rangs constitue pour eux le plus grave de tous les péchés. Le salut passe par l'Opus. Sans l'Opus l'ancien numéraire est damné.

Les similitudes entre l'Opus Dei et plusieurs des nouvelles sectes religieuses sont frappantes. Il n'est pas difficile de faire des rapprochements saisissants entre des organisations comme l'Église de l'Unification — la secte Moon — et l'Opus. Mais de telles comparaisons ne sont pas toujours valables : tout au long de son existence, l'Opus a recherché, et fini par obtenir, l'approbation du Saint-Siège. Malgré ses nombreux détracteurs, elle demeure une composante acceptée du Catholicisme romain, et figure en bonne place dans l'annuaire du Vatican, comme dans tous les annuaires des Églises catholiques du monde. Dans cette perspective, l'idée qu'on pourrait la classer comme un nouveau mouvement religieux ou comme une secte paraît à la fois improbable et paradoxale. Paradoxale ou non, la question mérite d'être posée : l'Opus Dei est-elle un élément estimable du Catholicisme romain, ou bien une secte en désaccord avec l'Église qui l'a tenue sur les fonts baptismaux ? Carol Coulter, journaliste irlandaise, a consacré à l'Opus tout un chapitre de son livre, *Are Religious Cults Dangerous ?* (Les cultes religieux sont-ils dangereux ?) Sa conclusion est la suivante : « Nous devons soupçonner l'Église catholique d'avoir son propre culte, protégé jusqu'ici par les plus hautes instances de l'Église elle-même[15]. » Se pourrait-il que l'Église catholique romaine soit divisée ? L'édifice monolithique — l'Église en vérité n'apparaît comme un monolithe que vue de l'extérieur — serait-il en train de s'effriter ? Car le problème dépasse la seule Opus Dei par son étendue.

Il n'y a pas très longtemps que le Saint-Siège exprimait ses préoccupations devant la montée des sectes protestantes en Amérique latine, plus particulièrement celles de type évangélique. Il suffit d'une visite, si courte soit-elle, dans les *barrios* les plus pauvres des grandes villes pour constater que ses préoccupations sont justifiées. Le développement de ces sectes, qui relèvent presque invariablement d'une théologie conservatrice marquée, a fait l'objet d'études considérables. On s'est malheureusement beaucoup moins intéressé à une évolution tout aussi alarmante au sein même du Catholicisme romain : l'émergence de groupes d'extrême droite.

Certains d'entre eux, Comunión y Liberación, par exemple, sont connus en Europe sous le même nom. D'autres, comme Fiducia au Chili, ou Sodalitium Vitae au Pérou, sont des produits autochtones, avec des personnalités distinctes. Il y a sans aucun doute entre les sectes protestantes et catholiques des similitudes qu'une rapide analyse sociologique ne manquerait pas de faire ressortir. Les contrastes sont toutefois bien plus frappants encore.

Les sectes protestantes attirent les pauvres et les déshérités, les catholiques attirent les riches et les privilégiés. Les premières répudient Rome au nom de la Réforme ; les secondes lui témoignent une fidélité aveugle — quoique à leur manière. Les premières évitent la politique et coupent ainsi leurs adeptes de leurs responsabilités historiques, comme l'a justement observé Jon Sobrino, un distingué théologien de la Libération. Les secondes font exactement le contraire, qui considèrent l'Église comme le pilier de l'État, dont elles espèrent en retour le bienveillant patronage. Les premières sont pentecôtistes*, cherchant

* Églises ou sectes dont les membres sont convaincus que les dons visibles du Saint-Esprit opèrent toujours à l'âge moderne.

un soulagement aux terribles duretés de la lutte quotidienne pour la vie dans le vide créé par l'attente d'une hypothétique venue de l'esprit. Les secondes se réfugient dans la sécurité d'un système de valeurs éprouvé : tradition, famille, propriété. C'est en fait le nom — Tradición, Familia y Propriedad — d'un des groupes que l'on rencontre dans plusieurs pays d'Amérique latine.

En dépit de ces différences, la facilité avec laquelle les sectes protestantes et catholique recrutent des adeptes semble avoir une origine commune : l'évolution du rôle de l'Église officielle dans les structures politiques.

Pour que ces dernières puissent fonctionner, il faut au minimum un certain degré de consensus entre les gouvernants et les gouvernés. Quand ce consensus national se brise, le pays devient ingouvernable. La solution la plus évidente, bien que la moins séduisante, pour rétablir un semblant d'ordre dans de telles conditions, c'est la dictature militaire. Mais si l'on peut toujours rétablir l'ordre, il n'est pas possible d'imposer le consensus, de créer un nouveau système de valeurs, ou d'obtenir par la force l'adhésion populaire à une structure sociale qui ne reflète pas les besoins et les aspirations de la majorité.

Au cours des siècles passés et récemment encore, l'Église catholique a dans de nombreux pays, d'Amérique latine en particulier, participé à ce consensus national. Elle était étroitement liée à l'État, lui conférant en apparence une autorité d'essence divine sur ceux qu'il gouvernait. La présence dans le pays d'un envoyé du Pape, la reconnaissance par l'État des fêtes religieuses, ces signes et bien d'autres ont démontré que l'État reçoit la bénédiction de l'Église, et par voie de conséquence que l'Église légitime les agissements de l'État.

Mais c'est précisément ce rôle que l'Église a cessé de jouer, ou du moins elle entretient des doutes à ce sujet. Son retrait laisse un vide dans lequel les sectes catholiques se sont engouffrées. Un certain degré de consensus doit exister à l'intérieur de l'État, bien entendu. Il est aussi normal pour les chrétiens de jouer leur rôle dans la formation de ce consensus, mais avec l'arrivée de la Théologie de la Libération dans les années 60, la méthode pour y parvenir a radicalement changé. L'Église avait pour habitude de se comporter comme si l'État s'identifiait aux citoyens, comme si l'État et la société ne faisaient qu'un, et ce n'est en fait pas le cas. Elle s'adressait aux gouvernants plutôt qu'aux gouvernés. Les théologiens de la Libération, par ailleurs, ont détourné leur attention de l'État pour la reporter sur le peuple, sur le corps social.

Cette différence entre les perspectives de l'Église officielle et des théologiens de la Libération peut en outre expliquer pourquoi Rome a mis si longtemps à se réconcilier avec ce nouveau phénomène théologique. Elle peut expliquer aussi pourquoi le contenu social de l'enseignement catholique, pourtant riche et bien servi par la liturgie de la parole, a si peu retenti sur la vie des gens. Tout l'enseignement social de l'Église s'adressait à l'État, du moins jusqu'à ces derniers temps. Pour prendre un exemple récent, la lettre à toute l'Église du pape Jean-Paul II, datée de septembre 1981 et connue sous le nom de *Laborem Exercens*, pour admirable qu'elle soit dans ses considérations sur la dignité du travail de l'homme, offre en vérité peu de réconfort aux chômeurs. Elle traite des politiques de l'emploi des États, pas des individus et de leurs problèmes.

On ne peut en dire autant de la Théologie de la Libération. Certainement pas après avoir assisté à la leçon de catéchisme dans un *barrio* de Santiago du Chili, ou après avoir entendu les chants de liberté dans les églises des bidonvilles qui entourent Lima, ou qui s'accrochent au flanc des collines dominant Bogotá[16]. Et comme on a déjà pu le voir (p. 132-133), l'Opus est l'ennemi juré de la Théologie de la Libération.

L'Opus est le doyen des mouvements néo-conservateurs au sein de l'Église catholique. C'est aussi le plus puissant, celui dont les membres occupent les plus hautes fonctions dans les gouvernements des pays catholiques un peu partout dans le monde, et tiennent des postes d'influence dans les médias ou dans les affaires. Prélature personnelle, elle est la seule à fournir à ses dévots un service du berceau à la tombe, non seulement sacramentel dans l'Église, mais encore éducatif en de nombreux endroits, grâce à ses écoles résolument conservatrices où les sexes sont impitoyablement séparés. Elle dessert tous les échelons de la société, mais les élites professionnelles sont sa clientèle préférée, comme le précisent ses Constitutions. Les catholiques issus de cette classe sociale, qui disposaient d'un accès privilégié aux grands corps de l'État par le biais de leur Église, ont perdu leur « franchise » au profit de « l'option pour les pauvres » choisie par les hiérarques de nombreux pays du Tiers Monde. Désireux de trouver d'autres tremplins, ils sont allés vers ces mouvements nouveaux, et tout spécialement vers l'Opus Dei.

Les raisons de la popularité de l'Opus Dei sont assez claires. Elles ont été décrites de manière très vivante par le théologien brésilien Leonardo Boff. Au début de son ouvrage polémique *Church, Charism, and Power* (Église, charisme et pouvoir), Boff cite différents « modèles » de l'Église, évoque différents types de fonctionnement[17]. Dans l'un de ces modèles, il décrit l'Église comme « mère et professeur », soit en latin *Mater et Magistra*, reprenant ainsi les premiers mots restés célèbres d'une des lettres du pape Jean-Paul II sur les problèmes sociaux.

Ce modèle se caractérise, nous dit Boff, et il faut se rappeler qu'il ne vise pas l'Opus Dei à ce stade de sa réflexion, « par le fait que l'Église s'allie aux classes dominantes qui exercent leur contrôle sur l'État, organisant ses projets autour de ces classes, favorisant l'essor des collèges, des universités, des partis politiques d'inspiration chrétienne ». Elle ne néglige pas pour autant les pauvres. Au contraire, ils figurent en bonne place dans la liste de ses priorités, de même qu'à l'Opus, qui se targue en toute justice de diriger des écoles d'agriculture et de techniques industrielles, des centres de formation aux arts ménagers pour les femmes, etc. « On assiste au développement d'un vaste ensemble de programmes d'assistance, qui font de l'Église une Église *pour* les pauvres, de préférence à une Église *avec* les pauvres ou plus simplement *des* pauvres. » Boff se lance alors dans une description de l'attitude théologique de ce modèle, qui s'applique parfaitement à l'Opus :

> Sur le plan doctrinal, cette Église est conservatrice autant qu'orthodoxe. Elle se méfie de toute innovation. Le dogme est rigide et la vision légaliste, concentrée entre les mains de ceux qui détiennent le pouvoir, la hiérarchie ecclésiastique. On a constamment recours à l'autorité, surtout celle du Pape [on pourrait ajouter du fondateur, dans le contexte de l'Opus] ; le discours est un discours d'officiant dépourvu de témoignage prophétique. Le dépôt de la foi [un terme catholique romain qui désigne la révélation finale de Dieu en Jésus-Christ] est présenté comme total et parfait ; pas question d'y ajouter ou d'en retrancher quoi que ce soit. Toutes les pratiques sociales en sont nécessairement dérivées. L'Église apparaît fondamentalement comme *mater et magistra*, la mère et le professeur : elle a réponse à toutes les questions empruntées au

dépôt de la foi, qui comprend les Écritures, la tradition, le magistère [c'est-à-dire la hiérarchie], les enseignements et une interprétation spécifique de la loi naturelle.

Selon ce modèle, poursuit Boff, il existe une relation directe entre l'Église et l'État, en somme le rapport de deux forces, l'Église comprenant elle-même son rôle, comme le fait l'État, en termes de lois et d'autorité. Ce modèle plaît à l'État parce qu'en même temps qu'il permet à l'Église de faire entendre sa voix sur la plupart des sujets (sous réserve qu'ils aient des implications morales), il limite son pouvoir d'intervention directe dans l'arène politique, et de toute façon la compromet à raison de ses liens avec les forces politiques existantes. Bien que Boff n'utilise pas ce langage, il retrouve à sa manière la formule du XIXe siècle qui décrivait l'Église et l'État comme « deux sociétés parfaites », autonomes chacune dans sa sphère, mais liées parce qu'elle avaient en commun le souci des peuples soumis à leur pouvoir. Des générations de prêtres, dont le Pape actuel, furent élevées dans cette théorie. L'explication de l'attitude apparemment ambiguë de Jean-Paul II à propos de l'engagement politique des gens d'église, hommes ou femmes, qu'il soutient en Pologne mais semble condamner en Amérique latine, pourrait bien signifier que dans le premier cas l'Église tente de reconstituer le modèle des « deux sociétés parfaites », tandis qu'en Amérique latine les théologiens de la Libération rejettent la formule pour prendre le parti du peuple — de la société — plutôt que celui de l'État.

Que l'Opus Dei partage l'attitude du Pape devant l'action politique déclarée, tout en laissant à ses membres la faculté de s'engager politiquement selon leurs vues — généralement conservatrices — cadre parfaitement avec ce schéma de l'Église à la fois « mère et professeur » tel que Boff nous le décrit. Dans un ouvrage intitulé *Jesus and Politics : A Scriptural Study of Messianism* (« Jésus et la politique : une approche du messianisme par les Écritures »), le prêtre de l'Opus Dei José Maria Casciaro — son appartenance à l'organisation n'apparaît bien entendu nulle part — conclut par un passage qui semble écrit pour confirmer la description de Boff :

L'Église, en tant qu'armée du Christ et comme son Seigneur, se trouve au-dessus des idéologies, des régimes politiques, des mouvements sociaux, des partis, des corporations et des nationalismes, tout en marquant un intérêt profond et une préoccupation constante pour ces affaires humaines, bien que dans une perspective globale. Mais toutes ces belles choses, ces entreprises humaines souvent nobles, demeurent éphémères et changeantes. Ce qu'on regardait à une époque comme l'étape *finale* d'un long processus, devient dans l'absolu une affaire du passé. Tout cela est donc instable et sujet au changement. Le Christ, l'Église, d'un autre côté, sont éternels, comme est éternelle leur mission[18].

La rencontre des idéologies du Pape et de l'Opus, jointe à une similitude de vues sur la place du travail au centre de la vie, permettront peut-être de mieux comprendre l'apparente sympathie de Jean-Paul II pour l'Opus Dei. Un observateur chevronné du Vatican a néanmoins remarqué que l'influence de l'Opus sous l'actuel pontificat est passée par son zénith[19]. Les événements du Synode des évêques qui s'est tenu à Rome en octobre 1987, peuvent nous en suggérer la raison.

Durant le Synode, on a beaucoup parlé des « mouvements », mot qui évoquait pour les assistants des organisations telles que Comunión y Liberación — plus connue en pratique des Italiens sous le nom de Communione e Liberazione. Ces mouvements ne plaisaient guère aux évêques à la tête d'un diocèse, car ils échappaient à leur contrôle, et laissaient souvent apparaître, comme dans le cas de l'Opus, des traits fortement conservateurs. L'Opus resta néanmoins fièrement à l'écart des débats. Prélature personnelle, elle n'était déjà plus un « mouvement » : elle avait obtenu l'indépendance juridique à laquelle d'autres mouvements aspiraient toujours.

Le Vatican, par ailleurs, a favorisé les mouvements. Il pourrait y avoir des raisons propres à l'Église de Rome : les mouvements sont centralistes, et le Vatican aussi, qui s'alarme de l'indépendance croissante manifestée un peu partout dans le monde par les conférences épiscopales. Mais il y a peut-être une autre raison encore plus significative. Les mouvements peuvent être mobilisés, utilisés par le pouvoir tel qu'il existe à Rome ; l'Opus insiste sur le fait qu'elle n'entreprend pas d'action collective — ses membres peuvent agir, mais seulement à titre individuel. Comme nous l'avons vu, c'est toujours ce qu'elle réplique quand on l'accuse d'intervenir politiquement dans l'intérêt des conservateurs. Mais en face d'une papauté toujours plus interventionniste, cette attitude de l'Opus peut amoindrir sa valeur aux yeux du Vatican, réduisant du même coup l'intérêt de ce dernier pour le développement futur de l'organisation.

Il n'en est pas moins vrai, comme l'a démontré cette étude, que les autorités centrales de l'Église catholique romaine ont accordé des faveurs considérables à l'Opus au cours de ses soixante années d'existence : cette sollicitude permet difficilement d'imaginer l'Opus Dei comme un culte, un nouveau mouvement religieux, ou une secte. Elle apparaît plutôt comme faisant partie intégrante d'une Église universelle, et reconnue comme telle par les autorités ecclésiastiques.

Les sectes ont ces dernières années fait l'objet d'études considérables, à la fois en tant que mouvements individuels, et dans le concept que le mot désigne en général[20]. Sur le plan général, l'analyse des caractéristiques des sectes doit beaucoup au Dr Bryan Wilson, professeur à All Souls'College d'Oxford. Dans son article intitulé « La sociologie des sectes », il remarque que le mot « secte » prenait autrefois un sens péjoratif dans son contexte religieux, qu'il s'appliquait à des « mouvements qui professent des croyances hérétiques, assorties de pratiques et d'actes rituels s'écartant de l'orthodoxie religieuse »[21]. Il poursuit par la description des différentes caractéristiques communes à la plupart des sectes. Celles-ci tendent (A) à être exclusives ; (B) à réclamer le monopole de la vérité en matière de religion ; (C) à être laïques, bien qu'elles puissent sécréter un certain nombre d'organismes professionnels ; (D) à dénier une « vertu religieuse particulière » à qui que ce soit, sauf peut-être à leurs propres fondateurs et dirigeants ; (E) elles ne recrutent que des volontaires — l'adhésion est un choix individuel ; (F) elles établissent des normes de comportement, assorties de sanctions contre ceux qui n'agissent pas et les rebelles ; et enfin (G) elles exigent une fidélité totale. Il ajoute encore (H) que les sectes sont des groupes protestataires qui se dressent soit contre l'Église, bien que ce soit plus rare en raison de la faiblesse de cette dernière, soit contre la société séculière[22]. Le Dr Wilson fait par ailleurs ce commentaire :

> Les sectes ont sur leurs adeptes une mainmise plus totale que partielle : elles dictent à l'individu son orientation idéologique en face de la société séculière ;

ou elles lui imposent avec rigueur des règles indispensables de droiture morale, ou encore elles contraignent le prosélyte à s'engager dans une activité de groupe[23].

L'Opus entre très facilement dans la plupart des catégories ci-dessus. Elle est exclusive (A) à plusieurs niveaux, ainsi que nous l'avons vu, par son recrutement sélectif et le secret dont elle s'entoure. Il serait faux de dire qu'elle réclame le *monopole* de la vérité religieuse (B), mais ses membres sont intimement convaincus que leur interprétation de la foi catholique romaine est la seule orthodoxe : rappelez-vous en quels termes Mgr Escrivá de Balaguer exhortait ses fidèles après Vatican II. Qu'elle soit une organisation « laïque » est une de ses prétentions les plus orgueilleuses (C), même si techniquement elle est une institution cléricale au sein de l'Église, incontestablement dominée par des prêtres. C'est aussi une de ses caractéristiques qu'elle est presque uniquement conditionnée par les écrits de son fondateur, et se fond entièrement dans son moule spirituel. Elle entre donc sans équivoque dans la catégorie (D) sur la liste du Dr Wilson. Les procédures de recrutement, la discipline interne de l'Opus et l'engagement total qu'elle exige de ses membres coïncident avec les points (E) à (G).

La question de savoir si l'Opus pourrait être regardée comme un groupe protestataire est sans doute plus problématique, même si, comme l'a fait observer Pánnikar, ses débuts furent ceux d'un mouvement de « contre-culture ». Plus récemment, elle a nettement marqué sa répugnance à se conformer aux changements intervenus dans le sillage de Vatican II, et se montre l'ennemie déclarée d'une Théologie de la Libération qui a reçu l'adhésion de beaucoup d'hommes d'Eglise dans le monde entier. Dans l'hypothèse où la comparaison de l'Église *Mater et Magistra* de Boff à l'Opus Dei serait valable, cette dernière aurait alors choisi d'épouser un point de vue théologique dont la baisse de popularité, malgré l'attrait qu'il exerce sur les hauts dignitaires ecclésiastiques, s'est fortement accentuée dans l'Église au sens le plus large depuis Vatican II.

Le danger des arguments avancés plus haut pour démontrer que l'Opus possède la plupart des caractéristiques d'une secte est qu'ils risquent de trop prouver. Au sein de l'Église catholique romaine, et sous une forme différente dans d'autres confessions chrétiennes, il existe en effet des ordres religieux. Ce sont des groupes de dimensions variées, allant de moins d'une centaine à plusieurs milliers d'hommes et de femmes (les groupes sont presque tous formés de personnes du même sexe), qui se consacrent à Dieu dans le cadre d'une règle de vie particulière, et qui vivent généralement en communautés dans des couvents ou des monastères. On y trouve des corps constitués aussi fameux dans la religion catholique que la Société de Jésus (les Jésuites), les Frères prêcheurs (les Dominicains), et les Franciscains sous leurs différentes formes. Si les arguments avancés pour montrer que l'Opus est une secte devaient s'appliquer également aux grands ordres religieux, ils perdraient alors toute valeur : il serait absurde de taxer de sectarisme les Jésuites, les Dominicains ou les Franciscains qui ont tant fait pour le bien de l'Église dans son ensemble.

La sociologie des ordres religieux n'a pas fait couler autant d'encre que celle des sectes : l'un des rares ouvrages exhaustifs sur le sujet est celui de Michael Hill, *The Religious Order* (« L'ordre religieux »), qui est essentiellement une étude de la renaissance de ce type d'institution dans l'Église d'Angleterre, plus qu'une investigation globale du phénomène à grande échelle. Il nous propose cependant une définition des ordres qui les distingue des sectes. « L'ordre religieux, écrit-il, rassemble de vertueux religieux dans une interprétation intransigeante de l'éthique de l'Évangile, qui reçoit la sanction de l'Église, mais ne s'impose pas à tous » ; c'est une définition qui entre parfaitement dans les catégories théologiques de l'Église catholique romaine[24].

A l'intérieur de ce mode de pensée théologique, on trouve une distinction (encore qu'elle ne soit plus très en faveur de nos jours) entre les préceptes et les conseils. Les préceptes sont les interprétations éthiques de l'Évangile obligatoires pour tous ; les conseils sont surtout suivis par les religieux enthousiastes (ou « virtuosi » dans le jargon de Hill) et d'un commun accord ne s'imposent pas à tous. En pratique, ces interprétations prennent concrètement la forme des trois vœux de pauvreté, de chasteté et d'obéissance.

Sur ce critère, cependant, l'Opus se classe plutôt dans la catégorie des sectes que dans celle des ordres religieux. Elle ne croit pas en effet que sa propre interprétation de l'Évangile en soit une parmi d'autres versions concurrentes.

> Nous sommes les vestiges du peuple d'Israël. Nous sommes les seuls à pouvoir encore sauver l'Église,

> parce que nous sommes restés fidèles à Dieu. A voir l'état de l'Église aujourd'hui, il semble que l'Esprit Saint l'ait abandonnée. Nous sommes ceux qui peuvent sauver l'Église par notre fidélité au Père[25].

Voilà une parfaite expression de pensée sectaire, celle que Wilson appelle secte de « l'Arche d'Alliance », de ceux qui s'accrochent fermement à la vraie foi. Russell Shaw, qui fut le porte-parole des évêques américains catholiques, fait ressortir le contraste entre l'Église d'Amérique du nord et l'Église catholique universelle. Les membres de cette dernière « prennent les devants dans les questions d'ordre spirituel et moral, sur la base du Catholicisme romain orthodoxe énoncé par Jean-Paul II », dit-il. L'Église d'Amérique, de son côté, s'est éloignée de cette orthodoxie, sous la conduite de ces mêmes évêques qui furent si longtemps ses défenseurs[26].

Pour les membres de l'Opus, leur règle de vie matérielle et spirituelle, qu'elle s'applique aux couples mariés, aux célibataires, même aux jeunes gens, est bien la façon de vivre et de prier qui serait pratiquée par tous les chrétiens s'ils étaient mieux informés. L'essence du « prosélytisme » de l'Opus Dei se trouve précisément dans la conviction que le monde entier doit se convertir au message de l'Évangile tel qu'il est interprété par Escrivá.

L'Opus étale ainsi beaucoup des caractéristiques identifiées par les sociologues dans leurs analyses des sectes et du comportement sectaire. Ce qui définit fondamentalement une secte dans le sens traditionnel du terme est pourtant, comme l'a montré Bryan Wilson, « qu'elle professe des croyances hérétiques assorties de pratiques et d'actes rituels qui s'écartent de l'orthodoxie religieuse ». « Et pourtant, ce qui caractérise l'Opus Dei, même après le deuxième Concile du Vatican, c'est son orthodoxie rigoureuse[27]. » C'est ainsi que José Casanova voit les choses, mais il en vient vite à douter de la catholicité foncière de l'Opus. « Escrivá renouvelle les thèmes essentiels de Luther et de Calvin, ces idées qui furent analysées par Max Weber comme déterminantes pour l'éthique protestante »[28], déclare-t-il avant d'isoler trois éléments distincts de l'enseignement d'Escrivá. Ce dernier, d'après lui, (A) met fin aux « structures hiérarchiques de ce monde et de l'autre » ; (B) insiste sur la recherche du salut dans les activités temporelles ; et (C) proclame un appel universel à la perfection.

Si ce sont là des marques de « protestantification », comme le prétend Casanova, alors c'est toute l'Église catholique qui est devenue protestante, surtout depuis Vatican II. Et une Église dont le fondateur a prêché : « Soyez donc parfaits, comme est parfait notre Père céleste » (Matthieu 5 :48), ne niera pas avoir fait un appel universel à la perfection. Les critères de Casanova devraient être un peu plus nuancés.

Prenons par exemple ce dernier point sur l'appel à la perfection. Certains groupes protestants le développent. Ils croient qu'en dehors de quelques « élus » prédestinés, le reste de l'humanité sera damnée. Un tel point de vue est définitivement rejeté par l'Église catholique. Celle-ci nous enseigne que personne ne peut être assuré de son salut. Eh bien, les membres de l'Opus sont plus heureux. Leur salut est garanti par le père/fondateur :

> Quand les années auront passé, vous ne croirez pas avoir vécu. Vous aurez l'impression d'avoir rêvé. Que de grandes et merveilleuses choses vous allez voir !... *Je puis vous assurer que vous serez fidèles, même si vous devez parfois souffrir. De plus, je vous promets le ciel*[29].

Tout en évitant les dangers inhérents à la doctrine de la prédestination, Escrivá de Balaguer persuade ses disciples qu'ils ne sont pas seulement une élite spirituelle, mais aussi des élus parmi les religieux. Voilà qui paraît difficilement compatible avec l'orthodoxie catholique.

Encore une fois, pas un catholique ne songerait à nier que la plupart des êtres humains doivent atteindre leur salut dans le « monde », même si de nos jours la vision plutôt péjorative du « monde » dans la piété traditionnelle en mettrait beaucoup mal à l'aise. D'un autre côté, c'est un concept plus calviniste que catholique de mettre un tel accent sur la réussite professionnelle qu'on en vienne à la regarder comme une marque de la faveur divine. On impute aux disciples de Balaguer d'autres charges d'hétérodoxie. Ils sont parfois accusés de tomber dans l'erreur du pélagianisme parce que, guidés par la sagesse du fondateur, ils croient pouvoir atteindre la sainteté par leurs propres moyens.

Toutes les grandes hérésies ont pour origine la détermination de s'accrocher à des formules démodées, et l'erreur de l'Opus réside dans son inébranlable conservatisme. « Nous sommes parmi les plus fidèles défenseurs de l'idée que la vérité indiscutable existe. La doctrine ne se discute pas », a dit Rolf Thomas, membre du conseil général de l'Organisation[30].

L'Opus en est restée au même point depuis les années 40, c'est-à-dire pour la théologie catholique au début du siècle, quand Pie X lança son attaque virulente contre le savoir historique appliqué aux sciences religieuses. Antonio Fuentes enseigne l'Histoire sainte à l'université de Navarre. En 1987, la maison d'édition de Dublin Four Courts Press publia son *Guide to the Bible* (Guide de la Bible), un ouvrage tout à fait remarquable. Il y soutient l'opinion que Moïse écrivit les cinq premiers livres de la Bible, et que le livre d'Isaïe fut écrit par une seule personne. Il s'appuyait pour ce faire sur l'autorité de déclarations du Vatican qui remontent à la première décennie du siècle. Ces opinions, et bien d'autres exprimées dans le livre, sont en contradiction notoire avec le jugement des savants, à l'intérieur comme à l'extérieur de l'Église. Assez souvent, sur l'auteur des *Épîtres* de saint Paul, Fuentes n'indique même pas à ses lecteurs que des opinions différentes de la sienne sont très largement répandues. C'est l'état d'esprit du catholicisme de la première moitié du XXe siècle, totalement convaincu de détenir seul la vérité, pour bizarres que soient parfois ses théories officielles.

L'Église catholique romaine a fait du chemin depuis, et même beaucoup de chemin, surtout après Vatican II qui déplaisait tant à Escrivá de Balaguer. Pendant ce temps-là l'Opus, que ce soit dans le vêtement ecclésiastique de ses prêtres, le style d'adoration pratiqué dans ses chapelles, sa direction spirituelle enfermée dans un carcan réglementaire, ou l'enseignement de ses facultés catholiques, et tout au moins en apparence de ses départements d'Histoire sainte, demeure un anachronisme. Il n'y a aucune raison de mettre en doute la sincérité de ses membres quand ils sont persuadés de préserver ainsi la vraie foi. La grande majorité des 850 millions de fidèles qui représentent le reste de l'Église en tient tout de même pour une orthodoxie différente.

Le fondateur du Christianisme nous avertit que « tout royaume divisé contre lui-même est condamné à la ruine, et qu'aucune ville ou maison divisée contre elle-même ne survivra » (Matthieu 12 : 25). Une secte qui s'accroche à des croyances hétérodoxes fait exactement de même : elle divise l'Église contre elle-même. Les membres de l'Opus rejettent naturellement l'accusation de diviser l'Église. Leur réponse — prévisible comme toujours —

consiste à rechercher l'approbation des Papes successifs et du plus grand nombre possible d'évêques. Comme l'a montré cette étude, un tel appui hiérarchique se matérialise difficilement. On ne saurait reprocher aux Papes qui ont précédé Jean-Paul II d'avoir soutenu l'Opus avec enthousiasme, et pour un évêque qui l'accueille volontiers dans son diocèse, il en est beaucoup qui ne l'acceptent pas ou que cela contrarie de la trouver installée dans la juridiction qu'ils prennent en charge.

Pour faire taire les critiques, l'Opus choisit habituellement la tactique du précédent historique, et se réfère en particulier à la formation de la Société de Jésus au milieu du XVIe siècle. Il est vrai que la fondation de l'ordre des Jésuites s'accompagna d'une controverse, en partie à cause d'une décision antérieure de ne plus autoriser la création d'autres ordres religieux, mais aussi et surtout parce que la Société inaugurait une nouvelle forme de vie au sein de l'Église, comme le fait d'ailleurs aujourd'hui l'Opus Dei. En raison de la similitude de leurs entreprises et de la rapidité de leur développement, la comparaison est inévitable. Mais au cours de ses soixante premières années d'existence, l'ordre des Jésuites avait produit quatre saints dûment canonisés, et envoyé des missionnaires aux Indes, au Japon ou en Chine afin de se familiariser autant que possible avec la culture des peuples qu'ils venaient évangéliser. C'étaient pour la plupart des hommes aux idées libérales et à l'esprit ouvert. C'est pour cette raison qu'ils entrèrent en conflit avec d'autres organes plus traditionnels de l'Église.

Pour l'Opus Dei, c'est exactement le contraire. Elle entre en conflit avec les libéraux. Ses membres missionnaires ne s'imprègnent pas de la culture des peuples au milieu desquels ils exercent leur apostolat ; ils considèrent plutôt que leur devoir est d'infléchir la culture de leurs néophytes pour l'adapter au moule traditionnel du christianisme. Il serait déplacé de parler de leurs saints ; après tout, il a fallu bien longtemps pour canoniser une figure aussi populaire que celle de saint François Xavier. Du vivant d'Escrivá, l'Opus avait introduit la cause de Zorzano, « l'Ingénieur de Dieu » (voir p. 44). Celle-ci est aujourd'hui en veilleuse tandis qu'on pousse activement la canonisation d'Escrivá de Balaguer lui-même*.

* Ce livre fut écrit avant la béatification de Mgr Escrivá de Balaguer qui intervint effectivement en 1992. *(N.d.T.)*

Si cette dernière devait intervenir — malgré les vigoureux efforts de plusieurs ex-membres qui vécurent dans l'entourage du fondateur —, elle sera saluée comme un triomphe par l'Œuvre tout entière. Elle y verrait une ultime accolade de l'Église consacrant l'approbation définitive de la fondation d'Escrivá.

La canonisation n'est pourtant qu'une simple déclaration par l'Église que la personne objet d'un tel honneur est au ciel, et qu'elle est digne de la vénération publique. Et aussi que ses promoteurs ont les moyens de payer les frais d'un procès notoirement coûteux. L'Opus de son côté ne manquera pas de faire valoir que les autorités du Vatican ne se lanceraient pas dans une telle entreprise s'il existait le moindre doute sur son bien-fondé, car elles n'ont à cœur que le bien de l'Église. Cet argument n'est guère convaincant, surtout s'il est vrai que, par l'intermédiaire de la banque Ambrosiano, la banque du Vatican soutenait financièrement des régimes despotiques d'Amérique latine coupables de persécuter les prêtres et les religieuses travaillant aux côtés des pauvres et des opprimés. Le scandale de la banque Ambrosiano, la montée de l'Opus et d'autres organisations sectaires se réclamant du catholicisme romain, sont autant de preuves que l'Église est aujourd'hui divisée contre elle-même.

Comme me l'a confié Maria del Carmen Tapia en août 1984 dans les salons de l'hôtel Barbizon Plaza de New York, au-dessus d'une table couverte de tasses à café : « Dans cinquante ou cent ans, l'Église dira que nous avions tort d'approuver l'Opus Dei. »

9

L'apothéose du fondateur

DANS son livre *Cults, New Religions and Religious Creativity* (Cultes, nouvelles religions et créativité religieuse), Geoffrey Nelson fait ce commentaire :

> Bien des chefs religieux attirent de nombreux disciples et bâtissent une organisation qu'ils espèrent capable de transmettre leurs connaissances révélées aux générations futures, mais le savoir transmis perd sa faculté d'évoluer chez les individus qui le reçoivent. L'organisation grandit et en arrive à dominer des populations entières à cause du pouvoir que le « message » donne aux leaders (prêtres) sur la vie de leurs adeptes. L'autorité dont ces chefs sont investis leur permet d'interdire à la masse de mettre en doute l'authenticité du « message », et leur laisse tout loisir de persécuter ceux qui croient que les bienfaits du contact avec Dieu résultent uniquement de l'expérience personnelle[1].

Il n'est guère permis de douter du magnétisme personnel d'Escrivá de Balaguer, de son « charisme » pour employer un terme galvaudé. Il n'est pas douteux non plus que les gens qui le suivirent avaient à l'époque besoin des conseils spirituels qu'il leur dispensait. Quelques-uns de ceux qui ont quitté l'Opus Dei voudraient croire qu'elle s'est engagée dans une voie qui trahit son intuition première, qu'il n'a jamais voulu en faire l'organisation secrète, un peu sinistre, hautement administrative et manipulatrice qu'elle est devenue.

Un nouveau recueil d'aphorismes, tirés de ses notes consignées durant des années dans des carnets et publiées sous le titre *La Forja* (« La forge »), semblerait plutôt prouver le contraire[2]. L'Opus est devenue exactement ce que souhaitait son fondateur. Nous lisons en effet dans l'aphorisme 466 :

> Les ennemis de Dieu et de son Église, manipulés par le démon dont la haine est inextinguible, organisent et déploient leurs activités avec un implacable acharnement.
>
> Avec une constance « exemplaire », ils instruisent leurs cadres, dirigent leurs écoles, désignent des chefs et dispersent partout leurs agitateurs. Clandestinement — mais de manière très efficace — ils répandent leurs idées et sèment dans les foyers et sur les lieux de travail une graine destructrice de toute idéologie religieuse.
>
> Que ne serions-nous disposés à faire, nous autres chrétiens, pour servir notre Dieu, bien sûr toujours avec la vérité ?

La réponse à cette dernière question est évidente : il faut utiliser les mêmes méthodes que « les ennemis de Dieu et de son Église » — toujours avec la vérité, bien entendu. Voilà qui décrit parfaitement l'Opus.

L'image projetée par Escrivá satisfaisait à la fois sa vanité personnelle et le besoin qu'ont ses disciples de croire que leur chef, comme l'organisation qu'ils avaient rejointe, sortaient vraiment de l'ordinaire. Cela sautait particulièrement aux yeux dans la mise en scène des visites qu'Escrivá de Balaguer rendit à différents pays, surtout vers la fin de sa vie. De grandes foules, toujours composées de fidèles inconditionnels, s'assemblaient dans les stades ou les salles de conférences. Il était régulièrement accueilli par un tonnerre d'applaudissements. Il prenait la parole. Les foules réagissaient avec enthousiasme ; après quoi il repartait vers le lieu de son prochain triomphe. On reprenait ses phrases les plus banales pour en faire des maximes de la plus haute sagesse, à l'exemple du conseil donné à Vázquez (voir p. 23). Bernal les rapporte fidèlement, avec tant d'autres *obiter dicta* qu'on se demande parfois si le fondateur n'était pas toujours suivi d'un disciple armé d'un magnétophone. De très nombreuses réunions furent enregistrées en vidéo pour la postérité. Certains assistants posaient au fondateur des questions préalablement choisies qui lui fournissaient l'occasion de donner des conseils spirituels apparemment improvisés.

Dans l'extraordinaire campagne menée par ses thuriféraires pour présenter Escrivá comme une figure héroïque, Vázquez attire l'attention sur ses lauriers académiques. C'est en raison de ses connaissances en droit et en théologie, nous affirme-t-il, qu'Escrivá de Balaguer devint simultanément en 1957 membre de l'Académie pontificale de théologie du Vatican et consulteur (c'est-à-dire conseiller) auprès de la Sacrée Congrégation pour les Séminaires et les Universités. Deux ans plus tard, il siégeait à la Commission pontificale pour l'interprétation authentique du Droit canonique. Un peu plus tard, il fut nommé Grand Chancelier des universités de Navarre et de Piura, au Pérou.

Il s'agit pourtant davantage de distinctions honorifiques que de marques de respect pour la science et l'érudition d'Escrivá. Les deux universités citées sont bien entendu des institutions de l'Opus. Par contre, l'énorme ouvrage publié à l'occasion du cinquantième anniversaire de la fondation de l'Opus, *Mons. Josemaria Escrivá de Balaguer y el Opus Dei*, qui est une production de la Faculté de théologie de l'université de Navarre[3], ne contient aucun éloge de « Mgr Escrivá de Balaguer, théologien », bien qu'il y soit fait brièvement allusion à ses « enseignements ». L'article de L. F. Mateo-Seco, « Obras de Mons. Escrivá de Balaguer y estudios sobre el Opus Dei » (« Œuvres de Mgr Escrivá de Balaguer et études sur l'Opus Dei »), consacre trente pages aux œuvres proprement dites et plus du double aux études sur l'Opus. Ces trente pages suffisent pourtant à nous éclairer. Les textes publiés dont il est l'auteur sont peu nombreux et d'ordre essentiellement spirituel. Mateo-Seco inclut dans les « écrits » des conversations qui furent rassemblées plus tard et publiées par ses admirateurs. Les « textes savants et académiques » comprennent *La Abadesa de Las Huelgas* (publiée pour la première fois en 1944, mais reproduite dix ans plus tard par une société d'édition de l'Opus Dei après de nombreuses révisions et corrections) et des discours — souvent prononcés lors de la réception de quelque titre honorifique, ou à l'occasion des distributions des parchemins en qualité de Grand Chancelier. « Il est tout à fait évident, remarque Mateo-Seco, que Mgr Escrivá de Balaguer a consacré ses plus grands efforts à des tâches très différentes de celles qui consistent à écrire des livres d'histoire, de droit ou de théologie[4]. »

Pour pallier la rareté de ses publications, les hagiographes de l'Opus Dei s'étendent avec amour sur le nombre d'éditions des œuvres d'Escrivá parues dans différentes langues. *El Camino*, par exemple et toujours d'après le même article, a connu trente-six éditions en espagnol ; l'ouvrage a été traduit et publié en trente-cinq langues, pour un total de cent quatre-vingt-neuf éditions. On est un peu contraint de se demander pourquoi. Pourquoi en espéranto, par exemple ? A qui ont profité les traductions en albanais ou en amharique* ? Le *Santo Rosario* (« Le Saint Rosaire ») n'a pas fait aussi bien, mais Mateo-Seco n'en est pas moins fier de citer ses soixante-trois éditions en quatorze langues, ainsi que les dix-neuf éditions en huit langues de *Via Crucis* (Le Chemin de croix). La quantité remplace la qualité, dit-on quelquefois.

La Bible de Navarre représente un des efforts les plus extravagants qui aient été tentés pour nous présenter Escrivá de Balaguer comme un homme d'une immense sagesse doublé d'un visionnaire. Deux volumes sont déjà parus en anglais, grâce aux bons offices d'une maison qui appartient naturellement à l'Opus Dei, la Four Courts Press de Blackrock, Co. Dublin. Le projet de traduction accompagnée d'un commentaire sur la Bible « accessible au plus grand nombre, dit la préface, fut confié [à l'université de Navarre] par le zèle apostolique du fondateur et premier chancelier de l'université, Monsignor Josemaria Escrivá de Balaguer ».

Le commentaire cite de nombreuses autorités, dont aucune ne peut passer pour un érudit contemporain d'un niveau reconnu par ses pairs en matière d'exégèse des Écritures. On y trouve par contre un grand nombre de citations empruntées au « magisterium », l'enseignement officiel des papes et des conciles, ainsi qu'aux grands auteurs chrétiens des siècles passés comme Augustin, Jean Chrysostome ou Thomas d'Aquin. Et aussi d'Escrivá. On le cite à l'égal de ces lumières de l'Église. Ce n'est peut-être pas surprenant, si l'on en croit son successeur à la tête de l'Opus. Dans l'introduction à l'ouvrage *Es Cristo que passa* (quarante-cinq éditions en huit langues), celui-ci précise

* Langue sémitique parlée sur les hauts plateaux d'Éthiopie.

que dans son interprétation des Écritures, le fondateur « a découvert de nouveaux éclairages, a mis en lumière des aspects qui étaient restés cachés tout au long des siècles »[5].

Qu'on s'attende ou non à trouver une certaine érudition chez les membres de l'Opus — en tout cas chez les numéraires —, ce n'est pas cela qui fait leur célébrité. C'est bien sûr autour de « l'affiliation socio-politique » de l'Opus Dei que se situe généralement le débat. Les croyances politiques personnelles d'Escrivá ne sont pas faciles à définir. Il s'est visiblement opposé aux républicains espagnols dans les années 30 pour épouser la tendance qui prit plus tard en Espagne le nom de « national-catholicisme ». Nous avons vu qu'il dut fuir Madrid et passer en France pour aller rejoindre le quartier général des forces nationalistes de Franco. Son organisation s'identifia complètement à la « reconquête » spirituelle qui suivit la défaite des républicains en 1939. Pourtant, sur le plan personnel, il ne paraît pas avoir été un fidèle de Franco. Il était bien davantage dans la mouvance de la tradition monarchique carliste en Espagne, celle que Franco n'anéantit pas, mais qu'il préféra maintenir en veilleuse tant qu'il fut au pouvoir.

Le carlisme*, que Franco réussit à intégrer à la *Falange*, seul parti autorisé quand l'Espagne était sous sa domination, était fortement enraciné dans la région qui vit grandir Escrivá. Son credo : une Église autoritaire dans une monarchie autoritaire. Il s'opposait à la monarchie constitutionnelle comme à la démocratie parlementaire. Aucun admirateur ou détracteur d'Escrivá ne s'étend longuement dans ses écrits sur les penchants politiques du fondateur, en dehors d'une évidente aversion pour la gauche, ce qui n'était guère surprenant après ce qu'il avait vécu en Espagne pendant la guerre civile. Mais le carlisme correspond assez bien aux indications qu'il nous a laissées dans *El Camino* et ailleurs. La tradition monarchique explique aussi sa soif d'un titre de noblesse, qui n'est pas censé représenter grand-chose sous un régime républicain. Elle coïncide aussi avec le souci de *« grandeza »*, de grandeur, qu'il manifesta toute sa vie, en dépit de ses protestations d'humilité.

Peut-être était-ce sa manière de réagir à la pauvreté qui s'était

* Tendance et système politique des partisans qui soutenaient Don Carlos (Charles de Bourbon-Molina), frère cadet de Ferdinand VII, contre sa sœur Isabelle II. Trois guerres carlistes ont ébranlé le trône d'Espagne au XIXe siècle. Le carlisme se maintient encore aujourd'hui en Espagne : il représente l'attachement aux valeurs traditionnelles *(N.d.T.)*.

brusquement abattue sur sa famille, mais tout ce qui entourait Escrivá de Balaguer ne devait être que de qualité. Cela ne s'appliquait d'ailleurs pas à la seule personne d'Escrivá, mais aussi à tous les membres numéraires. Leur conception de la pauvreté n'était pas celle des autres ordres religieux. Escrivá s'intéressait personnellement et même de très près au choix du mobilier et des accessoires. Il n'acceptait que le meilleur pour lui-même. Le décor de sa chapelle privée de Rome, au siège de l'Opus, Viale Bruno Buozzi, était cossu, pour ne pas dire opulent. Il était ravi d'en faire les honneurs aux visiteurs de marque.

Il se préoccupait constamment et jusque dans les moindres détails du décor et du décorum. Giuseppe Corigliano, un des porte-parole de l'Opus à Rome, dit un jour à John Thavis du National Catholic News Service qu'il se souvenait d'avoir vu dans un centre de l'Opus un petit canon qu'on y avait placé à titre décoratif, et qui se trouvait « au mauvais endroit ». « De nombreux pensionnaires passaient devant sans le remarquer, ou sans se donner la peine de le remettre en place, précisa Corigliano. Le fondateur appela les membres pour leur dire qu'ignorer un détail comme celui-là signifiait qu'ils ne vivaient pas l'amour de Dieu. Quelques-uns se mirent à pleurer, tant ils étaient émus[6]. »

Maria del Carmen Tapia rapporte que tout ce qui avait trait à la nourriture d'Escrivá de Balaguer, le contenant comme le contenu, était de grand luxe. Les assiettes étaient de la plus fine porcelaine, les couverts d'argent massif. D'après un archevêque invité là-bas en 1965, pendant la dernière session du Concile, le déjeuner fut servi dans de la vaisselle d'or. L'archevêque (il n'était encore qu'un jeune évêque récemment nommé) est un homme d'une grande conscience sociale. Il jugea que les assiettes d'or n'étaient pas compatibles avec la modestie chrétienne qu'il s'attendait à trouver chez un homme d'Église aussi distingué. Il fut effectivement incapable de faire honneur au repas, pourtant merveilleusement préparé et impeccablement servi.

C'est plus souvent la vulgarité que le bon goût qui frappe chez Escrivá. En 1974, au cours d'un passage dans la cité brésilienne de Sâo-Paulo*, Escrivá de Balaguer s'adressait à la foule habituelle,

* Il est à remarquer que ni Bernal ni Vázquez, s'il leur arrive de décrire les voyages d'Escrivá dans le Tiers Monde, ne font la moindre allusion à la situation dramatique des millions de catholiques qui tentent de survivre dans des conditions souvent inhumaines *(N.d.A.)*.

assemblée pour la circonstance au Palais des Congrès d'Anhembi Park. Il déclara, s'adressant aux femmes :

> Quand votre mari rentre du travail, de son labeur quotidien, de ses tâches professionnelles, qu'il ne vous trouve pas de mauvaise humeur. *Arrangez-vous, faites-vous belles, et à mesure que les années passent, ravalez un peu plus la façade, comme on fait pour les vieux immeubles. Il vous en sera tellement reconnaissant.*[7]

Ce fameux bon goût n'est pas non plus toujours présent dans son ouvrage le plus connu, *El Camino*. On lit par exemple dans la maxime 367 :

> La nourriture la plus délicate, si c'est un porc qui la mange, devient alors (pour parler brutalement)... du cochon ! Soyons des anges, pour donner de la dignité aux idées que nous assimilons. Soyons au moins des hommes, pour transformer ce que nous mangeons en muscles vigoureux et nobles, ou encore en une cervelle capable de comprendre et d'adorer Dieu. Mais ne soyons pas des bêtes, comme il y en a tant et tant.

Je me permettrai de dire que ce discours ne reflète pas la sensibilité d'un maître de la vie spirituelle. C'est pourtant ainsi que les membres de l'Opus aiment à le présenter.

Le processus visant à faire un saint d'Escrivá de Balaguer fut amorcé bien avant sa mort : c'était une perspective qu'il voyait d'un œil favorable. Si ses faiblesses n'avaient rien d'extraordinaire, elles étaient tout de même difficilement compatibles avec le degré de sainteté requis pour une canonisation. Il était par exemple pétri de vanité. Plutôt vain de sa personne, il allait toujours vêtu avec le plus grand soin. Il se vantait de ses antécédents familiaux bien qu'ils fussent quelconques. Sa mère était une simple petite bourgeoise de Barbastro. Les portraits qu'il fit faire d'elle la représentaient somptueusement vêtue et, d'après ceux qui l'ont connue, dans une attitude hiératique sans rapport avec son caractère. Lui-même porta quelque temps une calotte pour compenser son air de jeunesse. C'était, d'après Bernal, afin de se donner l'apparence qui convenait à sa dignité de fondateur d'une grande institution dans l'Église catholique.[8]

Il y avait aussi plus qu'un soupçon de vanité dans sa manière de prendre ses distances, de se rendre inaccessible. Bien qu'ayant commencé par choisir des Jésuites pour directeurs spirituels au temps de ses débuts à Madrid, il devait plus tard se retourner contre eux. Lorsque Pedro Arrupe fut élu Supérieur général de la Société de Jésus, il écrivit aux chefs de tous les ordres religieux et congrégations de Rome pour leur annoncer sa visite fraternelle. La réponse courtoise et unanime fut la même : c'était à eux de lui rendre visite. Le seul dirigeant d'une organisation religieuse dont la réponse tardait à venir était Escrivá, chef de l'Opus Dei. A cinq reprises, nous dit-on, Arrupe tenta de le joindre au téléphone. Il lui fut chaque fois répondu qu'Escrivá de Balaguer n'était pas chez lui. Une autre version de l'histoire prétend même que, lorsqu'ils finirent par déjeuner ensemble, la conversation fut inexistante, malgré les efforts d'Arrupe.

Un Jésuite d'origine espagnole vivant à Bogotá fit un récit tout aussi édifiant. Bien qu'il eût choisi d'entrer dans la Société de Jésus, ses autres frères et sœurs étaient plus proches de l'Opus Dei que des Jésuites. Une de ses sœurs et son beau-frère l'accompagnèrent à Rome pour une visite de quelques jours. En raison de leurs liens avec l'Opus en Colombie, ils avaient sollicité une entrevue avec Escrivá de Balaguer, qui leur fut promptement accordée. Ils reçurent même un accueil particulièrement chaleureux. Le frère Jésuite avait ménagé à sa sœur et au mari de celle-ci un entretien avec le père Arrupe pour le jour suivant. Tandis qu'ils attendaient d'être reçus, le Jésuite de Bogotá se mit à converser avec le secrétaire d'Arrupe, Jésuite lui aussi. Il lui raconta qu'ils avaient tous trois été reçus par Escrivá le jour précédent. Le secrétaire fit part de sa surprise. Le père Arrupe, dit-il, avait attendu trois ans pour obtenir un rendez-vous.

L'inaccessibilité du fondateur faisait partie du jeu, du mythe bâti consciemment et avec le plus grand soin autour de sa personne. C'était un homme important et très occupé.

Il n'est pas très courant pour un maître de la vie spirituelle de préparer sa propre canonisation. L'Opus a acheté la maison de Barbastro qui vit naître Escrivá, en même temps que la propriété voisine, pour en faire une sorte de sanctuaire. L'Opus a également pris en main le sanctuaire marial de Torreciudad, qui avait vu la « guérison » d'Escrivá de Balaguer en 1904. Une série d'appels à l'initiative d'Escrivá permirent de réunir les fonds nécessaires à l'agrandissement du sanctuaire. Celui-ci s'est enrichi d'une esplanade permettant d'accueillir 40 000 pèlerins, et d'une tour renfermant treize cloches dont chacune porte le nom d'une invocation à la Vierge Marie (la plus grande s'appelle Dolores, la plus petite Carmen). On y voit encore une crypte abritant quarante confessionnaux, et d'autres embellissements hors de proportions avec le simple sanctuaire où la mère d'Escrivá de Balaguer avait amené son fils. La direction spirituelle du lieu est toujours entre les mains de l'Opus. La publicité en fait un des sanctuaires de la *« route mariale »*, qui comprend Notre-Dame de Lourdes et l'antique pèlerinage national espagnol de la Virgen del Pilar. L'excursion complète est proposée par une agence de Lourdes.

A Torreciudad, tout à fait dans la manière de l'Opus, des prêtres proposent carrément des confessions aux visiteurs. Cette forme de racolage fut rapportée par un respectable prêtre anglais catholique en qui l'on ne pouvait reconnaître un homme d'église, car il était ce jour-là vêtu comme un touriste. Se trouvant à Torreciudad après avoir visité Lourdes, il fut abordé dans la crypte par un prêtre de l'Opus qui lui demanda s'il désirait se confesser.

Mais la maison natale d'Escrivá ou le sanctuaire témoin de sa « guérison » ne sont pas seuls à recevoir des soins particuliers. Il y a des plaques commémoratives sur toutes les maisons où il vécut. Les objets lui ayant appartenu ont été rassemblés et sont exposés en plusieurs endroits. Même les fonts baptismaux où il reçut le premier des sacrements ont été retirés de la cathédrale de Barbastro pour être replacés à Rome. Comme ils avaient été détruits pendant la guerre civile, le conseil municipal de la ville n'avait pu en donner que des fragments à Escrivá : il ne les fit pas moins expédier à Rome afin de reconstituer le baptistère sur place.

C'est sur ses instructions que les restes de ses parents furent exhumés d'un cimetière de Madrid pour être transportés jusqu'à la crypte aménagée sous la résidence de l'Opus à Diego de Leon, dans la province de Madrid. Plus tard, il fit connaître sa volonté d'être enterré lui aussi dans une crypte, celle de l'oratoire consacré à la Vierge Marie dans la résidence principale de Rome. Il choisit lui-même l'inscription qui devait figurer sur sa pierre tombale :

PECCATOR
ORATE PRO EO
GENUIT FILIOS ET FILIAS

(« Un pécheur. Priez pour lui. Il a engendré des fils et des filles. ») Il ne fut cependant pas obéi sur ce dernier point. La plaque de marbre qui recouvre ses restes mortels dit simplement « El Padre », le Père. Il y a toujours des fleurs fraîches sur sa tombe. Ses fervents admirateurs s'assemblent en ce lieu. On y voit nuit et jour des gens en prière : c'est le seul endroit où les hommes et les femmes de l'Opus Dei ont le droit de se réunir.

« Gardez-moi là quelque temps, et puis envoyez-moi dans quelque église ouverte au public, car je ne veux pas vous déranger », l'entendit dire une fois Maria del Carmen Tapia : le transfert d'une sépulture dans une église publique est la preuve évidente d'un *cultus* ou d'une dévotion particulière.

En dépit de tout cela, Escrivá ne cessait d'affirmer son humilité. Il aimait parler de lui comme d'un « petit âne galeux » (il signait lui-même b. s., abréviation de *burrito sarnoso*, ses lettres au confesseur de ses débuts à Madrid). La comparaison l'enchantait tellement qu'il s'était mis à collectionner les figurines représentant des ânes — le quartier général de l'Opus à Rome en était plein. Quand un admirateur lui demandait un portrait, Escrivá lui donnait un âne en métal grossièrement moulé. « Voilà mon portrait, disait-il. Le petit âne, c'est moi. Je voudrais être toujours le petit âne de Dieu, son instrument de travail et de paix[9]. » Il gâchait cependant ce témoignage de modestie en ajoutant qu'il avait dit un jour au milieu de ses prières, « Voici votre âne galeux », et que la réponse lui était venue d'en haut, « Un baudet fut mon trône à Jérusalem. »

Les visions sont fréquentes chez les saints. Pourtant, à part celle qui aurait inspiré la fondation de l'Opus dont j'ai fait le récit au début de cet ouvrage, ses fidèles hagiographes ne mentionnent aucune intervention surnaturelle directe dans la vie d'Escrivá. D'un autre côté, les rumeurs relatives à ses visions, notamment de la Vierge Marie, étaient et sont courantes dans les milieux de l'Opus.

Il avait finalement un sens très net de sa propre dignité. « Au cours de mon existence, aurait-il déclaré d'après *Cronica*, j'ai déjà connu plusieurs papes, de nombreux cardinaux, une multitude d'évêques, mais par contre, il n'y a qu'un seul fondateur de l'Opus Dei ! »

Tel est donc l'homme dont la vie sainte et l'orthodoxie doctrinale sont soumises au jugement du Vatican. La Congrégation romaine pour les Causes des Saints, qui se charge de ces questions, a donné son accord le 30 novembre 1981 pour le lancement du processus devant éventuellement conduire à la béatification, puis à la canonisation de Mgr Escrivá de Balaguer. Les porte-parole de l'Opus déclarent que les choses vont bon train : la première étape s'est achevée en novembre 1986*. L'Opus croit posséder des preuves suffisantes des deux miracles exigés pour finir d'instruire un procès en canonisation. Une Carmélite espagnole et une jeune Péruvienne prétendent toutes deux avoir été guéries d'un cancer par l'intercession divine d'Escrivá. « C'est dans la poche ! » dit-on couramment à l'Opus.

La canonisation de Mgr Escrivá de Balaguer revêt une grande importance pour l'organisation qu'il a fondée. Le statut de prélature personnelle marquait déjà clairement la faveur papale, mais la reconnaissance de la sainteté d'Escrivá prouverait définitivement que l'Église bénit l'activité de l'Opus et considère l'enseignement de son fondateur comme un guide sûr pour les âmes. Bien que l'Œuvre célèbre chaque année le jour de la mort d'Escrivá par des messes publiques annoncées à grand renfort de publicité, la vénération qu'on lui porte ne s'étend guère au-delà de ses fidèles. « Si le Pape devait un jour canoniser Escrivá de Balaguer, a déclaré l'archevêque déjà cité (p. 202), je l'accepterais comme une décision de l'Église, mais je ne pourrais jamais le comprendre. »

Connaissant la puissance et la richesse de l'Opus Dei, la canonisation de son fondateur paraît inéluctable. John Roche et d'autres ex-membres ont fait campagne pour tenter de ruiner la procédure, mais ils n'ont guère obtenu de résultat : l'Opus compte des amis au tribunal. Ces négociations prendront tout de même du temps, en dépit de toutes les influences que l'Opus fera jouer pour activer les choses. Notre archevêque pourrait mourir avant de se forcer à vénérer saint Josemaria Escrivá de Balaguer.

Pour ce qui est de l'Église catholique en général, je pense que l'Opus pourrait avoir atteint — et même dépassé — l'apogée de sa fortune. Quoique toujours le plus nombreux des groupes conservateurs dans l'Église, elle a cessé d'être le plus influent. Cette position est désormais acquise au mouvement « Communione e Liberazione » fondé en Italie, dont la Constitution s'avoue nettement plus activiste.

Et il pourrait se faire que les sympathies d'un Pape réputé conservateur se détournent de l'organisation à laquelle il accorda voici quelques années le statut de prélature personnelle. Dans sa lettre sur « les préoccupations sociales de l'Église » publiée en

* Elles vont bon train en effet : on a vu que Mgr Escrivá de Balaguer fut officiellement béatifié le 17 mai 1992 *(N.d.T.)*.

février 1988, le pape Jean-Paul II s'est montré beaucoup mieux disposé qu'il ne l'était jusqu'alors à l'égard des défenseurs de la Théologie de la Libération, cette doctrine systématiquement combattue par l'Opus au nom de l'orthodoxie religieuse.

C'est, je le crois fermement, un principe fondamental du christianisme, que la foi en Jésus-Christ doit être une force libératrice de la vie des individus, qu'elle devrait les aider à devenir eux-mêmes, à mieux prendre en charge leur propre destinée. L'Opus réglementaire et normative, avec sa censure, son contrôle minutieux de l'existence quotidienne de ses membres, ses structures fondées sur les classes, son association avec les élites du pouvoir et de la richesse, telle enfin que j'ai tenté de la décrire dans cette étude, ne saurait prétendre qu'elle est une force libératrice. Et dans la mesure où elle est incapable d'en apporter la preuve, elle n'est pas simplement, en tant que secte, moins que catholique.

Elle est moins que chrétienne[10].

Postface

Le fondateur de l'Opus Dei fut officiellement béatifié le 17 mai 1992, alors que l'édition américaine de cet ouvrage était en préparation. L'Italie, à ce moment-là au milieu d'une de ses nombreuses crises politiques, était représentée par le président de la République en exercice. D'anciens chefs d'État ou de gouvernement du Venezuela et de la Colombie étaient également là, ainsi que de nombreux membres influents de l'Opus, tels que Luis Valls et Laureano López Rodó dont les noms apparaissent par ailleurs dans ce livre. On estime qu'au total environ 200 000 personnes étaient assemblées devant la basilique Saint-Pierre. Quelques-uns de ceux qui étaient venus à Rome, reconnut Joaquín Navarro, ce membre de l'Opus Dei qui est aussi le principal porte-parole du Vatican, mettraient des années à rembourser les sommes empruntées pour faire le voyage[1].

La béatification n'est qu'une étape — encore que la plus importante — sur le chemin de la canonisation. Elle suffit à conférer au bienheureux l'appellation non officielle de « saint ». L'Opus avait néanmoins décidé que la béatification d'Escrivá serait l'occasion d'une cérémonie mémorable, la plus remarquable de tous les temps. Dans le climat de frénésie générale qui régnait durant cette période, le fait que le pape Jean-Paul II avait en même temps béatifié une religieuse soudanaise jadis vendue comme esclave passa presque inaperçu.

Mais si la cérémonie fut remarquable et remarquée par sa splendeur, elle ne le fut pas moins par le débat concernant le fait lui-même. De l'avis des contemporains, aucun autre événement de même nature n'avait suscité de telles controverses. D'après le magazine *Newsweek*, même un cardinal italien de quatre-vingt-deux ans, Mgr Sivio Oddi, célèbre autant pour ses opinions conservatrices que pour la franchise brutale de ses propos, exprima ses doutes sur l'opportunité d'une telle cérémonie. Il aurait dit en substance que celle-ci risquait de faire à l'Opus plus de mal que de bien. Le bureau de presse de l'Opus à Rome s'empressa de déclarer que « le cardinal Oddi niait catégoriquement avoir accordé la moindre entrevue à un journaliste de *Newsweek*, et qu'il affirmait n'avoir jamais tenu les propos qu'on lui prêtait dans l'article incriminé ». Le même cardinal devait pourtant déclarer plus tard à un journaliste de *The Catholic World Report* qu'il avait bien en fait abordé la question avec un collaborateur de *Newsweek*, et qu'il continuait à penser que la béatification du fondateur était mal venue à ce moment-là. Il se dit néanmoins personnellement convaincu de la sainteté de Mgr Escrivá de Balaguer[2].

Les plaintes formulées à propos de la béatification n'ont été nulle part mieux exposées qu'au cours de la conférence de presse tenue à Rome par Kenneth Woodward le 30 avril 1992. Woodward écrit régulièrement dans *Newsweek* en spécialiste des questions religieuses ; il est de plus l'auteur d'un livre magistral sur les procédures de sélection des candidats à la sainteté[3]. Ses critiques étaient d'autant plus impressionnantes qu'elles émanaient d'un homme possédant une connaissance détaillée du fonctionnement interne de la Congrégation pour les Causes des Saints.

Sur les neuf juges chargés de décider si Escrivá était ou non digne d'être béatifié, prétendit Woodward, deux étaient partisans de retarder l'ouverture du procès. Il s'agissait, toujours d'après Woodward, d'une proportion anormalement élevée. L'affaire était clairement embarrassante, et de fait on tenta d'abord de la passer sous silence. On prétendit même qu'il y avait eu unanimité des juges. Finalement, sur un artifice de procédure, un seul vote négatif fut enregistré.

En second lieu, déclarait Woodward, on avait instruit l'affaire avec une telle hâte qu'il était matériellement impossible dans le temps imparti de dégager un portrait véridique et complet d'Escrivá. Il est certain qu'au cours des semaines qui précédèrent la béatification, d'étonnantes accusations furent portées contre le candidat, notamment par Vladimir Felzmann. Celui-ci, qui connaissait le fondateur personnellement et de longue date, prétendait qu'Escrivá de Balaguer avait de la sympathie pour Hitler, que sa détresse devant l'évolution de l'Église catholique romaine après Vatican II avait failli le pousser dans les bras de l'Église grecque orthodoxe, et enfin qu'il était loin d'être un saint en raison de son mauvais caractère (les documents transmis à la Congrégation pour les Causes des Saints dans le cadre d'un procès en béatification devaient tout au plus faire état d'un seul et unique accès de colère).

Felzmann ne put jamais avoir d'entretien personnel avec ceux qui étaient chargés de déterminer si Mgr Escrivá de Balaguer méritait effectivement le titre de « Bienheureux » que l'on accorde à ceux que l'Église béatifie. D'autres témoins hostiles n'eurent pas non plus l'honneur d'être entendus. Woodward prétend même qu'on tenta de les discréditer. Une note expliquant les raisons pour lesquelles certains témoins n'avaient pas été convoqués figurait dans le dossier ; la permission de la consulter fut purement et simplement refusée à Robert Moynihan[4]. Un de ceux qui fournirent en abondance des preuves de la sainteté du fondateur n'était autre que Mgr Alvaro del Portillo, le chef de l'Opus Dei. En droit ecclésiastique, son témoignage ne pouvait être pris en considération puisqu'il était le confesseur habituel d'Escrivá. On l'accepta tout de même parce qu'il se disait capable de distinguer ce qu'il avait appris dans le confessionnal de ce qu'il observait dans la vie quotidienne[5].

Un documentaire télévisé diffusé par la BBC le soir même de la cérémonie soumit les procédures employées par la Congrégation pour les Causes des Saints à un examen attentif et théoriquement contradictoire. On y vit apparaître notamment le père Ambrose Eszer, un aimable prêtre dominicain qui était aussi l'un des principaux fonctionnaires, ou *relatores*, de la Congrégation. C'était lui qui avait été chargé au sein de cet organisme de mener à bonne fin la cause de Mgr Escrivá. On vit aussi l'élégant Mgr Flavio Capucci, le propre *postulator* de l'Opus Dei. Il assumait, et assume toujours, la mission d'obtenir une place pour le fondateur de l'institution parmi les saints du calendrier officiel.

Les auteurs du programme de la BBC avaient également souhaité la participation de Peter Gumpel, un Jésuite possédant une longue pratique de la Congrégation. Il était présenté comme

« l'homme le plus distingué, le plus sérieux, le plus objectif et le plus averti » de cet organisme. Il avait malheureusement, disait-on dans le programme, reçu d'abord le conseil, puis l'avertissement, et enfin l'ordre de ne pas apparaître à la télévision. La même interdiction ne s'appliquait manifestement pas aux partisans déclarés de la cause.

Les protestations étaient si nombreuses que le Vatican se crut obligé de défendre la manière dont le cas avait été traité. Dans une déclaration publiée moins d'une semaine avant la date fixée pour la béatification, le Pape faisait savoir qu'il avait chargé une commission spécialement réunie pour la circonstance de décider si l'événement devait être ou non marqué par une cérémonie particulière. La réponse avait été favorable. Durant la cérémonie, le pape Jean-Paul II fit l'éloge d'Escrivá qu'il décrivit comme « un prêtre exemplaire qui a réussi à ouvrir de nouveaux horizons apostoliques aux activités missionnaires et d'évangélisation ».

L'homme, alors à la tête de l'Opus, Mgr Alvaro del Portillo (élevé depuis quelque temps au rang d'évêque), déclara de son côté que « le message et l'exemple de notre fondateur ne sont pas seulement destinés à un petit nombre, mais à des millions d'hommes et de femmes jusqu'à la fin des temps ». Entre-temps, Mgr Flavio Capucci n'a pas craint d'affirmer que ceux qui protestent contre la béatification sont des dissidents de l'Église. Nous possédons leurs noms, prétendit-il, et nous avons averti leurs évêques. Les gens qui critiquent la béatification sont aussi ceux qui donnent des soucis à l'Église en matière de doctrine[6]. L'accusation maintes fois portée contre l'Opus d'être « une église dans l'Église » est fausse. Dans la perspective de Mgr Capucci, il semblerait que l'Église et l'Opus Dei soient une seule et même personne.

Voilà une affirmation extraordinaire. Comme le lecteur a déjà pu s'en apercevoir, elle n'est pas atypique de l'attitude de l'organisation à l'égard de l'Église. L'Opus Dei, du moins en Grande-Bretagne, a demandé en 1986 à être dispensée du jeûne obligatoire du Vendredi saint, pourtant le jour le plus solennel du calendrier catholique, parce qu'il coïncidait cette année-là avec la date de l'ordination de Mgr Escrivá de Balaguer. Les membres considèrent ce jour comme un anniversaire de naissance, expliqua le porte-parole de l'organisation. La permission fut accordée par le Vatican : la fête du fondateur de l'Opus avait apparemment pris le pas sur le jeûne qui rappelle la passion et la mort du fondateur de la Chrétienté[7].

Annexes

Notes

Chapitre 1 : Sur la piste de l'Opus

1. Guy Hermet, *Los católicos en la España Franquista*, vol. 1. Madrid : Siglo XXI, 1985, p. 266. Il cite Daniel Artigues, *El Opus Dei en España : su evolución ideológica y politica*. Paris. Ruedo Ibérico, 1971, p. 127
2. Un bref compte rendu du licenciement parut dans l'hebdomadaire catholique de Londres, *The Tablet*, du 5 décembre 1987, suivi d'un rapport plus détaillé dans le numéro du 9 janvier 1988 du même journal, p. 41.
3. Russel Shaw, «L'Opus Dei et l'Église d'Amérique», *The Tablet*, 27 février 1988.
4. Maria del Carmen Tapia fut l'un de mes principaux informateurs. Les déclarations reproduites dans ce livre sont extraites de l'enregistrement d'un entretien qui dura une journée entière au Barbizon Plaza Hotel de New York, le 23 août 1984.
5. Voir l'article de Janet Jacobs, «Deconversion from Religious Movements : an Analysis of Charismatic Bonding and Spiritual Commitment», *Journal for the Scientific Study of Religion*, vol. 26, nº 3, 1987, p. 294-308.
6. Vladimir Felzmann, «Why I left Opus Dei», *The Tablet*, 26 mars 1983, p. 288.
7. *Ibid*., p. 287.
8. Luis Carandell, *Vida y Milagros de Monseñor Escrivá de Balaguer, Fundador del Opus Dei*. Barcelone : éditions Laia, 1975, et retirages successifs.
9. Pour les autres décorations, voir Carandell, *op. cit.*, p. 78-83.
10. A propos de cette lettre, voir Andrés Vázquez de Prazda, *El Fundador del Opus Dei*. Madrid : éditions Rialp, 1983, p. 349.
11. Salvador Bernal, *Mgr Josemaria Escrivá de Balaguer, Profile of the Founder of Opus Dei*. Londres : éditions Scepter, 1977, p. 33.

Chapitre 2 : Les origines de l'Opus

1. Rodriguez, Pedro, et *al.*, *Mons. Josemaria Escrivá de Balaguer y el Opus Dei en el 50 Aniversario de su Fundación*. Pampelune : éditions Universidad de Navarra, 1982. C'est la seconde édition de 1985 qui a servi pour cet ouvrage.
2. Lucas F. Mateo-Seco, «Obras de Mons. Escrivá de Balaguer y estudios sobre el Opus Dei», dans Rodriguez et *al.*, *op. cit.*, p. 469-572.

3. Vázquez, *op. cit.*, p. 15.
4. Bernal, *op. cit.*, p. 106-7. Bernal cite Alvaro del Portillo, d'où la «vision» entre guillemets.
5. *Ibid.*, p. 34. La définition en italique est de Bernal.
6. Felzmann, *op. cit.*, p. 288.
7. Bien que je me sois entretenu au moins trois fois avec Raimundo Pánnikar au sujet de l'Opus, la plupart des informations utilisées dans ce livre sont tirées d'une longue conversation que nous eûmes le 2 septembre 1984 sur le trajet de l'aéroport de Londres-Heathrow à Oxford, et qui se poursuivit dans l'après-midi chez lui à Oxford.
8. Vázquez, *op. cit.*, p. 117.
9. Le paragraphe suivant est extrait de mon article «Soyons justes avec l'Opus Dei», *The Month*, août 1971 ; il est reproduit ici avec l'autorisation de l'éditeur.
10. Elle ne réapparut qu'après la reconnaissance officielle de l'université de Navarre à Pampelune en 1962.
11. Carandell, *op. cit.*, p. 180.
12. Vázquez, *op. cit.*, p. 139, 163, 170.
13. A propos de ces instituts, et d'autres cités plus loin, voir Giancarlo Rocca, *L'Opus Dei : Appunti e Documenti per una Storia*. Rome : éditions Paoline, 1985, p. 44-5.
14. Voir Vázquez, *op. cit.*, p. 101.
15. Vázquez, *op. cit.*, p. 138-9.
16. Lucas F. Mateo-Seco, «Estudios de Mons. Escrivá y Estudios sobre el Opus Dei», dans Rodriguez et *al.*, *op. cit.*, p. 470.
17. Voir le premier chapitre de l'ouvrage de Maria Angustias Moreno *La Otra cara del Opus Dei* (Barcelone : éditions Planeta, 1978) pour un compte rendu des années héroïques par un ancien membre ; celui-ci soutient que le rôle de la famille d'Escrivá fut considérablement exagéré.
18. Voir Rocca, *op. cit.*, p. 20.
19. Ces chiffres sont donnés par Bernal, *op. cit.*, p. 232 ; voir aussi Frances Lannon, *Privilege, Persecution and Prophecy*, p. 201-2. Les forces de Franco exécutèrent de leur côté 14 prêtres basques.
20. Pour le National-Catholicisme, voir les écrits de Frances Lannon «Modern Spain : the Project of a National Catholicism» aux éditions Stewart Mews, *Religion and National Identity*, Studies in Church History, vol. 18, publiées pour Ecclesiastical Historical Society par Basil Blackwell, Oxford, 1982, p. 567-90, et du même auteur, *Privilege, Persecution and Prophecy : The Catholic Church in Spain, 1875-1975*. Clarendon Press, 1987, particulièrement les p. 220-21.
21. Vázquez, *op. cit.*, p. 227.
22. *Ibid.*, p. 22-3.

Chapitre 3 : Les années d'expansion

1. Vázquez, *op. cit.*, p. 232.
2. Bernal, *op. cit.*, p. 114.
3. *Ibid.*, p. 146.
4. Vázquez, *op. cit.*, p. 239.
5. *Ibid.*, p. 234.
6. Le document est cité en entier dans Rocca, *op. cit.*, p. 138-144.
7. Voir Vázquez, *op. cit.*, p. 237-8, et Rocca, *op. cit.*, p. 33.
8. Rocca, *op. cit.*, p. 36 ; voir aussi les documents cités à la fin du présent ouvrage.
9. *Ibid.*, p. 55 et suivantes.
10. Bernal, *op. cit.*, p. 324
11. Vázquez, *op. cit.*, p. 252-3.
12. Rocca, *op. cit.*, p. 64.
13. *Ibid.*, p. 74-9.
14. Rocca, *op. cit.* Les deux fragments auxquels il est fait référence dans ce chapitre se trouvent p. 66-79 et 106-15.
15. Salvador Canals, *Secular Institutes and the State of Perfection*. Dublin : éditions Scepter, 1959, p. 127. La version originale en espagnol fut publiée par Ediciones Rialp.
16. *Ibid.*, p. 128.
17. Ils sont faciles à retrouver dans Rocca, *op. cit.*, p. 168-71.
18. J.-M. Escrivá de Balaguer, *Conversations with Monsignor Escrivá de Balaguer*. Manille : Sinag-Tala, 1977, p. 50. Déclaration faite au cours de l'entrevue avec Peter Forbarth, de la revue *Time*, le 7 janvier 1966.
19. Vázquez, *op. cit.*, p. 297, et Bernal, *op. cit.*, p. 300 et 301.
20. John Lyons, *The Australian*, 28, 29 et 30 novembre 1987.
21. Vázquez, *op. cit.*, p. 359.
22. Daniel Artigues, *El Opus Dei en España*. Paris : Ruedo Ibérico, 1971, p. 9-10.
23. Escrivá de Balaguer, *Conversations*, *op. cit.*, p. 54-5.
24. Vázquez, *op. cit.*, p. 298.
25. *Ibid.*, p. 302-3. Cela se passait juste trois ans avant mon arrivée à Oxford comme étudiant. L'histoire de Grandpont me permit de faire connaissance avec l'Opus. J'avais même un ami là-bas — il n'y resta pas longtemps.
26. Vázquez, *op. cit.*,

Chapitre 4 : Un changement de statut

1. Voir Vázquez, *op. cit.*, p. 364.
2. Pedro Rodriguez, *Particular Churches and Personal Prelatures*. Dublin : Four Courts Press, 1986.
3. *Vida Nueva*, n° 1463, 26 janvier 1985, p. 16-18.

Chapitre 5 : Les Constitutions de 1982

1. Rocca, *op. cit.*, p. 111, et Michael Walsh, *The Tablet*, 16 octobre 1982.
2. Ces détails sont extraits de l'édition 1985 de l'*Annuario Pontificio*, p. 1029.
3. Voir *The Constitutions of the Society of Jesus*, traduites par George F. Ganss, de Saint Louis, Missouri : Institute of Jesuit Sources, 1970, p. 119.

Chapitre 6 : L'esprit de l'Opus

1. Escrivá de Balaguer, *Conversations*, *op. cit.*, p. 49-50.
2. Eric O. Hanson, *The Catholic Church in World politics*. Princeton, New Jersey : Princeton University Press, 1987, p. 376.
3. Henry Kamm, « The Secret World of Opus Dei », *New York Times Magazine*, 8 janvier 1984.
4. Voir Sandro Magister, *La politica Vaticana e l'Italia 1943-1978*. Rome : Riuniti, 1979, p. 379 et 380. Je remercie Peter Hebblethwaite qui m'a donné cette référence.

Chapitre 7 : La politique et les affaires

1. Brian Smith, *The Church and Politics in Chile*. Princeton, New Jersey : Princeton University Press, 1982, p. 139 et 338.
2. *Noticias Aliadas* est publié à Lima. Le numéro d'où ces remarques sont extraites porte la date du 4 décembre 1975.
3. Penny Lernoux, *Cry of the People*. New York : Doubleday, 1980, p. 305.
4. *Ibid.*
5. Entretien privé, voir chap. 2, n. 7.
6. José Vicente Casanova, *The Opus Dei Ethic and Modernization of Spain*. Thèse de doctorat non publiée, New York School of Social Research.
7. Contesté dans Casanova *op. cit.*
8. Artigues, *op. cit.*
9. Cité dans Hermet, *op. cit.*, vol. 1, p. 113. Le livre d'Hermet avait été d'abord publié en français en 1981, mais j'ai eu la chance de tomber sur la version espagnole.
10. Paul Hofmann, *Anatomy of the Vatican*. Londres : Hale, 1985, p. 229-35, intitulées « God's Octopus », ainsi que la section suivante jusqu'à la p. 242, « Apostolate of Penetration » - l'une et l'autre sont consacrées à l'Opus.
11. L'histoire qui suit est adaptée, avec la permission de l'éditeur, de mon article « Spain on the Move » paru dans *The Month* de juin 1972.

12. Escrivá de Balaguer, *Conversations*, *op. cit.*, p. 44.
13. J'en ai lu une version publiée séparément en anglais, qui comporte dix-neuf pages dont six présentent en doubles colonnes une bibliographie de référence sur l'Opus. A ma connaissance cette dernière version ne cite ni l'imprimeur, ni l'éditeur, ni le détenteur des droits de reproduction.
14. Casanova, *op. cit.*
15. *Le Monde* (édition anglaise), 29 juillet 1970.
16. Voir Stephen Arias, « How Mateos Rose and Fell : the End of a Reign in Spain », *Sunday Times*, 24 avril 1983.
17. Voir Santiago Aroca dans *Tiempo*, Madrid, 11 août 1986.
18. Escrivá de Balaguer décrivit Netherhall House comme un foyer réservé aux étudiants africains et asiatiques. Escrivá de Balaguer, *Conversations*, *op. cit.*
19. Nicholas Perry, « Unliberation Theology », *New Statesman*, 1er mars 1985, p. 21.
20. Maurice Roche, « The Secrets of Opus Dei », *Magill*, mai 1983.
21. Ce chiffre fut cité par un journaliste travaillant à *Hoy*, une revue chilienne lancée par un groupe d'écrivains qui avaient quitté *Ercilla* lorsqu'elle fut reprise par Larrain Crusat, entrant du même coup dans la mouvance de l'Opus Dei.
22. Martin Lee, « Their will be done », *Mother Jones*, juillet 1983, p. 37.
23. C'est ce que soutient José Maria Bernáldez dans *Tiempo*, 1er août 1983.
24. Voir Peter Hertel, « International Christian Democracy », *Concilium*, vol. 193, nº 5, 1987, p. 95-105, et surtout p. 102.
25. *Vida Nueva*, 31 octobre 1987, p. 8-9.
26. Giancarlo Zizola, *La restaurazione di papa Wojtyla*. Rome et Bari : Laterza, 1985, p. 125.

Chapitre 8 : Catholicisme sectaire

1. *Catholic Pictorial*, 29 novembre 1981. Les autres citations sont empruntées à différents numéros de *Cronica*.
2. Entretien privé, 14 novembre 1987. Le jeune homme en question choisit finalement d'entrer chez les Jésuites.
3. Mrs. Sylvia Loffer de Poole, Dorset. Témoignage paru dans *The Universe*, 18 mai 1984.

4. et 5. J'ai pris connaissance d'une longue interview de cet ancien numéraire, mais je ne l'ai pas rencontré personnellement. Le texte m'a été remis par l'enquêteur en qui j'ai toute confiance. Bien que je me fie à ses déclarations telles qu'elles ont été transcrites, je ne me reconnais pas le droit de citer le nom de la personne en question.

6. Le rapport annuel de 1986 indique que l'immeuble doit être remis à une « fondation charitable associée, Dawliffe Hall Education Foundation Limited en octobre 1986 ».
7. Maria Angustias Moreno, *La Otra Cara del Opus Dei*. Barcelone : éditions Planeta, 1978. Le récit détaillé de la campagne diffamatoire qui accabla l'auteur et ses vains efforts pour se défendre occupent les chap. 5 à 8 de son livre, p. 113 et suivantes.
8. *Ibid.* ; pour de plus amples détails, voir les p. 163-200.
9. Voir chap. 1, n. 4.
10. Pour son récit détaillé, voir le *National Catholic Reporter* du 27 mai 1983.
11. Voir chap. 2, n. 7.
12. John Roche est cité là et ailleurs dans ce chapitre, sauf mention particulière, à partir d'un document non publié dont il est l'auteur et qu'il a intitulé « The Inner World of Opus Dei ».
13. Au cours de la conversation déjà mentionnée au chap. 2, n. 7.
14. Citée par le *Catholic Pictorial* du 13 septembre 1981. Mlle Gould a depuis quitté l'Opus.
15. Carol Coulter, *Are Religious Cults Dangerous ?* Dublin : Mercier Press, 1984, p. 43.
16. Mes remarques à propos des nouvelles sectes catholiques et de leur fonctionnement ont paru le 15 novembre 1986 dans *The Tablet*. Je remercie la rédaction de m'autoriser à les publier ici. Sur l'enseignement social de l'Église, voir Michael Walsh et Brian Davies (eds), *Proclaiming Justice and Peace*. Londres : Collins, 1985.
17. Leonardo Boff, *Church, Charism and Power*. Londres : SCM Press, 1985. Le paragraphe évoqué se trouve p. 4 et 5 de l'édition ci-dessus.
18. José Maria Casciaro, *Jesus and Politics : a Scriptural Study of Messianism*. Dublin : Four Courts Press, 1983, p. 62.
19. Peter Hebblethwaite, correspondant auprès du Vatican pour l'hebdomadaire américain *National Catholic Reporter*, au cours d'un entretien privé.
20. Le Dr Eileen Barker m'a fourni une aide précieuse dans ce domaine ; son livre *The Making of a Moonie* (Oxford : Basil Blackwell, 1984) est une des meilleures études disponibles sur les grandes sectes internationales.
21. Bryan Wilson, « The Sociology of Sects » dans B. Wilson (ed.) *Religion in Sociological Perspective*. Oxford : Oxford University Press, 1982, p. 88.
22. *Ibid.*, p. 91.
23. Bryan Wilson, « Sect Development », dans B. Wilson (ed.) *Patterns of Sectarianism*. Londres : Heinemann, 1967, p. 24.
24. Michael Hill, *The Religious Order*. Londres : Heinemann, 1973, p. 49.

25. Maria Angustias Moreno citant un prêtre de l'Opus dans son livre *El Opus Dei : Anexo a una Historia*. Barcelone : éditions Planeta, 1976, p. 61. Bien qu'ayant lu ce livre, j'ai pris cette citation dans l'article de José Casanova « The First Secular Institute : the Opus Dei as a Religious Movement-Organization », *Annual Review of the Social Sciences of Religion*, vol. 6, 1982, p. 273. J'ai légèrement modifié la traduction donnée par Casanova, pour mettre l'accent sur la notion de « vestiges fidèles », un concept de l'Ancien Testament fort en vogue dans les années 70 et jusqu'au début des années 80.
26. Russell Shaw, « Judged by Opus Dei », *The Tablet*, 27 février 1988.
27. Casanova, *op. cit.*, p. 256.
28. *Ibid.*, p. 257.
29. *Cronica*, 1971/1, caractères italiques ajoutés.
30. Père Rolf Thomas, cité dans *Time*, 11 juin 1984, p. 74-5.

Chapitre 9 : L'apothéose du fondateur

1. Geoffrey Nelson, *Cults, New Religions and Religious Creativity*. Londres : Routledge and Kegan Paul, 1987, p. 10.
2. Escriva de Balaguer, *The Forge*. Londres : Scepter, 1988. La version espagnole fut publiée par Rialp en 1987, sous le titre *La Forja*.
3. Rodriguez et *al.* (eds), *op. cit.*
4. *Op. cit.*, p. 498.
5. Cité dans Mateo-Seco, *op. cit.*, p. 483.
6. Cité par *NC News Service* (une publication de la Conférence nationale des évêques catholiques américains), 6 novembre 1984.
7. Bernal, *op. cit.*, p. 52. Caractères italiques ajoutés.
8. *Ibid.*, p. 324.
9. Vargas, *op. cit.*, p. 318.
10. Nicholas Perry, « Unliberation Theology », *New Statesman*, 1er mars 1985.

Postface

1. Voir le compte rendu paru dans *The Tablet*, 23 mai 1992, p. 655-56.
2. Le journaliste était Robert Moynihan. Son compte rendu, « In Search of the Father », est paru dans *The Catholic World Report* de mai 1992, p. 10-23.
3. *Making Saints*. New York : Simon & Schuster, 1990.
4. Moynihan, « In Search of the Father », p. 15.
5. On peut lire un résumé, mais seulement un résumé, de la conférence de presse de Kenneth Woodward dans le numéro du 2 mai 1992 de *The Tablet*, p. 556.

6. Tiré d'une interview de Miguel Angel Velasco parue dans *Vida Nueva*, numéro 1837/8, 11-18 avril 1992, p. 36-42. Les déclarations de Mgr Capucci sont citées p. 36.
7. *The Universe*, 4 avril 1986.

Bibliographie

CETTE bibliographie comprend les livres et les articles, y compris ceux parus dans les grands journaux, que j'ai consultés lors de la préparation de cet ouvrage. J'en ai ajouté quelques-uns, signalés par un astérisque, que je n'ai pu consulter mais que je crois devoir recommander aux lecteurs désireux d'approfondir le sujet. J'ai volontairement omis un certain nombre d'articles sur les prélatures personnelles qui sont visiblement inspirés par l'Opus et n'ajoutent pas grand-chose à ceux qui sont référencés plus loin. Il y avait bien sûr un trésor de nouvelles plus brèves, notamment dans l'hebdomadaire madrilène *Vida Nueva* et dans de bulletin de presse *Katholische Nachrichten Agentur* (KNA). Je n'ai pas cru devoir accorder de mention particulière aux ouvrages de référence : le plus fréquemment consulté fut sans aucun doute le *Dizionario di Instituti di Perfezione*.

ARIS, Stephen. « How Mateos Rose and Fell : the End of a Reign in Spain », *Sunday Times*, 24 avril 1983.

AROCA, Santiago. Trois articles, *Tiempo*, 4, 11 et 18 août 1986.

ARTIGUES, Daniel. *El Opus Dei en España : su evolución ideológica y politica*. Paris : Ruedo Ibérico, 1971.

BALTHASAR, Hans Urs von. « Integralismus », *Wort und Wahrheit*, décembre 1963.

BALTHASAR, Hans Urs von. « Friedliche Frage an das Opus Dei », *Der Christliche Sonntag*, 12 avril 1964.

BALTHASAR, Hans Urs von. Interview par la télévision suisse reprise dans *Trenti Giorni*, juin 1984. *

BARKER, Eileen. « Free to Choose? Some Thoughts on the Unification Church and Other Religious Movements : I et II », *The Clergy Review*, octobre et novembre 1980.

BARKER, Eileen. « Doing Love : Tensions in the Ideal Family », dans Gene G. James (ed.), *The Family and the Unification Church*. New York : Rose of Sharon Press, 1983.

BARKER, Eileen. « The Limits of Displacement : Two Disciplines Face Each Other », David Martin, John Orme Mills et W.S.F. Pickering (eds). *Sociology and Theology : Alliance and Conflict*. Brighton : Harvester, 1980.

BELINGARDI, Giovanni. « L'Opus Dei é potente ma lo deve al Cielo » (entrevue avec Alvaro del Portillo), *Corriere della Sera*, 7 décembre 1985.

BERNAL, Salvador. *Msgr Josemaria Escrivá de Balaguer, Profile of the Founder of Opus Dei*. Londres : Scepter, 1977.

BERNÁLDEZ, José Maria. « El caso Rumasa salpica al Vaticano y al Opus », *Tiempo*, 1er août 1983.

BOFF, Leonardo. *Church, Charism and Power*. Londres : SCM Press, 1985.

BURNS, Jimmy. « Spanish Socialists Keep their Promises on Rumasa », *Financial Times*, 6 mars 1985.

BYRNE, Frank et KEALY Willie. « Inside Opus Dei », *Sunday Independent*, Dublin, 16 août 1987.

CALDERONI, Pietro. « La cassaforte dell'Opus Dei », *L'Espresso*, 4 mai 1986.

CALDERONI, Pietro et DE LUCA Maurizio. « Bancus Dei », *L'Espresso*, 6 avril 1986.

CANALS, Salvador. *Secular Institutes and the State of Perfection*, Dublin : Scepter, 1959.

CARANDELL, Luis. *Vida y Milagros de Monseñor Escrivá de Balaguer, Fundador del Opus Dei*. Barcelone : éditions Laia, 1975.

CAREY-ELWES, Columba. « Understanding Opus Dei », *The Tablet*, 26 mars 1983.

CASANOVA, José V. « The First Secular Institute : The Opus Dei as a Religious Movement-Organization », *Annual Review of the Social Sciences of Religion*, vol. 6, 1982.

CASANOVA, José V. *The Opus Dei Ethic and the Modernization of Spain*, Thèse de doctorat non publiée, New School of Social Research, New York, 1982.

CASANOVA, José V. « The Opus Dei Ethic, the Technocrats and the Modernization of Spain », *Social Science Information*, nº 1, 1983. *

CASCIARO, José M. *Jesus and Politics : a Scriptural Study of Messianism.* Dublin : Four Courts Press, 1983.

Castles outside Spain, The Economist, 30 août 1969.

Codex Iuris Particularis Operis Dei. Rome, 1982.

COMBLIN, José. « Las ideas sociales de mons. Escrivá de Balaguer », *Servir*, 16/85, 1980. *

Constituciones del Opus Dei (imprimées en annexe 4 de l'ouvrage de Jesús Ynfante *La prodigiosa Aventura del Opus Dei*, voir au nom de cet auteur.

COOPER, N.B. *Catholicism and the Franco Regime.* Beverly Hills et Londres : Sage Publications, 1975.

CORREA, Raquel. « A fondo hoy : Rodolfo Rodriguez, sacerdote », *La tercera de la hora*, Santiago du Chili, 18 novembre 1979.

COULTER, Carol. *Are Religious Cults dangerous?* Dublin : Mercier Press, 1984.

CUMMING, John. « Opus Dei - Not so Black or White as it is Painted », *Catholic Herald*, 3 septembre 1982.

DALMAU Y OLIVÉ, M.J. *Contrapuntos al Camino del Opus Dei.* Barcelone : éditions Portic, 1970.

DAVIES, Rachel. « Foreign Law Defence Disallowed in Rumasa Case », *Financial Times*, 15 janvier 1985.

DE ZULUETA, Tana. « Can the Pope's Bank Manager Survive? », *Sunday Times*, 11 juillet 1982.

DE ZULUETA, Tana et D'ANDREA Francesco. « Is the Vatican Going Broke? » *Observer*, 1er juin 1980.

DE ZULUETA, Tana et *al.* « Death of God's Banker », *Sunday Times*, 13 février 1983.

DEL PORTILLO, Alvaro. Interview, *Doctrine and Life*, avril 1985.

DI SALES, Michael. « Opus Dei against the Family? », *New Oxford Review*, mars 1984.

« A Dynamic Enterprise », *Le Monde* (édition anglaise), 29 juillet 1970.

EARLE, John. « Sindona, Calvi and their Vatican link », *The Times*, 12 juillet 1982.

ECHEVERRIA, Lamberto de. « Analisis juridico de la nueva Prelatura », *Vida Nueva*, 9 juillet 1983.

ECHEVERRIA, Lamberto de. « El Opus Dei y sus "secretos" », *Vida Nueva*, 15 mars 1986.

ESCRIVÁ DE BALAGUER, J.-M. *El Camino* (14e édition). Madrid : Rialp, 1957.

ESCRIVÁ DE BALAGUER, J.-M. *Christ is passing By*. Manille : Sinag-Tala, 1974.

ESCRIVÁ DE BALAGUER, J.-M. *Conversations with Monsignor Escrivá de Balaguer*. Manille : Sinag-Tala, 1977.

ESCRIVÁ DE BALAGUER, J.-M. *Holy Rosary*. Dublin : Four Courts Press, 1979.

ESCRIVÁ DE BALAGUER, J.-M. *Friends of God*. Londres : Scepter, 1981.

ESCRIVÁ DE BALAGUER, J.-M. *The Way*. Blackrock, Co. Dublin : Four Courts Press, 1985.

ESCRIVÁ DE BALAGUER, J.-M. *The Forge*. Londres : Scepter, 1988.

FELZMANN, Vladimir. « Why I left Opus Dei », *The Tablet*, 26 mars 1983.

FERNÁNDEZ, M. Isabel. « El Opus Dei en Chile », *Ercilla*, 7 mai 1980.

FORNÉS, Juan. « El perfil juridico de las Prelaturas Personales », *Monitor Ecclesiasticus*, vol. CVII, nº 4, 1983.

G., L. D. « Los Testaferros de Ruiz Mateos », *Tiempo*, 1er août 1983.

GILLARD, Michael. « A Hammer Blow for the Archbishop », *Observer*, 5 septembre 1982.

GILLARD, Michael et SULLIVAN Lorana. « Calvi. The Deal that Never was », *Observer*, 27 juin 1982.

GONZALEZ RUIZ, J.-M. « Opus Dei y politica en España », *Sábado Gráfico*, 10 avril 1971.

GOULD, Margaret. *The Unacceptable Face of Opus Dei*. Manuscrit non publié.

HEBBLETHWAITE, Peter. « Opus Dei : Lifting the Veil of Mystery », *National Catholic Reporter*, 27 mai 1983.

HERMET, Guy. *Los Católicos en la España franquista* (2 vol.). Madrid : Siglo XXI, 1985.

HERRANZ, Julián. « Opus Dei and the Activity of its Members », *Studi Cattolici*, nº 31, juillet-août 1962.

HERTEL, Peter. *« Ich verspreche euch den Himmel. »* Düsseldorf : Patmos, 1985.

HERTEL, Peter. « International Christian Democracy *(Opus Dei)* », Gregory Baum et John Coleman (eds). *The Church and Christian Democracy :* Concilium 193, nº 5 pour 1987.

HILL, Michael. *The Religious Order*. Londres : Heinemann, 1973.

HOFMANN, Paul. *Anatomy of the Vatican*. Londres : Hale, 1985.

HOLMES, J. Derek. *The Papacy in the Modern World.* Londres : Burns and Oates, 1981.

HORRIGAN, John. « Winning Recruits in Opus Dei », lettre au *Clergy Review*, décembre 1985.

ILLANES, José Luis. *On the Theology of Work.* Dublin : Four Courts Press, 1982.

« Informe presentado en la Asamblea Sacerdotal de la Rioja », *Vida Nueva*, 26 janvier 1985.

JACOBS, Janet. « Deconversion from Religious Movements : an Analysis of Charismatic Bonding and Spiritual Commitment », *Journal for the Scientific Study of Religion*, vol. 26, n° 3, 1987.

JACQUET, Lou. « Opus Dei : 30 years in Chicago », *Chicago Catholic*, 16 février 1979.

JENKINS, Loren. « Scandal Goes to Spain's Highest Court », *Guardian*, 20 mai 1970.

KAMM, Henry. « The Secret World of Opus Dei », *New York Times Magazine*, 8 janvier 1984.

KING, Ronald. « Opus Dei ». *Sunday Times Magazine*, 30 mai 1971.

KOMISAR, Lucy. « Church in Peru Curbs Radical Priests », *Miami Herald* (international edition), 20 août 1986.

LANNON, Frances. « Modern Spain : the Project of a National Catholicism », Stewart Mews (ed.). *Religion and National Identity*, Studies in Church History, vol. 18. Oxford : Basil Blackwell, 1982.

LANNON, Frances. *Privilege, Persecution and Prophecy : the Catholic Church in Spain, 1875-1975.* Oxford : Clarendon Press, 1987.

LEE, Martin A. « Their Will be Done », *Mother Jones*, juillet 1983.

LONGLEY, Clifford et VAN DER VAT Dan. « Profile of Opus Dei », *The Times*, 12 janvier 1981.

LUSTIG, Robin. « Scandal in the Vatican », *Observer*, 15 août 1982.

LYCETT, Andrew. « How the Moonies are Clouding a Freedom Issue », *The Times*, 30 juillet 1984.

LYONS, John. « The One Who Got Away », *The Australian*, 28-29 novembre 1987.

LYONS, John. « Opus Dei : Doing God's Work », *The Australian*, 28-29 novembre 1987.

LYONS, John. « Where The Zealots Start Recruiting », *The Australian*, 30 novembre 1987.

M., J.-P. « L'Opus Dei : une Association secrète? » *L'Actualité religieuse*, avril 1986.

MAGISTER, Sandro. « Cristo fra i massoni », *L'Espresso*, 11 mai 1975.

MAGISTER, Sandro. « I manager di Dio », *L'Espresso*, 17 novembre 1985.

MAGISTER, Sandro. « Santa facciatosta », *L'Espresso*, 2 mars 1986.

MAGISTER, Sandro. « Il polipo di Dio », *L'Espresso*, 9 mars 1986.

MAGISTER, Sandro. « Amore i cilicio », *L'Espresso*, 16 mars 1986.

MAGISTER, Sandro. « Primo, obedire », *L'Espresso*, 6 avril 1986.

MAGISTER, Sandro. « I nomi dell'Opus », *L'Espresso*, 25 mai 1986.

MAZZUCA, Alberto. « Ció che il Vatican non vuole dire sul crac Ambrosiano », *Adista*, 9-11 mars 1987.

MONCADA, Alberto. *Los Hijos del Padre*. Barcelone : Argos, 1977. *

MORENO, Maria Angustias. *El Opus Dei, Anexo a une historia*. Barcelone : éditions Planeta, 1976.

MORENO, Maria Angustias. *La otra cara del Opus Dei*. Barcelone : éditions Planeta, 1978.

NAVARRO-VALLS, Raphael. « Das Opus Dei als Beispiel einer Personal prälatur im neuen Recht », *Theologie und Glaube*, 2, 1985.

NELSON, Geoffrey K. *Cults, New Religions and Religious Creativity*. Londres : Routledge and Kegan Paul, 1987.

NICHOLS, Peter. « The Scandal Touching the Heart of the Vatican », *The Times*, 26 juillet 1982.

NORDDEUTSCHER RUNDFUNK. « Aufwärts! Mit heiliger Unverschämtheit », transcription d'un programme diffusé le 4 mars 1984.

ODONE, Christine. « Held in the Grip of Religion », *Independent*, 22 mai 1988.

O'GRADY, Desmond. « How Long Can the Vatican Dodge the Ambrosiano Flak? » *Catholic Herald*, 10 septembre 1982.

OLMI, Massimo. « L'Opus Dei : son évolution canonique », *Etudes*, décembre 1986.

OMBRES, Robert. « Opus Dei and Personal Prelatures », *The Clergy Review*, août 1985.

« Opus Dei en Chile », *Mundo del Domingo*, Santiago, 11 mai 1980.

OSTLING, Richard N. « Building God's Global Castle », *Time*, 11 juin 1984.

PERRY, Nicholas. « Unliberation Theology », *New Statesman*, 1er mars 1985.

« Politicians Face Exposure Threat as Trial Opens », *Guardian*, 9 avril 1975.

PREZZI, Lorenzo. « Le migrazioni giuridiche dell'Opus Dei », *Il Regno-Attualitá*, 18, 1985.

QUARANTA, Guido. « Divisi dall'Opus », *L'Espresso*, 23 mars 1986.

RAW, Charles. « Ambrosiano : a Rumasa Link », *Sunday Times*, 20 mai 1983.

RAW, Charles et DE ZULUETA Tana. « Archbishop Tried to Hide Vatican Links with Ambrosiano », *Sunday Times*, 27 mars 1983.

ROCCA, Giancarlo. *L'Opus Dei : Appunti e documenti per una storia*. Rome : Edizione Paoline, 1985.

ROCHE, John. *The Inner World of Opus Dei*. Manuscrit non publié.

ROCHE, John. Lettre au *Clergy Review*, janvier 1986.

ROCHE, Maurice. « The Secrets of Opus Dei », *Magill*, mai 1983.

RODRIGUEZ, Pedro. *Particular Churches and Personal Prelatures*. Dublin : Four Courts Press, 1986.

RODRIGUEZ, Pedro, DE SOUSA Pio G. Alves et ZUMAQUERO José Manuel (eds). *Mons. Josemaria Escrivá de Balaguer y el Opus Dei en el 50 Aniversario de su Fundación* (2e édition). Pampelune : Ediciones Universidad de Navarra, 1985.

RUIZ GALLARDON, J.-M. Critique de l'œuvre de Jesús Ynfante, *La prodigiosa aventura del Opus Dei, ABC*, Madrid, 24 octobre 1970.

RUIZ-MATEOS, J.-M. « La carcel es un cementerio para seres vivos », *Tiempo*, 11 août 1986.

SCOBIE, William. « The Amazing Tale of Licio Gelli », *Observer*, 11 octobre 1987.

« Shadow over Spanish Politics », *Financial Times*, 2 octobre 1969.

SHAW, Russell. « The Secret of Opus Dei », *Columbia Magazine*, mars 1982.

SHAW, Russell. « Judged by Opus Dei », *The Tablet*, 27 février 1988.

SIEVE, Harold. « Uneasy Calm in Sunny Spain », *Daily Telegraph*, 21 août 1970.

SISTI, Leo. « Caso Sindona : L'ultima memoria », *L'Espresso*, 6 avril 1986.

« Skeleton in the Technocrat's Closet », *Le Monde* (édition anglaise), 29 juillet 1970.

STEIGLEDER, Klaus. *Das Opus Dei - eine Innenansicht*. Cologne : Benziger, 1983.

STORK, Richard A.P. « Apologia pro Opere Dei », *Clergy Review*, février 1986.

SULLIVAN, Lorana. « Why Calvi Came to London », *Observer*, 22 août 1982.

SULLIVAN, Lorana. « Argentina : The P2 Connection », *Observer*, 19 septembre 1982.

TAPIA, Maria del Carmen. « Good Housekeepers for Opus Dei... », *National Catholic Reporter*, 27 mai 1983.

THAVIS, John. Une série d'articles dans *NC News Service* (bulletin d'information des évêques américains), 6 novembre 1984.

« La transformación (juridica) del Opus Dei », *Vida Nueva*, 3 novembre 1979 (une étude qui ne fut jamais publiée).

THIERRY, J.-J. *Opus Dei, A Close-up*. New York : Cortland Press, 1975.

TUININGA, M. et *al*. « L'Opus Dei : révélations sur un corps d'élite », *L'Actualité religieuse dans le Monde*, 15 novembre 1983.

TULLY, Shawn. « The Vatican's Finances », *Fortune*, 21 décembre 1987.

VÁZQUEZ DE PRADA, A. *El Fundador del Opus Dei*. Madrid, Ediciones Rialp, 1983.

WALSH, Michael J. « Being fair to Opus Dei », *The Month*, août 1971.

WALSH, Michael J. « Spain on the Move », *The Month*, juin 1972.

WALSH, Michael J. « Opus Dei's New Status », *The Tablet*, 16 octobre 1982.

WEST, William. « Opus Dei : Exploding the Myth about its Activities », *The Australian*, 1er décembre 1987.

WILSON, Bryan. « Sect Development », Bryan Wilson (ed.). *Patterns of Sectarianism*. Londres : Heinemann, 1967.

WILSON, Bryan. *Religious Sects*. Londres : Weidenfeld and Nicholson, 1970.

WILSON, Bryan. « The Sociology of Sects », Bryan Wilson (ed.). *Religion in Sociological Perspective*. Oxford : Oxford University Press, 1982.

WILSON-SMITH, Peter. « Calvi : Questions Still to be answered », *The Times*, 3 août 1982.

YNFANTE, Jesús. *La prodigiosa aventura del Opus Dei : Genesis y desarrollo de la santa mafia*. Paris : Ruedo Ibérico, 1970.

ZIZOLA, Giancarlo. *La restaurazione di papa Wojtyla*. Rome et Bari : Laterza, 1985.

ZUMAQUERO (eds) Mons. Josemaria Escrivá de Balaguer y el Opus Dei en el 50 Aniversario de su Fundación (2e édition) Pampelune : Ediciones Universidad de Navarra, 1985.

Index sélectif des principaux personnages cités

D

E

F

G

H

Table

CHEZ LE MÊME ÉDITEUR

TEMPLIERS, FRANCS-MAÇONS
ET SOCIÉTÉS SECRÈTES
par Peter Partner
L'étonnant rayonnement
et la fascination troublante
qu'exerce toujours sur les esprits
le mythe des Templiers.

•

LE MYSTÈRE JÉSUS
Nouvelle approche historique du Messie
par Hugh Schonfield
Le Jésus de l'Histoire
est-il vraiment mort sur la croix ?

•

JÉSUS, MESSIE OU DIEU ?
par Hugh Schonfield
Nouvelle version historique
des faits survenus après la mort
de Jésus.

•

SALADIN
par Geneviève Chauvel
Une fabuleuse histoire pour comprendre l'Islam.

Les Grandes Heures de l'Histoire de France :
par Georges Bordonove

LA TRAGÉDIE CATHARE
Raymond de Toulouse,
Le massacre de Béziers, La prise de Carcassonne,
Simon de Montfort, La chute de Minerve,
Le Bûcher de Montségur.

•

LES CROISADES
ET LE ROYAUME DE JÉRUSALEM
Godefroy de Bouillon, L'ordre des Templiers,
L'illustre roi lépreux, Saladin à Jérusalem,
L'inflexible Saint Louis, La fin de Saint-Jean d'Acre.

•

LA TRAGÉDIE
DES TEMPLIERS
Le déclin du Temple, L'implacable Roi de fer,
L'abandon de Clément V, Jacques de Molay,
Infamie de l'Inquisition, Fin et survie de l'ordre.

CHEZ LE MÊME ÉDITEUR

LE CYCLE DU GRAAL
par Jean Markale

Première époque
LA NAISSANCE DU ROI ARTHUR

Deuxième époque
LES CHEVALIERS DE LA TABLE RONDE

Troisième époque
LANCELOT DU LAC

Quatrième époque
LA FÉE MORGANE

Histoire de la France secrète :
par Jean Markale

CHARTRES
ET L'ÉNIGME DES DRUIDES
La Déesse des Commencements
et la présence indélébile des Druides.

•

MONTSÉGUR ET L'ÉNIGME CATHARE
Voies nouvelles et pistes oubliées.

•

GISORS
ET L'ÉNIGME DES TEMPLIERS
L'éclairage objectif et raisonné
du lancinant mystère.

•

LE MONT SAINT-MICHEL
ET L'ÉNIGME DU DRAGON
L'un des plus énigmatiques sanctuaires
de l'Occident.

•

CARNAC
ET L'ÉNIGME DE l'ATLANTIDE
Une nouvelle hypothèse explosive et passionnante.

•

BROCÉLIANDE
ET L'ÉNIGME DU GRAAL
La forêt fabuleuse, Arthur, les Chevaliers de la Table ronde,
les Dames du Lac...

•

RENNES-LE-CHÂTEAU
ET L'ÉNIGME DE L'OR MAUDIT
La mystérieuse destinée de l'abbé Saunière.

Achevé d'imprimer en avril 1994
sur presse CAMERON
dans les ateliers de la S.E.P.C.
à Saint-Amand-Montrond (Cher)

— N° d'édit. : 444. — N° d'imp. : 964. —
Dépôt légal : avril 1994.
Imprimé en France